個人データ保護のグローバル・マップ

——憲法と立法過程・深層からみるプライバシーのゆくえ

山本龍彦
小川有希子
尾崎愛美
徳島大介
山本健人
編

弘文堂

はしがき――憲法と個人情報保護法制――

いま、ＥＵのＡＩ法が欧州議会で可決したというニュース（２０２４年3月13日）を横目にこの「はしがき」を書いている。

ＡＩ法制や個人データ保護法制をめぐる世界の動きは、本当に目まぐるしい。おそらく、多くのビジネスパーソン、ポリシーメイカー、リサーチャー、ジャーナリストたちが、昨日ようやく会得した彼の国の個人データ保護法制が、また明日には変わっているのではないか、という不安と日々闘っていることだろう。

世界の個人データ法制は、まさに〝アジャイル（機敏）〟に動態しているのである。

しかし、ある国家・地域の個人データ保護法制の背景にある基本的な考え方や政治プロセス（立法過程）を押さえていれば、いま述べた不安は和らぎ、〝アジャイル〟な変化を日常的に追いかけなければならないことによる疲労感は軽減されるのではないか。基本的な考え方を知ることで、変化することのない法制の〝深層〟ないし〝本質〟をつかみ、政治プロセスの特徴を知ることで、変化の方向性や可能性を先回りして予測することができるからである。

では、これらを知る最善の方法とは何か。それは、ある国家・地域の憲法ないしは憲法文化を知ることである。

「憲法？・」。読者の怪訝な顔が目に浮かぶので、少し例を挙げることにしよう。

ＥＵは、ＧＤＰＲ（一般データ保護規則）やｅプライバシー指令――さらには先述のＡＩ法――など、厳格な個人データ保護法制・情報プライバシー法制を持つことで知られるが、その〝深層〟にあるのは、「人間の尊厳」や個人の自律性・主体性に関わる憲法の基本原理である。ＥＵの中で最も影響力のある国の１つであるドイツでは、「ナチス・ドイツ」の負の歴史を持つ。ナチス・ドイツは、民間企業が提供した個人データベース（ホレリス式パンチカード）を用いてユダヤ人登録制度を構築し、それによってユダヤ人を効率的に選別し、アウシュヴィッツに移送していた。この歴史から、個人データの集積や連結（データベース）が人間の選別に使われ、その尊厳を著しく侵害しうること、つまり、個人データの処理が、憲法の基本原理である「人間の尊厳」と深く関連していることを学んだのである。だからドイツでは、ＧＡＦＡＭが登場する遥か以前に（１９８３年）、憲法裁判所により、個人が自己のデータの開示や利用について自ら決定できるという「情報自己決定権」が憲法上の基本権として承認されたのである（第７章Ⅰ）。ＥＵの厳格な個人データ保護法制は、こうした憲法文化を背景としている。

実際、ＥＵの「憲法」とされる基本権憲章は、「個人データの保護（protection of personal data）」を明文化し（８条）、ＧＤＰＲを含む個人データ保護法制はこの基本権の「具体化立法」（憲法実現法）として位置づけられている（第9章Ⅰ）。またEUでは、歴史的に、個人は自律的・主体的に意思決定できる存在であるし、そうあるべきだという考え（「強い個人」観）や、国家は民間企業による基本権侵害から個人を保護する憲法上の義務を負っているという考え（国家の基本権保護義務）が強い。前者は、個人データに関する自己決定モデルと密接に関連し、後者は、GAFAMのような民間プラットフォーム企業に対するEUの比較的厳格な規制スタンスと接続している。

個人データ保護法制が制定される政治プロセスも、その国家・地域の憲法秩序や憲法文化に規定されるが、EUでは、欧州委員会が立法過程においてきわめて重要な位置を占めていることを無視できない。EUでは、欧州議会の承認を必要とするものの、EU市民の直接選挙ではなく、各加盟国から選出される——しかし、加盟国の利益を代弁するのではなく、EU全体の利益を考えて行動することが求められる（第9章Ⅱ）——欧州委員によって構成される欧州委員会が、法案提出権を独占するなど、立法過程において大きな存在感を発揮しているようである。他方で欧州議会は、5年に一度しか（直接）選挙の機会を持たず、立法権を欧州連合理事会（加盟国の担当大臣で構成）と共有している。約3万2000人の職員を擁する欧州委員会がEUの立法過程において強いリーダーシップを有していることは、「選挙」からある程度自由に大きな理念的ビジョンを追求でき、基本的人権への影響を含む中長期的な視点に立脚してデジタル政策を展望できる強みを持つように思われる。

このようなEUの憲法文化を知っていれば、EUの個人データ保護法制が、基本的人権の尊重に重きを置き、個人の自律的・主体的な決定を重視し、高邁な理念的ビジョンを今後も掲げ続けるであろうことは、比較的容易に想像がつく。〝アジャイル〟な変化は、こうした〝深層〟ないし〝本質〟の周辺部分でしか起きない。

アメリカも簡単に見ておこう。アメリカの憲法文化として重要なのは、政府への不信であり、「国家による自由」ではなく「国家からの自由」が強調される点である。なかでも「表現の自由」が重視され、表現のためにはデータや情報が自由に流通していなければならないという考えが強い。こうした憲法文化の下では、データ保護は、情報の自由な流通や活用を妨げ、活力に満ちた表現活動を制約するものとして消極的に捉えられる。連邦議会における「政治的分極化」（第５章Ⅱ）とも相まって、連邦レベルではいまだ包括的な個人データ保護法が成立をみないが、これも「自由」を重んじる憲法文化と決して無関係ではなかろう。かつて、イエール大学で比較法を教えるホイットマンは、アメリカの「自由（liberty）」文化を、ヨーロッパの「尊厳（dignity）」文化と鋭く対置させたが、両者の個人データ保護法制、さらにはＡＩ法制を比較する上でも興味深い洞察である（James Q. Whitman, *The Two Western Cultures of Privacy: Dignity Versus Liberty*, 113 Yale L. J. 1153 (2004)）。

もちろん、事柄はそう単純ではない。我々は直ちに、アメリカには「民主主義」と「平等（特に人種的平等）」を重視する憲法文化が存在していることを確認しなければならない。いわゆるケンブリッジ・

アナリティカ事件（第1章5、第2章2〜4）によって、個人データの集積やプロファイリング、それに基づく政治的マイクロターゲティングが民主主義を揺るがしうることが認識され、また、顔識別システムやAIスコアリングが人種的少数派に対する偏見・差別を助長しうることが認識され始めた2010年代後半から、民主主義と平等の尊重というアングルから、個人データ保護の必要性が叫ばれるようになったこともまた事実なのである。2024年11月の大統領選挙でトランプ（共和党）が勝てば、アメリカにおける個人データ保護法制の〝深層〟（＝「自由」）に変化は起きないだろうが、バイデン（民主党）が勝てば、民主主義や平等の観点から〝深層〟に一定の亀裂が入る可能性も考えられる。

アメリカの政治プロセスを規定する重要な憲法原則に、連邦制（federalism）がある。いま述べたように、連邦のレベルでは包括的な個人データ保護法制はいまだ存在しないが、いくつかの州ではEUのGDPRにも似た立法がすでになされている。本書第5章で強調されるように、連邦制の国・アメリカでは、連邦法だけではなく、州の立法もあわせて参照しなければ、その個人データ保護法制やAI法制の輪郭を真に理解したことにならない。

そこで注目されるべきは、カリフォルニア州のプライバシー権法（California Privacy Rights Act：CPRA）であろう（詳細は第5章I）。同州で、このような厳格な個人データ保護法が成立しえた背景の1つには、州憲法に規定されるその独特の立法過程があった。直接民主主義的な立法手続、すなわち、州民発案と州民投票である。CPRAや、その前身のCCPA（California Consumer Privacy Act）も、共にこうした直接民主主義的な手続によって制定されている（ＣＰＲＡは、約90万件の署名を得て発案され、２０２０年11月に実施された州民投票で56・２％の賛成を得て可決された）。ＣＰＲＡなどが成立したのは、事業者によるロビイングなどの影響を受けにくく、市民の選好がストレートにあらわれやすい州民発案といった直接民主主義的な手続を経由したことが大きいだろう。

このように、アメリカの個人データ保護法制も、彼の地の憲法ないしは憲法文化（州のそれを含む）を知っていれば、その大枠をつかみ出し、変化の方向性をある程度予測することができるように思われる。

本書は、日本や諸外国の個人データ保護法制の詳細を紹介するものではない。そうした制度紹介は、すでに弁護士やシンクタンクなどによってなされている。良書も多数出版されていよう。本書は、個人データ保護法制やＡＩ法制に関心のあるすべての者が、日本および欧米諸国（ＥＵを含む）の法制の〝深層〟や〝本質〟をつかみ、その変化を先読みすることを可能にするため、各法制を、その背景にある憲法や憲法文化、政治プロセスから読み解こうとするものである。

「木を見て森を見ず」ではないが、各法制の条文（〝表層〟）だけを学ぶことは、かえって非効率で、時に迷子になったりもする。「憲法との関係まで学ぶ必要はない。とにかく違法か違法じゃないかを知りたいんだ！」という読者の声も聞こえてきそうだが、法制の細部がアジャイルに動いていくとすれば、むしろ学ぶべきはその根幹であり、それを押さえておく方がむしろ効率的であるようにも思う。しかし、残念ながら、憲法との関係まで遡って、各法制のマッピングを行う書物はあまり見られなかった。『個人データ保護のグローバル・マップ――憲法と立法過程・深層からみるプライバシーのゆくえ』と題する本書は、この空白を埋めるものでもある。

「はしがき」としてはやや長くなっているが、ここで、日本の個人情報保護法制と憲法との関係について少しだけ触れていこう。この関係を理解できれば、日本の個人情報保護法制の行方も予測できるはずである。

「基本理念」という見出しが付された個人情報保護法3条は、「個人情報は、個人の人格尊重の理念の下に慎重に取り扱われるべきものであることに鑑み、その適正な取扱いが図られなければならない」（傍点は山本）と規定している。平成16年以降、政府が公表している「個人情報の保護に関する基本方針」は、いずれも、この3条――個人情報保護法の「基本理念」――と憲法との関係を明確に指摘している。すなわち、「〔個人情報保護〕法第3条は、個人情報が個人の人格と密接な関連を有するものであり、個人が『個人として尊重される』ことを定めた憲法第13条の下、慎重に取り扱われるものを示」している、と（平成16年「基本方針」）。また、直近の令和4年「基本方針」は、右文章にさらに「プライバシー」という言葉を追加して、「〔個人情報保護〕法第3条は、個人情報がプライバシーを含む個人の人格と密接な関連を有するものであり、個人が『個人として尊重される』ことを定めた憲法第13条の下……」と書いた。もともと政府は、「〔個人情報保護〕法は、……法第3条の基本理念に則し、プライバシーの保護を含めた個人の権利利益を保護することを目的として〔いる〕」と述べていたが（平成16年「基本方針」）、令和4年「基本方針」は、その趣旨をさらに強調したのである。

そうなると、日本の個人情報保護法も、本来、形式的・機械的に解釈されるものではなく、憲法13条の「個人の尊重」原理と結びついたプライバシー権を解釈指針として、より実体的・有機的に解釈され、発展していくべきものということになる（プライバシー権のリーディング・ケースである宴のあと事件判決〔東京地裁昭和39年9月28日判決〕でも、民事上の人格権としてのプライバシー権が、「個人の尊厳を保ち幸福の追求を保障するうえにおいて必要不可欠なものである」と説き、それが憲法13条〔個人の尊重と幸福追求権を規定〕と関連していることを、すでに強く示唆していた）。

しかし現実には、日本の政策形成過程において、憲法を意識した個人情報保護法の解釈や改正等が具体的に模索されてきたとは言いがたい。政府は「基本方針」では憲法やプライバシーとの関連を指摘するが、個人情報保護法の具体の改正等でその関連性が明示されてきたわけではない。この点、令和4年3月に個人情報保護委員会が公表した報告書『犯罪予防や安全確保のための顔識別機能付きカメラシステムの利用について』（以下「報告書」という）では、「〔プライバシー侵害に基づく〕不法行為の成否を評価するに当たり考慮される要素は、個人情報保護法上も不適正利用の禁止規定（法第19条）や適正取得規定（法第20条第1項）の解釈などにおいて、考慮すべきであると考えられる」であるとか、「〔プライバシー保護の〕観点を個人情報保護法の適用においても考慮すべきである」（傍点はいずれも山本）などと明言され、個人情報保護法の解釈において、（憲法13条に由来する）人格権としてのプライバシー権に関する裁判法理が考慮される可能性が具体的に――筆者の知る限り初めて――指摘された意味は非常に大きいように思われる。報告書は、憲法と個人情報保護法とが有機的に絡み合う重要な第一歩といえるかもしれない。ただ、この令和4年の報告書が「第一歩」なのだとすれば、それは、これまで両者の関係が具体的に検討されてこなかったことを示している。

最高裁も、国家による個人情報の管理・利用が問題とされた事例で、憲法13条は「個人の私生活上の自由の1つとして、何人も、個人に関する情報をみだりに第三者に開示又は公表されない自由を有する」と述べているものの（最高裁平成20年3月6日判決）、個人データ・個人情報の保護が基本的人権の問題なのだと正面から述べているわけではないし、ドイツやカナダ、韓国や台湾のように、情報自己決定権や自己情報コントロール権を明示的に承認しているわけでもない。また、カナダ最高裁のように、データ保護法に「準憲法的（quasi-constitutional）」法律という特別な位置づけを与え、これを有機的・創造的に解釈してきたわけでもない（第6章Ⅰ）。

以上のようにみると、先述の報告書など一部で重要な動きがあるものの、憲法と個人情報保護法の関係は形式的なものにとどまり、両者の有機的な接続が積極的かつ具体的に模索されてきたわけではないことがわかる（第1章Ⅰ）。

次にその政治プロセスをみてみると、日本では、制度的に、EUのように選挙からある程度自由な組織が中長期的な視点に立って、データ政策に関する理念的なビジョンを体系的に提示できるわけでもないし、カリフォルニア州のように州民発案等の仕組みを有しているわけでもない。カナダ（第6章Ⅱ）、ドイツ（第7章Ⅱ）、フランス（第8章Ⅱ）などでみられるような、事業者等のロビイングを規律する立法もない（EUにも「ロビー透明性登録」制度が存在する。第9章Ⅱ）。かくして、日本の政治プロセスないし立法過程は、短期的な経済的リターンを狙った事業者側のロビイングの影響を受けやすく（第2章）、ビジョンのある個人情報保護法体系が主体的に打ち出せるような政治環境は存在しないともいえる。

以上述べてきたような日本の憲法文化からみて、日本では、憲法原理に基づき自らが確立したビジョンに基づいて個人データ保護法制が体系的に構築されていくというよりも、国際的動向を読みながら、プラグマティックに、あるいは受動的に、無秩序に膨満していく可能性が高いように思われる。これは、その時の政治的状況に流され、場当たり的に規制が動態する可能性を示している。このような統制原理なき〝アジャイル〟は、企業の経済活動にとってもあまりハッピーなものとはいえないだろう。こうした〝可能性〟を批判的・反省的に捉え、憲法原理と結びついた、体系的で均整のとれた個人データ保護法制の発展を促すこと。これが本書のもう1つの狙いである。

本書は、2018年よりスタートした、NEC（日本電気株式会社）と慶應義塾大学グローバルリサーチインスティテュート（KGRI）の共同研究の成果である。短期的リターンなどおよそ得られないような憲法学者たちとの共同研究に投資するという〝ギャンブル〟に出たNEC担当者（特にデジタルトラスト推進本部の皆様）には深く感謝申し上げたい。本書が、こうしたNECの気概に応えるものとなっていれば望外の喜びである。また、厳しい出版事情の中、本書を世に出すことを決断し、出版に向けた諸事を手厚くサポートいただいた弘文堂の登健太郎氏にも、記して感謝申し上げる。

2024年3月

編者を代表して

山本　龍彦

目次 contents

第Ⅰ部

日本の現在地：その到達点と課題

第1章

日本のプライバシー権・現行法制度の概観

情報技術やデジタル技術の利活用とプライバシー権保護の適切なバランスをどこに見出すことができるのか、現在、世界各国が検討を進めている。科学技術の発展を過度に阻害することなく、しかし、その科学技術が私たちのプライバシー権を侵害しないようにするためには、どのような法的対応が可能なのか。この問いが、日本にとっても喫緊の課題となっていることは、令和2年、3年と、近年、頻繁に個人情報保護法が改正されていることにも現れているように思われる。

本章では、このような今日の状況を見据えた上で、進むべき道への一定の見通しを示すことを目指して、日本のデータ保護法制やマイナンバー制度の現状やその背景について検討する。

まず、日本のデータ保護法制の経緯や特徴について検討し、ごく大まかに言えば、日本がデータの利活用を重視する傾向を強めていることを示す(1)。つづけて、日本の現状の法制度が、どのような問題を持っているのか、制度設計と権利保護の2つの観点から論じる(2、3)。最後に、そのような問題が発生している要因の1つとして、日本の法制度が、憲法上のプライバシー権の議論を十分に反映していないことを指摘し、憲法上のプライバシーの権利がどのように発展してきたのかをみて(4)、将来への見通しを簡単に示すこととしたい(5)。

1――わが国のデータ保護法制（個人情報保護法制）の経緯とその特徴

(1)わが国のデータ保護法制の立ち位置

２０２３年５月19日から21日まで開催されたＧ７広島サミットは、ウクライナ大統領の予定外の来日による効果で、ロシアと交戦状態にあるウクライナへの支援が中心的トピックとなったが、それ以外にも、各国共通のさまざまな課題について議論が行われ、その成果文書として「Ｇ７広島首脳コミュニケ（G7 Hiroshima Leaders, Communiqué）」が同月20日に取りまとめられた[1]。その中では、「我々が共有する民主的価値に沿った、信頼できる人工知能（ＡＩ）という共通のビジョンと目標を達成するために、包摂的なＡＩガバナンス及び相互運用性に関する国際的な議論を進める」（前文）としてＡＩに関する対応方針が示された。また、「信頼できるＡＩ」という共通のビジョンと目標を達成するためのアプローチと政策手段がＧ７諸国間で異なりうることを認識しつつも、ＡＩガバナンスに関する国際的な議論とＡＩガバナンスの枠組み間の相互運用性の重要性を強調することとし、生成ＡＩに関する議論のために、

1：外務省「Ｇ７広島首脳コミュニケ」（２０２３年５月20日）。

包摂的な方法で、ＯＥＣＤおよびＧＰＡＩ（人工知能グローバルパートナーシップ。人間中心の考え方に立ち、「責任あるＡＩ」の開発・利用を実現するために設立された政府・国際機関・産業界・有識者等からなる官民多国間組織）と協力しつつ、Ｇ７の作業部会を通じた広島ＡＩプロセスを年内に創設するよう指示することを表明した。

これに先立ち、同年4月29日から30日に行われたＧ７群馬高崎デジタル・技術大臣会合では、越境データ流通および信頼性のあるデータの自由な流通の促進、安全で強靭なデジタルインフラ、インターネットガバナンス、経済社会のイノベーションと新興技術の推進、責任あるＡＩとＡＩガバナンスの推進、さらにはデジタル競争についても議論された。そこで取りまとめられた閣僚宣言2では、民主主義の価値を損ない、表現の自由を抑圧し、人権の享受を脅かすようなＡＩの誤用・濫用に反対するという確固たる決意を明確にするとともに、信頼できるＡＩという共通のビジョンと目標を達成するためのアプローチと政策手段はＧ７メンバー間で異なる場合があるという認識の下に、ＡＩ政策と規制が人間中心であり、人権と基本的自由の保護、プライバシーと個人データの保護を含む民主主義的価値観に基づくべきであること、そしてＡＩの政策と規制は、リスクを軽減しつつ、人や地球にとっての技術による利益を最大化するＡＩの開発と実装のためのオープンで利用可能な環境を維持するために、リスクベースで将来指向でなければならないことを確認している。同会合は、付属書5として「ＡＩガバナンスの相互運用性を促進等するためのアクションプラン」を承認している3。

このようなＧ７におけるＡＩに関する民主的諸価値の共有を軸とした一連の議論に関しては、一見、望ましい方向性を示したものと思われるが、実のところ、ＡＩの包括的な法規制に消極的な日本のスタンスに警鐘を鳴らすメディアもある。読売新聞は２０２３年5月1日の社説[4]において、「世界でＡＩに対する警戒感が強まる中、日本は楽観的すぎないか。技術革新を阻害しないよう、企業や研究機関などの自主的な対応を重視する姿勢だというが、弊害に目をつぶるようでは困る」とし、「Ｇ７各国でＡＩの開発や利用を巡る規制がバラバラになることも避けねばならない。各国の意向を踏まえ、協調して適正な規制に乗り出すことが重要だ」と強く訴えている。

また、日経クロステックの同年5月10日の記事[5]は、ＡＩのガバナンスに関して「閣僚宣言では『グローバルでの相互運用性の促進』をうたい協調する姿勢を示したが、議論からは各国と民間企業で同床異夢の現状が浮き彫りになった」と指摘した。さらに、日本政府はＡＩの包括的な法規制整備には慎重な立場で、ガイドラインなどの「ソフトロー」や企業自身の自主規制を重視してきており（２０２４年3月現在）、議長国として今回のＧ７デジタル・技術相会合で企業の自主規制などによるＡＩガバナンスを重視する方向で足並みをそろえたい意図があったが、各国との事前調整でも合意は難しく、閣僚宣

2：デジタル庁「G7デジタル・技術閣僚宣言」（2023年4月30日）。
3：デジタル庁「AIガバナンスの相互運用性を促進等するためのアクションプラン」（2023年4月30日）。
4：読売新聞オンライン「AIの規制　G7は適正なルール構築せよ」（2023年5月1日）。
5：日経XTECH「G7官民で同床異夢のAI規制、『ガードレール』をどうつくるか」（2023年5月10日）。

言ではそれぞれが理解し対応できるようなＡＩガバナンスの「相互運用性」を確保するにとどめることになった、と解説している。

ここにおいて、改めてわが国のデータ保護法制の方向性にも通ずる立ち位置が明らかになったように思える。これまでにも、２０１７年の改正個人情報保護法施行の際に、個人データを守る動きが欧州で進み、アメリカは「自由」に機軸を置くとされる中で、日本の立ち位置はそのいずれでもないといわれており、そもそも何のために個人データを保護するのかという原則がはっきりしないと指摘されていた６。

ＥＵでは、データポータビリティ権（20条）や個人データの処理（プロファイリングを含む）に対する異議申立権およびプロファイリングを含むもっぱら自動処理に基づく決定に服さない権利（21条、22条）を認めた一般データ保護規則（ＧＤＰＲ）をはじめとして、２０２１年４月21日に発表したＡＩの利用に関する規則案「ＡＩ法」が２０２２年12月にＥＵ理事会で、２０２３年６月に欧州議会でそれぞれ修正案の採択が行われ、政治的合意・正式承認に向けた欧州委員会、欧州議会、ＥＵ理事会による非公式交渉（トリローグ）が行われてきた（２０２４年３月13日に承認）。また、アメリカにおいても、グーグルやアマゾンなどのＧＡＦＡＭと呼ばれるビッグテック企業に集約された個人情報を含む多くのデジタルデータの取扱いに関して規制が検討される中、カリフォルニア州消費者プライバシー法（California Consumer Privacy Act）が２０２０年１月１日に施行され、その改正法となるカリフォルニア州プライバシー権法（California Privacy Rights Act：ＣＰＲＡ）が２０２３年１月１日から適用開始となるなど、州レベルでのプライバシー法が複数制定され、さらに、2022年6月には、ターゲティング広告とその基礎となるデータ収集を規制する内容を特徴とするアメリカ版GDPRといわれる米国データプライバシー法（American Data Privacy and Protection Act）の草案が出され、初の連邦プライバシー法の法制化に関する議論が議会で行われている。

このように、欧米では、自己の情報についてコントローラビリティを高める方向のデータ保護法制の整備が進みつつあり、AIなどの急激に進展する情報通信技術に積極的に対応していく姿勢が見受けられる。他方、わが国では、権利としての「自己情報コントロール権」に関する定めを置く地方公共団体の個人情報保護条例（令和3年改正個人情報保護法施行前のもの）が複数あったものの7、法制一元化によりこれらは原則廃止となり、個人情報の保護に関する法律（令和3年法律第37号による改正後のもの。以下「改正法」という）には、開示・訂正・利用停止請求など一定の自己情報のコントロールに関する規定が置かれてはいるが、「自己情報コントロール権」それ自体としての定めがなく、政府はこれまでも一貫して「自己情報コントロール権」の承認に消極的である。そのことがわが国のガラパゴス化を招き、欧米諸国（特にEU）との「Data Free Flow with Trust：DFFT」を難しくさせる可能性があ

6：朝日新聞GLOBE＋「何のための保護法制か　問われる日本のデータ保護の『理念』」（2018年5月25日）。

7：大阪府、沖縄県、野田市、下諏訪町等。福山市や芝山町のように、直接「自己情報コントロール権」という文言が規定されていなくても、解釈において自己情報コントロール権の保護を明確にしている自治体も複数ある。

ると指摘されている8。今回のＧ７におけるわが国のスタンスについても、データの利活用を重視し、プライバシーへの配慮がその背後に置かれている現状を映し出しているものといえよう。

そこで（2）以下では、わが国の個人情報保護法制の経緯と特徴を概観した上で、２で現行法である改正法の問題点と今後のデータ保護法制のあるべき方向性について考察を行う。

(2) わが国の個人情報保護法制の経緯と特徴

わが国の個人情報保護法制の経緯については、すでに多くの先行研究があり9、紙幅の都合から本章ではその詳細については触れず、その特徴を中心に概観するものとする。

わが国の個人情報保護法制は、情報処理・通信技術の進展、すなわち電子計算機の利用普及・拡大を背景としたプライバシー侵害への懸念を受け、１９７３年６月に徳島県徳島市で電子計算組織運営審議会条例が制定されたことを皮切りに、１９７５年３月の国立市、１９７６年３月の紫波町、同年７月の世田谷区が続いて条例を制定した。この当時の電子計算組織に関する条例には、現行の個人情報保護条例が規定するような個人情報の定義はなく、「電子計算組織で処理する」情報を保護対象としていたという特色がある。

その後、１９８４年7月に春日市が個人情報一般を保護する条例として「春日市個人情報保護条例」を公布し、１９８５年6月には川崎市が「川崎市個人情報保護条例」を公布するなど、個人情報保護に関する条例の制定・運用の動きが全国の地方公共団体に広がっていく形で地方が先行し、国については、1988年の「行政機関の保有する電子計算機処理に係る個人情報の保護に関する法律」（昭和63年法律第95号）、2003年の「個人情報の保護に関する法律」（平成15年法律第57号。以下「個人情報保護法」という）、「行政機関の保有する個人情報の保護に関する法律」（平成15年法律第58号。以下「行個法」という）、「独立行政法人等の保有する個人情報の保護に関する法律」（平成15年法律第59号。以下「独個法」という）という経過にみられるように、大きく遅れをとって制度の運用が開始された。

前記のような地方公共団体の総合的な個人情報保護条例の制定経緯の背景には、同時期に情報公開制度の整備が進められ、その結果として、情報公開によって生じるプライバシー侵害に対処するため、従来の電子計算組織における個人情報の保護から、より総合的な個人情報の保護が検討されたとされる[10]。

一方、国レベルの民間部門を含めたデータ保護法制に関しては、個人情報保護法が制定されるまでの

8：鳥海富士夫＝山本龍彦『デジタル空間とどう向き合うか―情報的健康の実現をめざして』（日経BP社・2022年）188頁以下。

9：堀部政男「プライバシー・個人情報保護議論の世界的展開と日本（特集　プライバシーを守ったITサービスの提供技術1）」情報処理54巻11号（2013年）1106頁以下、石井夏生利『個人情報保護法の理念と現代的課題―プライバシー権の歴史と国際的視点』（勁草書房・2008年）、園部逸夫＝藤原靜雄編／個人情報保護法制研究会著『個人情報保護法の解説』（ぎょうせい・2022年）、宇賀克也『新・個人情報保護法の逐条解説』（有斐閣・2021年）、石井夏生利＝曽我部真裕＝森亮二編『個人情報保護法コンメンタール』（勁草書房・2021年）、板倉陽一郎＝日置巴美『個人情報保護法のしくみ』（商事法務・2017年）、鈴木正朝＝高木浩光＝山本一郎『ニッポンの個人情報』（翔泳社・2015年）、岡村久道『個人情報保護法〔第4版〕』（商事法務・2022年）等。本章は、これらの研究も参考としつつ記述している。

10：加藤尚徳「【論考】日本の個人データ保護法制における保護対象の歴史的変容―自治体公的分野、民間分野、情報公開法制における『個人情報保護のための条例制定経緯の整理と分析』定義に関する考察」（JILISレポート2022年1月）4頁以下。

間、官民を包括的に対象とするデータ保護法制が存在せず、特に民間部門に関しては、個別分野で自主的なガイドラインを定めて取組みを行うという仕組みが採られていた。

しかし、情報通信技術の発展により、個人情報もＩＴを活用した処理が日常的に行われるようになり、また、グローバル化の進む経済界においては、個人情報の流通に関する規制ルールの諸外国との調和や、個人情報の取扱いの増大に伴いプライバシー保護への要請が高まったこと等により、それまでの個別分野ごとのデータ保護の仕組みを改め、官民双方を対象とし、制度の基本方針を明確にした基本法としての位置づけを有する個人情報保護法が、２００３年に定められたのである。ただし、わが国の当時のデータ保護法制においては、この個人情報保護法は民間部門に対する具体的な規制を定めているものの、公的部門に関しては、国や地方公共団体の個人情報保護に係る責務等の規定を置くほかは、別に個別の法令による規制が行われていた。すなわち、行個法や独個法、地方公共団体の条例といった法制度を整備し、具体的な規制を行うセグメント方式を採ったことが特色である。

その後、急激な情報通信技術の進展により社会のデジタル化が進み、ビッグデータ、パーソナルデータの利活用といった新たな局面に対応する必要が生じた。それとともに、個人情報の越境流通量の急速な増大を踏まえ、世界的なデータ保護法制におけるスタンダードの地位を確立してきたＥＵのデータ保護指令と制度的な整合性（特にＥＵの域外移転に係る十分性認定）を図るため、２０１５年に個人情報保護法を改正し、匿名加工情報制度の導入、個人情報保護委員会の新設、個人情報の越境に関する新たな規制等を行った。この改正を受け、行個法と独個法も2016年に改正された。

個人情報保護法は、その後の社会経済状況の変化（GDPRの制定・適用、一層の情報通信技術の進展、個人情報の価値や有用性の拡大とこれに伴うリスクの拡大等）を踏まえ、個人情報保護法におけるいわゆる3年ごと見直し制度[11]に基づき、2020年に改正され、個人情報の本人の権利保護強化（保有個人データの開示請求のデジタル化、利用停止・消去請求権、第三者への提供禁止請求権の要件緩和等）、事業者の責務の追加（漏洩時の報告義務、不適正な利用の禁止）、データの利活用の促進（仮名加工情報の新設と事業者の義務の緩和、提供先で個人データとなることが想定される場合の確認義務の新設）等が行われた。

個人情報保護法の目的に関しては、制定時から「個人情報の有用性に配慮」する旨の規定が置かれていたが、個人の権利利益の保護との関係については、両者を対等に比較衡量するのではなく、個人の権利利益の保護が最重要の目的であると解されてきた[12]。しかし、従来は個人情報保護制度において個人の権利利益の保護が最重要の目的とされてきたところ、この頃から、個人情報を含めたデータの利活用の方にバランスが傾いてきたことを示唆する見解もある[13]。

11：2015年の改正法では、法改正以降の社会・経済情勢の変化等に対応するため、3年ごとに制度の見直しをすることとされた（附則12条）。
12：宇賀・前掲注（9）48頁。
13：日弁連の2022年9月30日「デジタル社会において人間の自律性と民主主義を守るため、自己情報コントロール権を確保したデジタル社会の制度設計を求める決議」の13頁では、個人情報保護法の目的に関して「2015年改正により、『個人情報の適正かつ効果的な活用が新たな産業の創出並びに活力ある経済社会及び豊かな国民生活の実現に資するものであることその他の』という言葉が冒頭に付けられ、もともと低かったプライバシー保護の目的は、利活用の有用性を十分に考慮した後でしか図られないことになった」と指摘している。

この点については、内閣官房が「個人情報保護制度の見直しに関するタスクフォース」を２０１９年12月25日に立ち上げ、さらに、学識経験者や経済団体代表等で構成する「個人情報保護制度の見直しに関する検討会」（以下「検討会」という）を２０２０年３月３日に設置し検討を進める中で、検討会の第８回会議の冒頭で、総務省自治行政局行政課長が、地方公共団体が個人情報保護制度に関してどのようなことを求められているのかについて、「１つは、社会のデジタル化に対応した個人情報の保護と流通の両立ということでございます。ここはいわゆる２０００個問題というものをこの文脈で理解すべきものと考えておりまして、１つには団体ごとの規定・運用がばらばらであって、データ流通の妨げになり得るのではないか」と発言している。筆者は、ここでの「両立」という文言について、実質的に「保護＜利活用」に近いニュアンスに受け取れるものであったと考えている[14]。

さらに、個人情報保護委員会が「個人情報保護委員会が行う個人情報保護法の３年ごと見直しの検討に関し、地方公共団体の個人情報保護制度の中長期的な在り方についての意見交換を通じ、個人情報保護条例の法による一元化を含めた規律の在り方、国・地方の役割分担の在り方について検討する」ことを目的に掲げて、２０１９年12月に東京都、神奈川県、山梨県、神戸市、和泉市、茨城県五霞町、徳島県那賀町、全国知事会、全国市長会、全国町村会と個人情報保護委員会事務局を構成員とした「地方公共団体の個人情報保護制度に関する懇談会」（以下「懇談会」という）を設置した。懇談会では計４回会議が開催されたのであるが、その第４回会議において、事務局が具体的な根拠を示すことなく「地方公共団体のパーソナルデータに係る利活用の期待は高い」という一方的な認識を示したのに対し、構成員の地方公共団体の多くは、このような利活用の要望をほとんど受けたことがないと答えており、利活用ありきの国の姿勢が図らずも明確となったものと解される[15]。

このような流れが、いわゆる条例2000個問題を追い風として、2021年の個人情報保護法の改正につながっていったのである[16]。

2――法制一元化と利活用への傾き

(1)利活用のための改正法？

2021年5月にいわゆる「デジタル改革関連法」が国会で可決成立し、このうちの「デジタル社会の形成を図るための関係法律の整備に関する法律」(令和3年法律第37号)に基づき、わが国の個人情報保護に関する規律は、従来のセグメント方式から官民一体的なものとして改正法に一本化された。

14：日本弁護士連合会情報問題対策委員会「個人情報保護法改正に自治体はどう向き合うべきか リセットされないための処方箋」(信山社・2022年)37～39頁。
15：同前。
16：宇賀克也編／宍戸常寿＝髙野祥一著『法改正に対応すべき実務がわかる！ 自治体職員のための2021年改正個人情報保護法解説』(第一法規・2022年)131頁。

しかし、その内容に関しては、民間事業者に対する規律（第4章）と行政機関等に対する規律（第5章）が分かれており、形式的にはオムニバス方式であるものの、完全に官民の規律が一元化されたわけではない[17]。

今回の改正法に関しては、官民におけるデータ流通の適正化、個人情報保護委員会による民間企業、行政機関および地方公共団体の個人情報の一元管理、個人情報取扱事業者の監督、行政機関等の監視、データ保護法制の国際的な調和といった主目的について、デジタル化が進む中、個人情報保護法制において不要となった規制の不均衡・不整合を統一し、バランスの良い利活用と保護を実現し、制度の国際的調和を促進するものとの評価がなされている[18]。しかし筆者が思うに、今回の改正法の最大の狙いは、個人情報を含むデータの利活用の推進を最重要課題と位置づける国にとって、その最大の障壁となる地方公共団体の個人情報保護条例を廃止し、改正法に基づき一元化された規律の下に制度運用を行っていくことであろう[19]。

２０２１年６月18日に閣議決定された「包括的データ戦略」は、デジタル社会に向けたわが国の包括的なデータ戦略であるが、その中で、「デジタル社会においては行政機関が最大のデータ保有者であり、行政自身が国全体の最大のプラットフォーム（Platform of Platforms/System of Systems）となり、それがガバメントクラウド上で提供されることを通じて広く国民や民間企業等から活用されることが産業競争力や社会全体の生産性向上に直結する」と述べており、マイナンバー制度とリンクしたＩＤ制度の整備、ベース・レジストリをはじめとした基盤となるデータの整備、およびカタログの整備等、民間ともオープン化・標準化されたＡＰＩ（アプリケーション同士が接続する際のプロトコルや接続部分の仕様を取り決めたもの）で連動できるオープンなシステム構築を行うとしている。その具体的な施策として、スマートシティ、Ｓｏｃｉｅｔｙ５・０、スーパーシティ、デジタル田園都市構想が展開されているのであるが、その肝となる考え方は「データ連携」であり、たとえばスーパーシティ構想は、官民で共通する大規模なデータ連携基盤を用いて住民の多くの個人情報を集約し、これをＡＩ処理やビッグデータ分析の対象としたり、それぞれの住民個人について一元管理することで、行政手続、移動、医療、教育等の幅広い分野で先端的サービスを提供するところをその基本としている[20]。

ＡＩの活用に関しては、自治体にとって前記の「デジタル田園都市国家構想」が1つのチャンスになるとし、ＩｏＴで集めたさまざまなデータをクラウド上のサーバーにリアルタイムで送ってＡＩで分析

17：宇賀編・前掲注（16）４頁。改正法は、一本化されたことにより条文数が１８０を超え、国民にとってわかりにくくなった感は否めない。

18：宇賀編・前掲注（16）１１８頁以下。

19：同前。

20：日本弁護士連合会第64回人権擁護大会シンポジウム第2分科会「デジタル社会の光と陰—便利さに隠されたプライバシー・民主主義の危機—基調報告書」２６６頁。一方で、個人情報保護委員会が２０２１年10月22日に公表した「『行政手続における特定の個人を識別するための番号の利用等に関する法律』第2条第8項に定義される個人番号の範囲について（周知）」では、マイナンバーの一部のみを用いたものや不可逆に変換したものであっても、マイナンバーの唯一無二性や悉皆性等の特性を利用して個人の特定に用いている場合等は、マイナンバーに該当するものと判断されることがあり、法所定の目的以外の目的で利用・保管すると法違反のおそれがあるとして、一部の自治体が前記構想において導入を検討していた官民サービスの共通ＩＤについて注意喚起を行ったことには留意が必要である。

し、将来起こりうる変化を推定して対応を準備するというＡＩを活用した「デジタルツイン」技術の導入が同構想に盛り込まれていることをもって、その実現が交通渋滞や災害への対応からまちづくりでの活用まで、まさに地域社会のWell-Beingの向上に貢献するという主張がある[21]。この考えでは、自治体にとって重要なのはＡＩの基礎となるデータを円滑に集めて個人情報保護を重視した上で地域社会のWell-Beingのために積極的に活用できるよう、国や企業、住民とともに知恵を絞る必要があり、集めたデータを企業や研究機関などが活用できるよう、オープンＡＰＩ化して提供することも欠かせないとする。しかし、ここでいう「個人情報保護の重視」が具体的にどのようなルールに基づき担保されるのかがまさに問題なのである。

このようなデータ連携や利活用を推進していくにあたって、従来の地方公共団体における個人情報保護条例の多くが規定していた「本人収集の原則（個人情報を収集するときは、本人から直接これを収集しなければならない）」や「オンライン結合の制限（一定の要件を満たす場合を除き、オンラインによる個人情報の外部提供を禁止する）」、「目的外利用・提供に係る個人情報保護審議会への諮問（個人情報を目的外に利用・提供する場合に、事前に個人情報保護審議会に意見を聴く）」等は、大きな阻害要因となる。そこで、国は、これらの規定がなく、地方公共団体の個人情報保護条例より規制の緩い行個法をもとに、改正法に地方公共団体を含む「行政機関等」に関する統一的な定めを置いた。さらに、個人情報保護委員会は、法定自治事務として改正法の実施機関である地方公共団体に本来は認められるべき、改正法に係る自律的・自主的な法解釈権を否定して、「区域の特性」に応じた条例制定権についても著しくこれを制限しようとする姿勢を明確にしている[22]。その結果、ほとんどの地方公共団体は、これまで運用してきた各個人情報保護条例を廃止し、国が例示した個人情報保護法施行条例の条文イメージに即して施行条例を制定している。一方で、筆者が自治体名を出さないことを条件に聴き取り調査したところ、複数の地方公共団体から「個人情報保護委員会に個人情報の取扱いに関する問い合わせをしたり助言を求めても、法令解釈の指南に止まり明確な判断はもらえないため、結局各地方自治体における判断となり、全国統一の運用がなされているか疑問に思う」といった声が聞こえてきており、新たな体制における制度の運用にあたって、混乱が見受けられる状況にある。

(2) マイナンバー制度の経緯からの示唆

前記のような国のデータ利活用重視の方針は、マイナンバー制度に関するマイナンバーカード（以下「カード」という）の普及促進策においても顕著にみられる。ここでは、マイナンバー制度の経緯を検

21：須藤修「人間中心のAI社会その実現に向けた課題と展望」行政&情報システム59巻2号（2023年）6頁以下。
22：前掲注（20）日弁連基調報告206～219頁。人見剛「個人情報保護法制の法律による一元化と自治体条例」日弁連情報問題対策委員会編『個人情報保護法改正に自治体はどう向き合うべきか』（信山社・2022年）14頁。

証することにより、国が利活用重視の方針に立っていることを改めて確認しておきたい。

第一の問題点は、任意であるはずのカード保有を事実上強制することである。国としては、目指すデジタル社会の中心的アイテムとしてこのカードを位置づけており、2022年6月に閣議決定された「デジタル社会の実現に向けた重点計画」では、「令和4年度末までにマイナンバーカードがほぼ全国民に行き渡ることを目指す」とされ、健康保険証としての活用や運転免許証、在留カードとの一体化に加えて、オンライン市役所サービス、市民カード化等の施策展開を図っていくこととされた。デジタルを活用した地域の課題解決や魅力向上の実現に向けたこれらの取組みについては、「デジタル田園都市国家構想交付金」で財政支援をするものとされ、しかも、カードの普及状況が申請条件や交付審査に反映される仕組みとなったのである。

マイナンバー自体は、後述の法改正により利用範囲が拡大されたものの、法で定められた事務以外には利用できないのに対し、カードのチップに搭載されている8桁のIDであるマイキーは、法の網がけられていない。国は、マイキープラットフォームと呼ばれる共通情報基盤を通じてマイキーをさまざまな民間サービスに利活用することを考えており[23]、国が目指すデータ利活用重視のデジタル社会には、カードは必須のアイテムとされていることから、その普及促進は絶対条件となる。そこで、国民に対しては、カードを申請することによりマイナポイントがもらえることをインセンティブにして申請件数の拡大を図り、思ったように申請件数が伸びないとみるや、幾度となくマイナポイントの申込期限を延長してきた。

　2022年10月13日の記者会見で、河野太郎デジタル大臣は「デジタル社会を作っていく上で、マイナンバーカードはいわばパスポートのような役割を果たすことになる」と発言したが、既述の通り、マイナンバーカードは「行政手続における特定の個人を識別するための番号の利用等に関する法律」（平成25年法律第27号。以下「マイナンバー法」という）16条の2で「機構は、政令で定めるところにより、住民基本台帳に記録されている者の申請に基づき、その者に係る個人番号カードを発行するものとする」と規定されており、カードを所有するか否かは「任意」である。しかし、その後も前記のようなカードの普及促進策が続けられる中、2023年5月にはカードと一体化した健康保険証に他人の情報が登録されていたケースが7300件余り確認されるなど、カードに関連するサービスにおいて誤登録等のミスが複数発見された[24]。さらには、本人の同意を取らずに勝手にカードに保険証の機能が登録されたという、あってはならない事例も5件確認されている[25]。このようなミスにより国民のマイナンバー制度に対する不信感が高まっているにもかかわらず、2023年6月2日、マイナンバー法の改正案および「行政手続における特定の個人を識別するための番号の利用等に関する法律の施行に伴う関係法律の整

23：総務省「マイキープラットフォームの概要」https://www.soumu.go.jp/main_content/000399168.pdf.
24：デジタル庁「マイナンバーを巡る諸問題と対応について」（2023年9月8日）。
25：毎日新聞「マイナ保険証『本人の意思確認せず利用登録』マニュアルを改定」（2023年6月5日）。

備等に関する法律案」が参議院で可決成立し、健康保険証は２０２４年12月2日に廃止することが２０２３年12月22日に閣議決定され、カードと一体化されるとともに、マイナンバーの年金受給口座との紐づけが進められ、さらにはマイナンバーの利用範囲の拡大として、国家資格の取得・更新や自動車登録の手続にも用いられることとなり、これらに「準ずる事務」も対象とされた。

繰り返すが、このようなカードの利用範囲拡大策は、任意であるはずのカード所有を事実上強制するものである。本来は、先述したマイナンバー法16条の２の改正（カード所有の義務化）を議論すべきところ、おそらくは、その点を明確にした法改正には国民の抵抗感が強いと考えたのであろう。しかし、目指すデジタル社会における必須アイテムとしてカードを位置づけている以上、何としても原則国民すべてにカードを所有させなければならず、我々が日常生活において利用する必要性の高い証明書類をカードと一体化するという強硬策に出たものと思われる。このような状況に対しては、カードの紛失やマイナンバーへの不正アクセス、不正使用、マイナンバーと紐づいた個人情報の流出、それに伴うプライバシーや人権の侵害、マイナンバーを通じた監視社会の到来といった多くの反対意見が見受けられる[26]。

第二の問題点は、物理的なカードの保有を前提とした仕組みである。デジタルＩＤの先進国といわれるシンガポールでは、わが国のＳｏｃｉｅｔｙ５・０と類似する施策として、２０１４年より国を挙げて「スマートネイション」構想に取り組んでいる[27]。シンガポールでは、物理的カードを使わず、「ＳＧＶｅｒｉｆｙ」と呼ばれる、モバイルのアプリを使用して組織から提供されたＱＲコードをスキャンすると本人確認と手続等に必要な個人情報を提供できるサービスを導入しており、物理的カードに依存したシステムは、①カードのチップを数年ごとに交換する必要がありコストが高くつく、②カードに保存されているデータへのアクセスのために、カードリーダーを使用しなくてはならずユーザーフレンドリーではない、といったデメリットが指摘されている[28]。これらの指摘は、現在のわが国のカードに関する諸状況からみても極めて妥当な指摘と考えられ、わが国が推進しようとしているマイナンバー制度におけるマイキープラットフォーム構想は、物理的なカードの保有を前提としている点において課題があるものと思われる[29]。

　第三の問題点は、日本のカード普及政策が国民の信頼を低下させていることである。政府と国民の信頼度は制度の安定性にとって非常に重要と考えられる。たとえば、シンガポールのほか、デジタル先進国と呼ばれるスウェーデンやエストニアといった国に共通するのは、政府に対する国民の信頼が高いということである。スウェーデンについては、国が個人識別番号（Personal Identity Number：PIN）を

26：一例として、日本弁護士連合会「『マイナ保険証』取得の事実上の強制に反対する会長声明」（２０２２年９月27日）。

27：野村敦子「プラットフォームとしての都市（City as Platform）③シンガポールのスマートネイション戦略―政府主導によるデータ駆動型都市の構築」（日本総研Research Report《イノベーションの新潮流 No.８》２０１９年８月29日）４頁以下。

28：Cristina Lago, "Inside Singapore's National Digital Identity programme"（２０１９年８月16日）。

29：総務省「マイキープラットフォームの運用開始等」（２０１７年９月21日）。この点に関連して、マイナンバーカードの管理システムなどの関連予算について、２０２２年11月に財務省の財政制度等審議会から「システム構成が古く、毎年数百億円規模の経費が発生している」として見直しを求められたことは記憶に新しい。そのような状況の中、政府は、２０２６年中にセキュリティを高めた新しいカードの導入を目指すとする重点計画案を２０２３年６月に公表している。

本人確認のための識別子として官民のさまざまなサービスに使用することについても抵抗がない上、適切な情報公開により、ＰＩＮと紐づけされたスマートフォンやタブレット端末で利用できる「ＢａｎｋＩＤ」を中心としたデジタルＩＤの導入が、納税申告の簡便化ばかりでなく、税負担の透明性・公正性につながっていると国民が理解しており、高い税率に対しても充実した福祉として国民にきちんと還元されていると納得しているという背景がある[30]（一方で、スウェーデンプライバシー保護局（ＩＭＹ）が２０２１年に公表したプライバシーの保護に関するレポート「Integritetsskyddsrapport 2020」では、民間企業が行う広範なオンライン上のデータ収集に関しては、近年自分の個人データがどのように扱われるかを懸念する人が増え、個人データを保護するための対策を講じたり、安全でないと思われるデジタルサービスの利用を控えたりする人が増えているとし、テクノロジーのさらなる開発に合わせて、個人のプライバシーとセキュリティを確保するための具体的な措置を講じる必要があることを指摘している）。

わが国の場合、公的給付金の受取口座の誤登録など、一連のカードをめぐる諸問題に関して、河野大臣が「諸外国がデジタル化を進める中、日本が歩みを止めることはできない」と発言し、制度不備のままカード普及を急いだ「見切り発車」を認めたが[31]、誤登録については、前記マイナンバー法改正案の国会審議の前から把握されていたにもかかわらず、これを公表していなかった事実が明らかとなり、その後、２０２３年9月20日には、マイナンバー制度の所管庁であるデジタル庁が個人情報保護委員会の行政指導を受けるという異常事態となった。もはや国民の政府に対する信頼は、大幅に低下しているといわざるを得ない[32]。

イギリスでは、テロ等の犯罪防止や不法就労、不法雇用の防止等を目的として、国民にＩＤ番号を付番して管理する国民ＩＤカードシステムを導入した「２００６年ＩＤカード法」が制定されたが、政府の説明や公開情報に対する不信感が重なり、さらに、ＩＤ番号による国家の国民監視に係るプライバシー侵害への懸念、犯罪防止効果に関する疑問、システムの運用コスト等に対する不満が高まった結果、２０１０年の政権交代を機に法制度が廃止されたという苦い経験を有する[33]。

既述の通り、国は国民の個人情報の一元管理・集中管理をも視野に入れており、今日のような課題山積の状況にもかかわらず、拙速にデジタル化を進めようとするわが国のスタンスをみていると、マイナンバー制度がイギリスの事例のように廃止される可能性すら、あながち否定できないように思える。

30：野村敦子「デジタル時代の社会基盤『デジタルＩＤ』」ＪＲＩレビュー9巻81号（２０２０年）30頁。
31：産経新聞「マイナンバー普及は見切り発車　制度不備で不信拡大」（２０２３年６月７日）。
32：西日本新聞「マイナカード　用途拡大いったん凍結を」（２０２３年６月９日）。
33：Beynon-Davies, Paul ,"The UK National Identity Card"(Journal of Information Technology, 2011), Jennifer Morris, "BIG SUCCESS OR "BIG BROTHER?": GREAT BRITAIN'S NATIONAL IDENTIFICATION SCHEME BEFORE THE EUROPEAN COURT OF HUMAN RIGHTS," *Georgia Journal of International & Comparison Law*, Vol. 36 (2008), 野村・前掲注（30）22頁以下参照。

3——改正法の問題点：諸個人の権利

(1) 改正個人情報保護法における権利保護

2までは、マイナンバー制度をめぐる施策などの具体例を挙げながら、日本社会がいま置かれている状況を概観してきた。以降は、憲法上のプライバシーをはじめとする個人の権利の観点から、これまでみてきた日本社会の状況を批判的に検討していきたい。

本書で論じる通り、諸外国のデータ保護法制には学ぶべき点も多く、日本の現況を知る際にも諸外国との比較が有用である。なかでも、日本の個人情報保護法は、ＥＵとの間でなされる「十分性認定」[34]の制度を通して自国の法制度の不足を認識しながら発展してきたといえるため[35]、本節では、ＥＵが規定しているＧＤＰＲとの比較をしながら、個人の権利の観点から、日本の個人情報保護法に残された課題をいくつか紹介する[36]。

(2)「個人情報」「要配慮個人情報」の定義

まず、ＧＤＰＲで保護の対象となる「個人データ」と日本法における「個人情報」との違いとして、個人端末（ＰＣやスマートフォンなど）を識別するためのＣｏｏｋｉｅや広告ＩＤなどの識別子を含むか否かの違いがある。

ＧＤＰＲは、「個人データ」を「自然人に関連するあらゆる情報」（４条。傍点は筆者）と定義しており、オンライン識別子も個人データとして保護の対象となっている。

一方、日本では、個人情報保護法は、オンライン識別子についての規定を欠いていたところ、「リクナビ事件」[37]などを契機に、オンライン識別子もその利用方法によってはプライバシーを傷つけうることが強く認識されるようになった。このような経緯から、令和2年改正時に識別子を「個人関連情報」とし、以降、これを第三者に提供しようとする事業者は、その提供先が、当該情報を他の個人情報と紐づけるなどして個人データとして利用する場合には（その可能性が高い場合も含む）[38]、このような利用について本人の同意があることを確認しなければならないとされた（改正法31条）[39]。

これによって、Ｃｏｏｋｉｅや広告ＩＤ、あるいはこれらを用いた解析結果であるＤＭＰ（Data

34：十分性認定は、ＧＤＰＲ45条が定める制度で、ＥＵ域外の国との間で、ＥＵ市民の個人情報をやり取りする場合には、相手の国にＧＤＰＲとほぼ同程度の保護程度を確保する法制度や仕組みが備わっていることが必要とされている。

35：日本が十分性認定を受けるに至った経緯や、その交渉の経緯などについて、堀部政男＝宍戸常寿「対談　第1期個人情報保護委員会を振りかえる」ジュリスト１５３４号（２０１９年）55頁以下を参照。

36：「同意疲れ」の問題などを考慮すれば、現行法よりも柔軟な形で、「同意の撤回」などを認めることや、本人の同意があるかとは別に、不正なデータ利用がされないようなシステムをあらかじめ組み込むこと（「プライバシー・バイ・デザイン」。第6章参照）で、法制度全体の「構造」によってプライバシーの権利を守るという発想も、今後必要になってくるように思われる。

37：２０１９年、就職活動を支援するサイト「リクナビ」が、Ｃｏｏｋｉｅ情報を突合する形で、内定辞退率を計算し、それを本人の同意なしに他企業に提供していたことで、「リクナビ」を運営するリクルート社およびリクルート・キャリア社に対して、個人情報保護委員会が勧告を行った事件。

38：この点、解釈について争いがあり、ガイドラインなどによる整理が求められている。石井＝曽我部＝森編・前掲注（9）４２７頁。

39：令和2年の改正前は、いわゆる「提供元基準」が採用されており、提供元において特定の個人が識別されないのであれば、提供先で（たとえば他の情報と照合することによって）個人が特定されることがあっても、そのような第三者提供について規制がなかった。その後、「リクナビ」事件などを経て、本条の規定が設けられるに至った。

Management Platform）の情報なども、個人関連情報として、一定の保護を受けることとなったが、これはなお、「個人情報」とは異なるものであるとされ、安全管理措置義務（23条）などの対象からは外れている。これは情報漏洩の危険などの観点からいえば、保護の程度が落とされていることになる。識別子やDMPの情報は、他の情報と結びつけられることで容易に個人データになることを考えれば、これらも「個人情報」としての扱いを受けるべきではないだろうか[40]。

また、顔識別機能付きカメラ[41]などによって取得される、顔の骨格等の身体的な特徴量に関するデータについても、GDPRによる保護と違いがある（GDPRでの保護については第9章を参照）。

顔や身体の姿形は、社会生活を送る際には、他人の目に晒されることがもともと想定されるものであり、一歩家の外に出れば顔や身体の姿形は他人の目に晒される。そのような意味で、顔や身体の特徴がなぜ保護に値するかということは一見してわかりづらい。

このことは、情報技術の発展によって顔や身体の特徴がデータ化され、その特徴量データを、望むならば、購買歴や属性、経歴（ここには病歴や犯罪歴も含まれる）などと結びつけて利用することも可能になったという事情によって説明することができる。私たち人間は、一度誰かの顔や身体を目にしたからといって、そこから瞬時に個人を特定し、その人の他の情報と結びつけて解析する能力を持たない。しかし、顔識別機能付きカメラにはその能力があり、それにより、特徴量データは、病歴や犯罪歴などと結びつけられた上で、個人の行動や行き先を細かに追跡・記録するために利用される可能性を持つものとなる。

そして、もしそのような利用がなされれば、差別など、個人の大きな不利益につながる危険性が高くなるのである。

日本の個人情報保護法においては、特徴量データは、通常、「要配慮個人情報」[42]にはならず「個人情報」になるとされている[43]。「要配慮個人情報」は、差別につながる危険性が特に高い情報であるとして、取得時に本人の同意が必要とするのが原則であるが、「個人情報」についてはそうでないため、現状、日本では、カメラなどを通して身体的な特徴量を取得することについて、本人の同意は必要とされていない。ここで特に問題なのは、監視カメラによる録画などの方法で特徴量を取得されていても、他の方法で個人情報が取得される場合（オンラインサイトで自ら個人情報を入力する場合など）に比して、本人からは認識されづらいということである。前述のように、特徴量データが差別につながる危険性も十分にあることを考えると、本人から意識されずに、「さりげなく」情報を取得できるという事情は、特徴量データについて法的規律を強める理由になりうるように思われる。

40：石井＝曽我部＝森編・前掲注（9）441頁。
41：本章では、個人情報保護委員会「犯罪予防や安全確保のための顔識別機能付きカメラシステムの利用について」に従って、「顔識別機能付きカメラ」という名称を用いた。
42：個人情報保護法の2条3項は、「『要配慮個人情報』とは、本人の人種、信条、社会的身分、病歴、犯罪の経歴、犯罪により害を被った事実その他本人に対する不当な差別、偏見その他の不利益が生じないようにその取扱いに特に配慮を要する……個人情報」とする。
43：身体的・精神的な障害などがある場合、通常その障害に関する事実は「要配慮保護情報」となるものの、外見から明らかな身体的な障害については、秘匿性が高いとはいいづらいと考えられ、仮にそれが監視カメラの映像などに映り込んだ場合、この情報の取得については本人の同意は必要でないこととなっている。もっとも、この情報を第三者提供する際には、本人の同意が必要である。

なお、顔識別機能付きカメラについて、個人情報保護委員会が発行した報告書[44]によれば、令和2年の改正で、個人情報の不適正な利用（「不適正利用」）を禁止する規定が新設されたことの趣旨を踏まえれば、個人のプライバシーへの配慮を十分にせずに特徴量データを取得・利用した場合などは、個人情報の「不適正利用」になる可能性がある。つまり、個人情報の利用に関する一般的な規律は特徴量データにも及ぶこととなっている。

(3) 保護される権利の内容

次に、「データポータビリティ権」とプロファイリングに関連する権利について紹介する。

「データポータビリティ権」とは、事業者等に提供した個人データを、個人が再利用しやすい形で受け取ったり、個人データをある管理者から他の管理者に直接移行させたりすることを求める権利である。これについて、ＧＤＰＲでは、20条で定めている。

個人情報保護法では、「電磁的記録」を含めて本人が選択した方式でデータの開示を受けることが可能である（33条）。他方、ある管理者から別の管理者への直接のデータ移行については定めがなく、データポータビリティ権は、部分的に保障される形となっている。

データポータビリティ権は、データの世界における自分の分身[45]といえるようなデータの集まりを移動させるという意味で、生身の人間でいうところの居住・移転の自由に対応するものであり、自分のデータの所在地を自由に選べるようにすることは自律的な選択のために重要である。また、データポータビリティ権には、巨大なプラットフォームが、保有する情報の囲い込みによってさらなる巨大化を続ける傾向に対して、それへの歯止めとなることが期待されており[46]、業界内での健全な競争を維持する観点からも重要なものであるため、この権利の拡充が求められる。

また、個人情報保護法上、プロファイリングに関連する権利についての特別な規定は存在しない[47]。一方、GDPRは21条・22条で、プロファイリングに関連する権利を定めており、個人はいつでも、プロファイリングに対して異議を述べることができるとしている。異議が述べられた場合、データ管理者は、その個人の権利保護よりも優先される目的によってプロファイリングが正当化されることを証明しなければ、以後プロファイリングを続けてはならない。

個々の情報は問題なく取得された情報であっても、それが組み合わされて、本人の知らないところで自己イメージが作り上げられることで、無理矢理に購買意欲を掻き立てられたり、就職活動や金融に関わる信用などにおいて不利益を被ったりする可能性があり、ここにプロファイリングの問題がある。加

44：個人情報保護委員会・前掲注（41）20～21頁以下を参照。
45：これを、阪本俊生は「データ・ダブル」と呼ぶ。阪本俊生『ポスト・プライバシー』（青弓社・2009年）。
46：これについて、たとえば生貝直人は、データポータビリティ権は、「個人情報を用いた〈プラットフォームによる統治〉に限界を与える試み」として理解できると指摘する。生貝直人「通信分野の個人情報保護と利活用」ジュリスト1534号（2019年）30頁。
47：個人情報保護委員会のガイドラインでは、プロファイリングを含め、個人の行動や関心を分析する際には、このような分析の実施を含めて利用目的を特定し、それを明示するよう求めている。

えて、そのプロファイリングが誤っている危険性もある。これに対処するためには、個々の情報取得・利用についての規定では足りず、それらを関連づけて解析するというプロファイリングという活動そのものに対する規定が必要であろう[48]。

(4) 権利侵害に対する制裁のための制度

個人情報保護法178条は、個人情報や個人関連情報などを取り扱う業者が、個人情報保護委員会から出される命令（この命令は、勧告を経て出される）あるいは緊急命令（勧告を経ずに出される）に違反した場合に適用される罰則について定めている。178条によれば、この罰則は、「1年以下の懲役又は100万円以下の罰金」である。令和2年の改正前は、この罰則は「6月以下の懲役又は30万円以下の罰金」であったところ、法に違反する事案が少なくないことや、その中には重大な違反もあることなどから、諸外国、とりわけEUと比較して罰則が軽すぎるとの批判を受けて、罰則が引き上げられた[49]。

しかし、GDPRの83条は、義務違反の罰則として、2000万ユーロ以下、または、前年度会計における世界全体の売上総額の4%以下（企業が対象のとき）のうち、いずれか高額の方を、行政上の制裁金（課徴金）として支払わねばならないこととなっている。これと比較した場合には、日本の個人情報保護法の罰則は軽いものにとどまっている。

4――個人情報保護法と「プライバシー権」

(1) 個人情報保護法と「プライバシー権」

2、3では、日本の現状や現行法に対して懸念される点を指摘してきたが、ここで指摘される問題が生じている要因の1つに、個人情報保護法はどのような権利を保護するための法律なのかが曖昧だという問題がある[50]。この問題は、制定当時から現在まで、一貫して存在してきたものである。

個人情報保護法は、その目的を「個人の権利利益」（1条）の保護と定めているが、この「権利利益」に何が含まれるのかは一見して明らかではない。立案担当者の説明によれば、ここに含まれるのは、プライバシー権だけではなく、名誉や生活の平穏、差別されないことなど、多種多様な利益であり、この多様性ゆえに、明確な文言を用いることは避けられている。なお、ここで「プライバシー」とは「他人に知られたくない自己の情報をみだりに開示・公開されないこと」であるとされている[51]。

48：プロファイリングが「個人の尊重」との関係で問題になることについて、山本龍彦「ビッグデータとプロファイリング」論究ジュリスト18号（2016年）34頁以下などを参照。
49：宇賀・前掲注（9）861～862頁。
50：この問題について、個人情報保護法と憲法上のプライバシー権との関係性を探るという試みとして、プライバシー侵害の実質がない場合には、個人情報保護法違反を認めないこととする判例を検討したものがある。板倉陽一郎「個人情報保護法とプライバシー―懲戒請求者リスト証拠提出事件を題材として」情報法制研究12号（2022年）15頁以下。また、實原隆志「個人情報保護法制と憲法」情報法制研究12号（2022年）38頁以下は、個人情報保護法が憲法上の権利の制限を正当化する役割を果たしていることから、個人情報保護法と憲法とは実質的には密接な関わり合いを持っていること、そして、その関わり合いを持っていることについて、法律でそれを明記する条文がないことは障壁にならないことを指摘する。
51：立案担当者による説明として、冨安泰一郎＝中田響編『一問一答　令和3年改正個人情報保護法』（商事法務・2021年）98～100頁。

しかしながら、このようなプライバシー理解は、（2）で論じる「一人にしておいてもらう」権利としての理解に近く、非常に古典的なものであるといえる。一方、憲法学はそのような古典的理解に満足しておらず、プライバシー権をめぐる学説は、すでに一定の発展を遂げている[52]。そこで、以下では、まず、憲法学においてプライバシーの権利がどのように発展してきたのか、背景にある社会状況[53]とともに概観し[54]、つづけて判例の状況を検討する。

なお、以下では、プライバシー権に関する学説・判例の「発展」をみるものの、実際には、本節でみるほどに直線的に発展してきたものではなく、複雑な紆余曲折を経て議論されてきたものであるし、今日でもプライバシーの権利は何を本質とし、何をどこまで保障するものであるのかは、意見の一致を十分にみているわけではないことに注意されたい。

（2）「一人にしてもらう」権利

1890年、サミュエル・ワレンとルイス・ブランダイスが「プライバシーの権利（The Right to Privacy）」[55]という論文を発表した。この論文の中で、ワレンとブランダイスは、「一人にしてもらう権利」[56]としてプライバシー権を定義し、それが法の保護対象になるべきであることを論じたのである。このような定義に表れているように、このときにワレンとブランダイスが、法によって新たに保護の対象にすべきことを主張していたのは、親密な間柄の人とのみ共有される私事が、見境なく世間に公開されないということによって得られる心の平穏であった57。

この論文が執筆された背景には、ワレンが、自分と妻の結婚式についての記事が無断で書かれたという出来事があったとされている58。純粋に私的な事柄を世間の目に晒してしまうようなイエロー・ジャーナリズムは、「あらゆる面で、適切さと品位によって定められる限界を越えている」と批判されたのである。

この「一人にしてもらう」権利としての理解が、プライバシー権にとって、いわば出発点となるものである。

52：冨安と中田が指摘するように、日本の最高裁判所も、「自己情報コントロール権」という文言は用いていない。冨安＝中田編・前掲注（51）99～100頁。しかしながら、本章でみるように、判例においても「自己情報コントロール」という発想は徐々に受け入れられるようになっていると考えられる。
53：「プライバシー」という概念と社会状況の変化の関係について、阪本・前掲注（45）16頁以下を参照。
54：本章においては、憲法が保障する権利はどのような主体による権利侵害に対抗して保障されるのか、という「私人間効力」の問題には立ち入らず、プライバシーの権利は行政機関などの公権力の活動からも企業をはじめとする私人の活動からも保護される、という前提で議論を進めることとする。
55：Samuel D. Warren & Louis D. Brandeis, "The Right to Privacy," *Harvard Law Review*, Vol. 4, No. 5 (1890).
56：*Ibid*., p. 193.
57：なお、ワレンとブランダイスは、同論文で、「表現の自由」が、何を表現するかについて本人が定めた限界を他人が超えてはならないことにも保護を与えてきたことを指摘して、表現の自由は、ある人の表現活動が許可なく公開されないという心の平穏をも保護していることを論じている。このように考えると、同論文は、私たちが自分の周りの事柄に関する公開の程度を自ら選択していることを念頭に置いており、その意味で、「自己情報コントロール権」の発想にもつながる発想をすでに内包していたといえる。
58：宮下紘『プライバシーという権利─個人情報はなぜ守られるべきか』（岩波書店・2021年）30頁。

（3）自己情報コントロール権

1960年代、アメリカでは、プライバシー権の内容をめぐって発想の転換がみられた[59]。プライバシー権とは、単に、私事を他人から防衛し秘匿するという消極的なものではなく、個人の情報が、誰に、いつ、どのような範囲で他人に伝達されるのかということを自分で決めるという、積極的な側面を持った権利であると理解され始めたのである[60]。

私たちは、自分の情報をひた隠しにするばかりでなく、あえてそれを共有することで他の人との親密な関係性を作り上げている。そうであるならば、逆に、本人が自ら望んで自己情報を公開しない場合に、その情報を無理に知ろうとしないことは、その人が私との間で保とうとしている距離への重要な配慮となる。このように、自己情報は、他の人との関係性の深度を調整する機能を持っている[61]。しかし、高度に発展した情報技術を通して、私たちの情報は、それを共有したいと思えない者の手にも容易に渡ってしまうようになったことで、自己情報のこの機能は危険にさらされることとなった。このような考察を背景に、自己情報についてコントロールする権利としてプライバシー権を理解する必要が生じた。

日本では、佐藤幸治によってこの考え方が紹介され[62]、「自己情報コントロール権」としてのプライバシー権理解が通説化していった[63]。佐藤説においては、個人情報が関係性の深度を調整する機能を持っていることが特に重視され[64]、思想や信条などに関する基本情報や、重大な差別の原因となりうる情報（「プライバシー固有情報」）を侵害する活動が強い警戒の対象となった。対して、氏名や住所などの、社会生活で比較的頻繁に公開される個人情報（「プライバシー外延情報」）は、やや保護の程度が落とされる。もっとも、これらが過度に集積利用されたりして、「プライバシー固有情報」の侵害につながる場合には、プライバシー権の侵害が認められる65。

（4）情報を適切に保護するための「構造」への着目

アメリカでは、1990年代後半から、さらなる発想の転換があり66、個別の情報が適切に扱われることだけでなく、システムやデータベースが、情報の適切な取扱いを確保する構造を備えていることが必要だと考えられるようになった67。構造への着目がなされた背景には、いくつかの事情がある。

第一に、今日の高度な情報技術社会においては、多くの情報が相互に関係づけられて集積・利用され

59：このような転換を、山本龍彦は、「情報論的転回」と呼ぶ。山本龍彦『プライバシーの権利を考える』（信山社・2017年）4頁。

60：Alan Westein, *Praivacy and Freedom* (Atheneum, 1967) および Charles Fried, "Privacy," *Yale Law Journal*, Vol. 77, No. 3 (1968).

61：Fried, *supra* note 60, p. 485.

62：佐藤幸治「プライバシーの権利（その公法的側面）の憲法論的考察」同『現代国家と人権』（有斐閣・2008年）259頁以下。

63：なお、日本でいう「自己情報コントロール権」と、ドイツなどでいう情報自己決定権とは、本人の同意をどれくらい重視するのかなどの点で異なっているという指摘もある。たとえば、小山剛「単純個人情報の憲法上の保護」論究ジュリスト1号（2012年）120頁以下。ドイツにおける「情報自己決定権」の保障については第7章を参照。

64：佐藤幸治「『情報化社会』の進展と現代立憲主義」同『現代国家と人権』（有斐閣・2008年）438頁。

65：佐藤幸治「プライヴァシーの権利と個人情報の保護」同『現代国家と人権』（有斐閣・2008年）490頁。

66：これを、山本龍彦は「構造論的転回」と呼ぶ。山本・前掲注（59）8頁。

67：以下の議論について、山本・前掲注（59）7頁以下を参照。

ている。この状況を考えれば、個別的には些細にみえる情報であっても、それが相互に関連づけられて解析の対象となることで、ある人の人物像が相当に鮮明に浮かび上がってしまうことも少なくない。前述の佐藤説では「外延情報」として保障の程度が低められる情報も、今日では、ある人の人物像全体を芋づる式に知るための「鍵」となる危険性が高いため、「外延情報」を「外延」にとどめ、「固有情報」への鍵とならないようにするための構造がシステムの側に必要となる。

第二に、「同意疲れ」の問題がある。かつては、個人の情報を保有・管理する主体としてまず念頭に置かれていたのは行政機関であったが、いまでは、大量の個人情報を扱う中心的な主体は私企業となっている。この変化は、個人情報に高い経済的価値があることが認識され、企業が、個人情報の利活用に強い経済的インセンティブを持つようになったことに起因している。この変化に応じて、生活の中で、個人情報の取得や利用に対して同意を求められる機会は飛躍的に増加した。このことが「同意疲れ」を引き起こしている。

個人情報の収集・利用についての同意は、多くの場合、企業が提供するサービスと引き換えに、本人から与えられてきた。本来であれば、自分の情報が利用される範囲について把握し、同意することは非常に重要な意味を持つはずであるが、このことを説明する「利用規約」は通常、膨大な文字量で構成され、かつ、各種のサービス利用の際に毎回、「利用規約」への同意が繰り返し要求される。このような状況で、利用規約を毎回熟読し吟味する人は多くはないと考えるのが現実的だろう。つまり、形式的には情報の収集・利用についての同意が与えられていたとしても、現実的には、それが真の同意であるかは相当に疑わしいということである。私たち人間には、情報を処理し、吟味する能力に限界があることを認めるならば、本人の同意を絶対視することはむしろ危険な場合もあり、情報を管理するシステムの側にも、個人情報の不適正利用を防止するための構造が用意されている必要があるだろう。

日本では、山本龍彦が、情報システムの「構造」の観点から体系的な議論を展開してきた。山本は、この構造への着目は、佐藤説と連続するものであるとしつつ、佐藤が説く自己情報コントロールを実質的に可能にするためには、本人の個別的な同意だけではなく、システムの構造自体が、個人情報の適切な管理を保障するものとなっていることが重要なのだとし、それが満たされているか否かがプライバシー侵害の判断において重要な位置づけを持つとする。そして、ここでは、問題となる個人情報が、「固有情報」なのか「外延情報」なのかは決定的な違いをもたらさない。

(5) 自己情報コントロール権の再検討

近年では、自己情報コントロール権としてプライバシー権を理解することの限界を指摘する論者もいる。たとえば、音無知展は、プライバシー権を自己情報コントロール権として理解して本人の同意を重視することは、社会での共生や協働のために必要な個人情報の取扱いを阻害する危険性などがあることを指摘して[68]、「適正な自己情報の取扱いを受ける権利」としてプライバシー権を理解する[69]。この考え方は、プライバシー権が侵害されているか否かの判断において、本人の同意があるか否かというよりも、総体的な観点からみて、自己情報が適正に取り扱われているといえる状態であるか否かを重視するものであるといえる。

確かに、私たち人間には時間や能力に限界があるために、自己情報を提供する際に、すべてのことを考慮した上で同意を与えるということを想定するのは非現実的であるし、客観的には適正に思える自己情報の取扱いに対してもプライバシー権の侵害を主張する個人がいるということは否定できない。

とはいえ、「適正な取扱い」とは結局どのようなものか、そのためにどのような条件や状況を整えることが必要かを考える際、出発点となるのはやはり、私たちは、自己情報の開示範囲を相手方の性質や情報管理方法などを見定めた上で判断したいという、自己情報コントロールの発想であり、これに関する個人の利益や関心を抜きにして「適正な取扱い」を考えることには、困難が伴うように思われる。そして、自己情報コントロール権を個人の権利として認めることは、必ずしもこの権利を例外なく保障することにはつながらない。自己情報コントロール権があるとまずは考えた上で、その権利の限界の問題として、他の権利・利益との公平な調整に配慮することも可能である。そうであれば、「自己情報コントロール権」という発想は、いまだその意義を失っているとはいえないように思われる。

（6）判例における「自己情報コントロール権」

さて、ここでは、判例におけるプライバシー権の理解を検討してみたい。

まず、「プライバシー」という概念そのものは、「『宴のあと』事件」[70]を契機として、日本の司法の場に浸透していった。この判決では、「私事をみだりに公開されない」ということが、「今日のマスコミュニケーションの発達した社会では個人の尊厳を保ち幸福の追求を保障するうえにおいて必要不可欠」とされ、これが法によって保障されるべき権利であることが示されたのである。

次に、憲法学の概説書などで「自己情報コントロール権」の発想を濃厚に反映したものとして紹介されることが多いのが、「江沢民講演会事件」[71]である。この事件では、早稲田大学が主催する講演会に参加する際、学生が学籍番号や氏名、住所などの個人情報を名簿に記載していたところ、大学が、本人の同意なく、これらの情報を警察へ公開したことが問題となった。ここでは、氏名や住所などは、それ自体としては秘匿性がさほど高くないことが問題となったが、裁判所は、「このような個人情報についても、本人が、自己が欲しない他者にはみだりにこれを開示されたくないと考えることは自然なことであり、そのことへの期待は保護されるべき」とし、「このようなプライバシーに係る情報は……慎重に取り扱

68：音無知展『プライバシー権の再構成―自己情報コントロール権から適正な自己情報の取扱いを受ける権利へ』（有斐閣・2021年）34頁。
69：音無・前掲注（68）200頁以下。
70：東京地裁昭和39年9月28日判決（下民集15巻9号2317頁）。
71：最高裁平成15年9月12日第二小法廷判決（民集57巻8号973頁）。

われる必要がある」と示した。この判断について、頻繁に公開されている情報であっても、その利用方法については本人の意思に沿うべきであるとされている点で、「自己情報コントロール権」への配慮がされていると理解されており、実際、調査官解説においても、判決の内容は「自己に関する情報を管理する権利の考え方と親和的なもの」であるとされている[72]。

なお、学説におけるこの判決の読みは必ずしも1つにまとまっているわけではない。たとえば、この判決で問題になったのは、憲法上のプライバシー権の侵害ではなく、個人情報を取り扱う主体が、個人情報を提供する本人に対して果たすべきであった説明義務を怠り、それによって、個人情報の適切な管理への期待を裏切ってしまったことではないかと指摘する論者もいる[73]。前述の調査官解説にあるように、この判決が自己情報コントロール権の考え方に親和的な内容であるとはいえるものの、裁判所が、自己情報コントロール権についての憲法学説における議論をそのままに受け入れているわけではないようにも思われ、この点については、今後の判例における発展を待つ必要がある。

また、判例における自己情報コントロール権の理解には、なお不十分なところがあることも指摘しておかねばならない。2023年3月9日、マイナンバー制度の合憲性をめぐる最高裁判決[74]が出された。その中で、最高裁は、マイナンバー制度との関係で問題となる権利は「個人に関する情報をみだりに第三者に開示又は公表されない自由」であるとした上で、マイナンバー制度には、そのような自由が侵害される危険性は認められないとしている。しかし、自己情報の適切な取扱いとの関係で問題となるのは、第三者への開示・公表の場面に限られないはずであり、同一機関内での情報の突合やデータマッチングなども含めた情報の収集や利用も問題になることを考えれば、本来は、情報の収集や管理のあり方や、それについての国民への説明が十分か否かなども、国民の権利との関係で検討されるべき事柄のように思われる[75]。

(7)「プライバシー権」のより充実した保障に向けて

前述の通り、判例においても、「自己情報コントロール権」の考え方はある程度浸透してきているとするならば、個人情報保護法の目的規定においても、この権利への明示的な言及がなされてもよい段階になっているように思われる。確かに、学説や判例において、この権利の内容や限界について、隅々まで確定されているとはいいづらいものの、そのような事情は、他の憲法上の権利についても同様のことがいえるのであり、学説や判例においてまだ明確になっていない部分が残っていることは、実定法にお

72：杉原則彦「判解」最判解民事篇平成15年度（下）488頁。
73：たとえば、斉藤邦史は、民事訴訟における「プライバシー」の保護は、憲法上の権利を具体化した結果というよりも、自己情報を提供する個人に対して、その情報を扱う者が負う「信認義務」として理解すべきであるとする。斉藤によれば、このような責務の法的根拠は、当事者間の関係性から発生する民法上の「信義則」であり、憲法上の「プライバシー権」ではない。斉藤邦史『プライバシーと氏名・肖像の法的保護』（日本評論社・2023年）134～142頁。
74：最高裁令和5年3月9日第一小法廷判決（民集77巻3号627頁）。
75：この判決について、高橋和広「マイナンバー（個人番号）利用差止等請求事件最高裁判決」有斐閣Onlineジャーナル（2023年）および斉藤邦史「マイナンバー訴訟における『私生活上の自由』」情報法制研究10号（2021年）28頁以下を参照。

ける当該権利への言及を妨げないように思われる。

加えて、社会で守られるべき規範を形成していく過程で、実定法が先導的な役割を果たすことがあってもよいように思われ、実定法の規定が、学説や判例における議論が成熟しきるのを待たねばならない必然的理由があるわけではない。この点について、政府が出している「個人情報の保護に関する基本方針」において、憲法13条への言及がなされていることは、緩やかにではあるものの、政府としてもこの方向性に向かっていることを示すものであるといえるかもしれない。

5——日本のプライバシー権・法制度の将来

最後に、ごく簡単に今後の見通しを示して、まとめにかえることとしたい。

これまでみてきたように、今日、私企業をはじめさまざまな主体が、諸個人の情報を収集・利活用する強いインセンティブを持っている。ここには、個人のプライバシー権が脅かされる危険があるばかりではない。たとえば、ケンブリッジ・アナリティカ事件のように、諸個人のデータの利用を通して、私たちの認知や政策決定の過程が操作される危険が顕在化される事件も起きている[76]。

このような事態に対し、本章で論じてきたように、EUやアメリカでは、対応が積極的に模索されている中[77]、日本ではプライバシー権や民主主義をめぐる議論が成熟しているとは言い難く[78]、判例に目を向けてみても、前述のマイナンバー制度をめぐる最高裁判決では、個人情報の開示や公表に焦点が当てられており、情報の突合などによる危険性が十分に認識されていないようにも思われるところ、将来への見通しはあまり明るいものとはいえないかもしれない。

私たちは、デジタル社会によって、暮らしの利便性が高まるなど、少なくない恩恵を受けている。しかし、このように、私たちがデジタル社会の恩恵を実感するようになった今だからこそ、日々自然と実感できる利便性だけに目を向けるのではなく、それが、長期的視点で私たちの社会、生活にどのような影響を与えうるものであるのか、積極的に想像し、相当の時間と労力を割いて議論する必要があるように思われる。

〔**高野祥一＝田中美里**〕

76：山本龍彦編『ＡＩと憲法』（日本経済新聞社・２０１９年）26頁以下。

77：２０２１年４月に欧州委員会がＡＩに関する規則案を発表、２０２２年10月にはデジタルサービス法が欧州評議会で採択され、オンライン仲介サービス提供者に対して透明化を徹底して求め、特に大規模なプラットフォーム事業者については、民主主義へのリスクなどを査定させ、リスクへの対策を講じることなどを義務づけた。２０２３年１月には、「デジタルの権利と原則に関する欧州宣言」が公表され、欧州の価値観およびＥＵの法的枠組みに明記された権利と自由について、オンラインでも尊重されなければならないことが示された。アメリカでも、２０２２年７月にアメリカ版ＧＤＰＲともいわれるデータプライバシー保護法（American Data Privacy and Protection Act）案が下院エネルギー・商業委員会で可決され、議会へ提出されて議論が進められている。また、２０２２年10月にホワイトハウスの科学技術政策の局長らが「ＡＩ権利章典のための青写真（Blueprint for an AI Bill of Rights）」を発表している。

78：たとえば、山本龍彦は、ＡＩ倫理をめぐるルール作りについて、日本は先端技術の開発や経済発展、効率性に関する議論が強く、人権や民主主義に対するコミットメントが弱いことを指摘している。東洋経済オンライン「ＡＩが人間の意思決定を操作する『本当の怖さ』」（２０２３年４月12日）。

競争法制と個人データ保護法制

❶「データ駆動型」経済世界と競争法制と個人データ保護法制の交錯

自由かつ公正な競争を促進する競争法制と、個人データの適正な取扱いに関する個人の権利利益を保護する個人情報保護法制とでは目的が異なるが、現代では両法制の交錯が問題となっている。つまり、データが石油に喩えられるまでに至った、データを活用して意思決定をする現代のデータ駆動型（data-driven）[1]経済世界においては、個人データは企業によるデータ獲得競争とでもいうべき状況に巻き込まれている。確かに、物品販売に関するPOSシステムの存在からわかるようにデータには従前から経済的価値があった。しかし、現代ではテクノロジーの発展によってデータを大量に取得・処理できるようになり、一般的な消費傾向だけでなく各個人の傾向をも把握しようとしている、このような現代的なデータ駆動型経済世界においては、データ取得への企業のインセンティブが高く、データ集中によって市場における支配的地位の濫用という競争法上の問題が生じうるとともに、支配的地位を利用してプライバシーに配慮しない商品を提供するという個人データ保護の問題も生じうる。

このような両法制の交錯に関する先行研究は日本でも多くある。理論的なものも含め詳細はそれらを参考にしていただき、本コラムでは両法制の交錯する場面を整理することで、状況把握を少しでもクリアにすることを目的としたい。

❷ 両法制の交錯場面の整理

本コラムでは競争法制とデータ保護法制とが交錯する場面を①企業－企業間と②企業－個人間に分け、各場面の諸外国における著名な事案について簡潔に紹介する。

まず、①企業－企業間であるが、この場面で支配的地位の濫用が問題となったのが２０１４年のフランスにおけるＧＤＦスエズ社（現・エンジー）の事案であるといえる[2]。この事件ではＧＤＦスエズ社が国家独占的ガス事業者時代の個人データを用いて競争的なガス・電気市場において商品提供していた点が、支配的地位の濫用などとの関係で問題となった。フランス競争当局は、予備的決定において、フランスのデータ保護当局（ＣＮＩＬ）の意見に従い顧客（自然人）に対して他社へのデータ提供について（オプトアウト方式で）拒否する機会を与えるなどの条件の下で、天然ガス供給の競合他社に顧客データの一部へのアクセスを許可するよう命令している。

1：ここでは、スタック、モーリス・E＝グランズ、アレン・P（佐々木勉訳）『ビッグデータと競争政策』（中央経済社・2022年）に従い「データ駆動型」と訳す。

2：Autorité de la concurrence, Décision n° 14-MC-02 du 9 septembre 2014, relative à une demande de mesures conservatoires présentée par la société Direct Energie dans les secteurs du gaz et de l'électricité (9 Sep. 2014). また、参照、石井夏生利「プライバシー・個人情報保護法の周辺法領域に関する考察」情報通信政策研究3巻1号（２０１９年）53頁。

また、この場面では企業結合が問題となる事案が多い[3]。著名なものでは、ＥＵなどにおける２００８年のグーグル／ダブルクリック事件（グーグルによるネット広告配信インフラ会社ダブルクリックの買収について、両者の顧客データが統合され市場閉鎖効果が生じることが懸念されたたが、欧州委員会はそれを否定した）、ＥＵにおける２０１４年から２０１７年にかけてのフェイスブック／ワッツアップ事件（フェイスブック（現・メタ）がメッセンジャーアプリのワッツアップを買収したことで、広告目的での顧客データ収集をしていなかったワッツアップにおけるプライバシー保護への影響が問題となったが、結果的には両者の結合が認められた）、ＥＵにおける２０１６年のマイクロソフト／リンクトイン事件（マイクロソフトがビジネス特化型ＳＮＳのリンクトインを買収することについて、当事会社が持つデータは競争者にも利用可能であるなどとして市場閉鎖効果は生じないと判断し、買収が認められた）などがある。しかしいずれも、競争法制内で判断しており個人データ保護法制に関わるプライバシー問題は特に考慮していない。

次に②企業――個人間であるが、この場面ではドイツにおけるフェイスブック競争法違反事件が有名である[4]。フェイスブック（現・メタ）は、自社サービスや第三者のウェブサービスから収集した顧客データなどを顧客の同意なくフェイスブックのアカウントに結びつけて利用できるようにしていたが、２０１９年にドイツ連邦カルテル庁は支配的地位の搾取的濫用[5]に該当すると判断し違反行為の停止を命じた。このケースで注目されたのは、カルテル庁が競争法制上の支配的地位の濫用と個人データ保護法制上のＧＤＰＲ（一般データ保護規則）違反とを結びつけた点である。２０１９年、抗告訴訟においてデュッセルドルフ高等裁判所はその執行を停止する仮決定を行ったが[6]、２０２０年、最高裁はこの仮決定を破棄した。もっとも、最高裁は、ＧＤＰＲ違反の有無をカルテル庁はどには重要な判断要素とはしておらず、それを支配的地位の濫用を判断する際の利益衡量の一考慮要素としているとされる[7]。２０２１年、高等裁判所は、競争当局がＧＤＰＲとの関係で有する権限などについて欧州司法裁判所（ＣＪＥＵ）に先決裁定（preliminary ruling）を要請した[8]。これに対して、２０２３年、ＣＪＥＵは、データ保護当局と競争当局とは目的や任務が異なるとしながらも、競争当局が競争法違反を判断する中でＧＤＰＲの諸規定との適合性を考慮することは排除されない旨の見解を示している。その場合でもデータ保護法制の一貫性を保つ必要があり、データ保護当局との誠実な協力も求められている[9]。

3：各事案およびここで紹介していない事案の詳細については、参照、スタック＝グランズ・前掲注（1）、石井・前掲注（2）23頁以下、伊永大輔「プライバシー侵害は競争法違反となるか」法律時報91巻5号（２０１９年）106頁以下、武田邦宣「データの集中と企業結合規制」法律時報91巻3号（２０１９年）67頁以下。

4：参照、伊永・前掲注（3）１０９～１１１頁、同「ドイツカルテル庁によるＦａｃｅｂｏｏｋ事件決定の法的論点―デュッセルドルフ高等裁判所が示した疑問が意味するもの」公正取引８３１号（２０２０年）61頁以下、石井・前掲注（2）58～60頁、舟田正之「ドイツ・フェイスブック競争法違反事件」法律時報91巻9号（２０１９年）１５６頁以下。

5：日本の「独禁法における優越的地位の濫用は、ドイツＧＷＢ上の搾取濫用と共通する性格を有する」とされる（舟田・前掲注（4）１６１頁）。

6：参照、伊永・前掲注（4）64～67頁。

7：参照、柴田潤子「ドイツ『Ｆａｃｅｂｏｏｋケース』最高裁決定について」Ｎｅｘｔｃｏｍ44号（２０２０年）34頁以下。

8：Case C-252/21, Request for a preliminary ruling from the Oberlandesgericht Düsseldorf (Germany) lodged on 22 April 2021 — Facebook Inc. and Others v Bundeskartellamt, OJC 320, 9.8.2021, pp.16–18.

9：Case C-252/21, Judgment, ECLI:EU:C:2023:537, 4 Jul. 2023, para. 44-63.

❸ 今後の展開

このように、データ駆動型経済世界においてはいくつかの場面で競争法制と個人データ保護法制が交錯するものの、目的が異なる両法制は基本的には別個のものとして理解されている。しかし、競争当局が個人データ保護を考慮することを認めるという理解はありうるし、競争法の目的でもある消費者の利益の中にプライバシー保護が含まれるとして個人データ保護違反による競争阻害（競争法違反）を認める方向もありうる[10]。いずれにせよ、個人データが経済的価値を有するデータ駆動型経済世界においては、競争当局とデータ保護当局が協働して公正な経済社会の実現を図ることが求められるだろう。

今後の展開としては、やはり巨大なデジタルプラットフォーマーに対する規制が問題となる。これに対しては、大規模オンラインプラットフォーマーに対する規律を定めたＥＵにおけるデジタル市場法（The Digital Markets Act）が注目されよう[11]。また、本コラムで示したような企業結合が認められてきた背景には、経済競争について支配的であったシカゴ学派では、企業合併はむしろ効率化に資し消費者の利益を高めるとされてきたことも関係があるかもしれない。他方で、プラットフォーマーに批判的な新ブランダイス派[12]のリナ・カーンが２０２１年に連邦取引委員会（ＦＴＣ）委員長に任命されるなど、アメリカの競争政策は変わってきているとの紹介がある[13]。今後も各国の政府ないし当局の動向が注目される。

〔**大野悠介**〕

10：参照、伊永・前掲注（3）108～109頁。また、参照、石井夏生利「競争法とプライバシー・個人情報保護法」公正取引860号（2022年）23頁以下。

11：参照、田村裕子「【EU】デジタル市場法の制定」外国の立法294―2号（2023年）10頁以下。

12：新ブランダイス学派とは、反トラスト法の執行が不当に緩和され（特にビックテックの）市場支配力の蔓延と民主主義への脅威がもたらされていると批判し、反トラスト法の政治的、社会的目的を強調する立場である。「ブランダイス」という名の由来は、経済効率性を根拠にトラストに好意的であるような立場を否定し、適切に競争を制御することで独占を抑止しようとした法律家であるブランダイス（Louis Brandeis）である。オンラインで読める新ブランダイス学派に関する文献として、さしあたり参照、川濵昇「新ブランダイス主義の含意：消費者厚生基準と市場支配力基準をめぐって」RIETI Discussion Paper Series 23-J-001（2023年）、https://www.rieti.go.jp/jp/publications/dp/23j001.pdf（2024年3月21日確認）。

13：菊池麻緒子「米国競争政策の変遷―プラットフォーマーは規制されるべきか」公正取引859号（2022年）50頁以下。

第2章

利用者情報に関するルール形成プロセスの課題：膨張する経済権力と縮小する市民の権利

デジタル化に伴う政策課題、とりわけデータ保護をめぐるルール形成の過程を振り返ると、日本の経済界が一貫して「公法規制の強化反対」、そして「マルチステークホルダープロセスによる自主規制・共同規制での対応」を主張してきたことに気づく。直接規制では技術進化の速さ等に対応できずイノベーションを阻害する、というのが主な理由であった。

その結果はどうか。個人情報保護法や電気通信事業法の現代化はいつまでも達成されず、その代わりのはずの自主規制や共同規制も十分機能せず、かといって問題が起きた場合の民事救済制度も不十分なままである。

利用者にすればあまりにも理不尽なこの状況が生まれた背景には、ルール形成過程における経済界の突出した力がある。これを筆者は「名ばかりマルチステークホルダープロセス」と呼ぼう。公務員制度改革を通じた政治に対する官僚の「下僕化」や市民社会の弱体化により、状況はさらに悪化しているといっていい。

本章では、データ保護をめぐる多岐にわたる論点の中から、外部送信やＣｏｏｋｉｅ等に関する利用者情報の取扱いに的を絞ることとし、自主・共同規制として総務省の「配慮原則」等を、公法規制では個人情報保護法と電気通信事業法の改正過程を、それぞれ振り返る。また、救済制度として個人情報の漏洩に関する消費者裁判手続特例法の議論を取り上げる。外部送信問題は、グーグルやアップルが第三者による利用者情報の追跡を認めない方針を採用した今となっては、早晩解消する可能性もないわけではない。だが、「新たな統治者」である彼らの「裁定」が下されるまで国内では有効な対処がなされなかったこの問題こそ、日本の政策形成の歪みを考える上で格好の教材となるのではないだろうか。

1——はじめに：日本人の7割が知らない情報収集の仕組み

本章ではインターネット利用者の情報取扱いをめぐるルール形成過程を検証するが、まず前提として、インターネット広告の世界で20年以上前から続けられながら、今なお多くの利用者が知らずにいる利用者情報の収集の仕組みを簡単に説明する。

多くのウェブサイトやアプリに「タグ」「情報収集モジュール」などと呼ばれる小さなプログラムが埋め込まれていることはご存じだろうか。私たちがサイトを閲覧したりアプリを利用したりする際、このプログラムは私たちの使うブラウザや端末に指示を送り、第三者のサーバーにアクセスさせる。これを「外部送信」という。

端末画面上は変化がないため、大半の利用者は気づかない。だが、その際、第三者は私たちのブラウザや端末を識別するための識別子（Ｃｏｏｋｉｅや広告ＩＤなど。以下「端末等識別子」という）を発行し、その端末等識別子に、私たちがそのサイトやアプリで何をみて何を買い、何を記入したか等の情報を紐づけ、収集しているのである。

第三者とはたとえば、グーグルやメタ、ＬＩＮＥヤフーやＸなどの広告事業者、それからＤＭＰ（データ・マネジメント・プラットフォーム）事業者と呼ばれるトレジャーデータなどである。彼らは非常に多くのサイトやアプリにプログラムを提供しており、私たちはそれらのサイトやアプリを利用するたびに、割り振られた端末等識別子と一緒に、自分の行動情報を彼らに送ることになる。こうしたプログラムは、悩み事を記入させる美容整形や心療内科のウェブサイト、政治家のブログ、年収や家族構成を入力するとふるさと納税の控除限度額を算出してくれるサイトにも置かれている。

このようにして広告事業者たちは、それぞれの利用者がどんな悩みを抱え、どのような政治信条で、どのくらい年収を得ているのか等の情報を集めて人物像を推測し、広告配信やマーケティングの最適化[1]を進めてきた。また、2018年に発覚したケンブリッジ・アナリティカ事件や2019年のリクナビ事件で明らかになったように、こうした情報は世論誘導や選別にも悪用されている。

しかし、日本では長い間、このような情報の取扱いを対象とした公法規制[2]は存在しなかった。日本の個人情報保護法は、「特定の個人を識別する情報」を個人情報と定義しており、端末やブラウザを識別する情報を単体で個人情報として扱わない。また、電気通信事業法も、電話やメールでの通信内容や通信相手は通信の秘密として保護する一方、インターネットを利用した際の閲覧先や端末操作内容などは対象外としてきた。そして、法規制の穴を埋めるような自主規制・共同規制も、実効性のあるものとはならなかったのである。

このため事業者は長い間、ウェブサービスの裏側で何が行われているのかをしっかり説明せずに済ませてきた。その結果、いまなお日本のインターネットユーザーの7割は、このような形で自分の情報が筒抜けになっていることを知らないままサービスを使い続けている[3]。

2——それは自主規制なのか共同規制[4]なのか

インターネット上の利用者情報保護に対応する初期のルール形成として、2009年から数年間の総務省での議論を振り返ることとする。

総務省は同年4月、有識者会議「利用者視点を踏まえたICTサービスに係る諸問題に関する研究会」（座長・堀部政男一橋大学名誉教授、以下「諸問題研」という）を発足させた。テーマの1つは、利用者の閲覧・検索履歴などのライフログ（利用者情報）が本人の意図しないまま収集され行動ターゲティング

1：最適化は「利用者にとって最適」と受け止められがちだが、実際には「この商品を買いそうな人」を推測して広告を配信するための、「広告主にとっての最適化」であることに留意が必要だ。

2：公法とは国家と国民の関係に関する規律をいう。たとえば企業に対して政府が行政処分を行うことを定めるルールは公法である。これに対し、国民と国民の関係に関する規律を私法という。たとえば情報漏洩の被害者が漏洩企業に対して損害賠償を求めるルールは私法である。個人情報保護法における民間事業者の義務に関する部分は、その違反について政府による行政処分等が予定されており、原則として公法である。もっとも保有個人データの開示等の請求等については、事業者の義務と本人の請求権がセットになっており、その部分のみが私法である。

3：野村総合研究所「プライバシーポリシー等のベストプラクティス及び通知同意取得方法に関するユーザー調査結果」（2022年4月）。

4：本章にいう「共同規制」は、消費者被害のおそれなどの立法事実に基づいて企業に一定の作為・不作為の義務を課すべき場面で使われる規制手法を想定している。情報信託スキームの認定指針やシェアエコ認証など、特定の事業分野において事業者が消費者から信頼を得るための第三者認証の基準策定に政府が協力する場面を「共同規制」と呼ぶことがあるが、ここでは対象としない。

広告などに使われている問題[5]だった。利用者情報をもとにしたターゲティング広告は日本でも1990年代末から一部で始まり、2006年頃から本格化、これに伴い、個人情報やプライバシー上の懸念が指摘されるようになっていた[6]。

諸問題研は、こうした利用者情報が個人情報保護法上の個人情報にあたるのか一応の検討を行い、2010年5月に公表した「第二次提言」で、単体では個人情報にはあたらないと結論づけた[7][8]。個人情報とは「特定の個人を識別することができる情報」であり、広告などで活用されている情報は、個人に関する情報ではあるものの、端末やブラウザを識別するにすぎず、どこの誰の情報かはわからない、というのが理由である。ただ、長期にわたって行動履歴や位置情報を蓄積して分析したり、利用者の許諾なく第三者に提供したりするなど、態様によってはプライバシー侵害が成立する可能性もあるとして、事業者に一定の配慮を求める原則集「配慮原則」を策定し、事業者に自主的なガイドラインの作成を促したのである。

ただし、配慮原則は単なる「お願い」にすぎない。なぜ「お願い」なのか。報告書は、「ライフログ活用サービスは揺籃期にあり、事業者に過度の負担を課し、当該サービスの発展を妨げることは避けるべき」として、「規制色の強い行政等によるガイドライン化を避けて、緩やかな配慮原則を策定することとした[9][10]」と説明している。

当時は、インターネットをめぐる問題が次々と浮上する一方で、技術の進展の速さやグローバル化などのデジタル社会特有の事情から「直接規制」の限界が指摘され、企業や業界団体など民間の自主的なイニシアティブによる「自主規制」を尊重すべきとの声が強まっていた頃である。さらに、直接規制と自主規制のそれぞれの弊害を克服するための第三の道として「共同規制」が注目され始め、アメリカやイギリスなどでは一部採用されていた。

　諸問題研もこれを意識したのか、報告書では、共同規制の一種とされるアメリカ連邦取引委員会（FTC）のスタッフレポート「オンライン上の行動ターゲティング広告に関する自主行動原則」について、「事業者が自主的なガイドラインを作成するにあたっての根本的な原則であり、本配慮原則と同様のアプローチを採用している」[11]と評している。

5：諸問題研「ライフログ活用サービスWGからの報告」（2009年8月）は「個人情報、通信の秘密、プライバシー」等の観点からの検討が必要と提言した。

6：アメリカではダブルクリック社による利用者情報の追跡がプライバシー侵害にあたるとして2000年に市民団体がFTCに調査を要請、FTCが調査に着手したが2002年に和解している。日本では2008年に発足した総務省の有識者会議「通信プラットフォーム研究会」が最終報告の中でライフログ活用について「法制度の面からも多角的かつ慎重な検討が必要」としてルール整備を求めた（同報告46頁、47頁）

7：RFIDタグの固有番号に紐づけられた個人の情報については、経産省と総務省が2004年公表の「電子タグに関するプライバシー保護ガイドライン」で個人情報保護法の対象外として扱っている。

8：もっとも、構成員の松本恒雄・一橋大学教授（当時）は第三者の持つ情報との照合や、技術発達によって事後的に個人識別性を持つ可能性があると指摘し、「定義のしかたによっては個人情報に該当するのではないか」と発言していた（諸問題研第4回議事要旨2頁）。

9：利用者視点を踏まえたICTサービスに係る諸問題に関する研究会「第二次提言」30頁。

10：こうした見解は検討段階で経済界から示されていた。たとえばイプシ・マーケティング研究所の野原佐和子社長の「ライフログについてはまだ始まったばかりということを踏まえて検討していただきたい。まだどういうサービスになるのかというのがみえていないので、この時点で足かせになってはならないと思う。……官が規制をするというのではなく、民間の取組で、サービス展開を促していく方向性がいいのではないか」（第3回議事要旨3頁）。

11：前掲注（9）47頁脚注59。

だが、両者は似て非なるものだ。アメリカの場合、事業者がガイドラインに沿って作ったプライバシーポリシーを破れば、消費者をだます「欺瞞的な行為」を行ったとしてＦＴＣ法５条に基づく法執行が待っている。ＦＴＣ法では違反行為には差止、排除命令、提訴が可能で、制裁金も莫大である。ケンブリッジ・アナリティカ事件後の２０１９年、フェイスブック（当時）が50億ドルもの制裁金支払いでＦＴＣと和解したことを記憶している人も多いだろう。

一方、配慮原則の方は、ガイドラインを守らなくても、さらにはたとえ作らなくても、公的な制裁を受けることはない。

現時点でも日本では、自主的なガイドラインやプライバシーポリシー違反に対する直接的な制裁は見当たらない。個人情報保護法は、個人情報の取扱事業者に対し、個人情報の利用目的を本人に伝える義務や、個人データの開示や訂正の手続を公表する義務などを課しているため、プライバシーポリシーを作成してそこに開示事項を記載する事業者が多いが、法が要求する範囲の外にある自主的な取組みについてプライバシーポリシーに記載するかどうかは任意である。総務省の「電気通信事業における個人情報等の保護に関するガイドライン」では、電気通信事業者はわかりやすいプライバシーポリシーを作成し公表することが「適切である」とされているが、これは従わなかったとしても、直ちに法令違反と判断されることはない[12]という意味である[13]。

したがって、事業者が個人情報保護法や電気通信事業法を超える内容についてプライバシーポリシーを守らなかったとしても、それは事業者と利用者の契約に違反したにすぎない。もちろん個々の利用者が債務不履行責任を追及することは可能だが、訴訟の手間や費用に比べて手にすることができる損害賠償金額は少額であり、後述するように集団的消費者被害救済制度も機能する場面が限定されている。このため、事業者に行動変容を促すほどの制裁は期待できないのである。

遵守状況の監視においても日米では大きな差がある。複雑で長いプライバシーポリシーを読み解く能力と時間を有する一般利用者はほぼいないが、アメリカの場合、FTCがFTC法5条執行を睨んでプライバシーポリシーをチェックしている。さらに、EFF（Electronic Frontier Foundation）やCDT（Center for Democracy and Technology）などの有力な市民団体が絶えず目を光らせ、場合によっては集団訴訟に持ち込むのである。

日本では、公的機関によるプライバシーポリシーの監視はほとんどない。後述するスマートフォン・プライバシー・イニシアティブ（以下「SPI」という）に絡み、総務省が定期的に実態調査を行っている程度だろう。製品性能の商品テストを実施していた国民生活センターや消費者団体も、データ保護分野での監視活動は行っていない。

12：「電気通信事業における個人情報等の保護に関するガイドラインの解説」9頁。
13：政府の「個人情報の保護に関する基本方針」の「6　個人情報取扱事業者等が講ずべき個人情報の保護のための措置に関する基本的な事項（1）個人情報取扱事業者等が取り扱う個人情報等に関する事項」においても、プライバシーポリシーの対外的な明確化が求められているとされているが、「個人情報の保護に関する基本方針」は閣議決定であり、法的拘束力のあるものではない。

ＳＰＩにも簡単に触れよう。スマホのアプリによる外部送信に一定のルールをもうけようと総務省が２０１２年8月に作成したガイダンスだが、法的根拠のない日本独自の手法が海外事業者に通用しないことを浮き彫りにしたケースでもある。

当時は日本でもスマホが普及し始めた時期で、アプリからの利用者情報の外部送信がマスメディアで批判的に報じられるようになっていた。ＫＤＤＩ総合研究所が２０１１年8月時点にアンドロイドマーケットで無料公開されていた４００アプリを調べたところ、45％のアプリが電話番号や位置情報、端末ＩＤ、グーグルアカウントなど、何らかの情報を外部に送り、そのうち、わかりやすい説明を表示したり、利用者の許諾を求めたりしていたのはわずか17アプリだったことも判明した[14]。

このため総務省は、諸問題研の下の「スマートフォンを経由した利用者情報の取扱いに関するＷＧ」で検討の末、ＳＰＩを策定。アプリ事業者、アプリストア運営事業者、広告事業者、通信キャリアなどのステークホルダーに対し、それぞれが利用者情報を適切に取り扱うために守るべき「利用者情報取扱指針」を示し、遵守を要請したのであった。

だが、この問題の主要プレーヤーであるアプリストア運営事業者は海外プラットフォーム（以下「ＰＦ」という）事業者である。彼らはこうした法的根拠のない「お願い」にはなかなか応じず、結局、ＳＰＩ推奨のプライバシーポリシーは海外の当局が同様の対策を講じるまで普及しなかった[15]。

このとき、総務省が「要請」という手法を選択したのは、所管する電気通信事業法の適用範囲の問題もあったかもしれない。関係するステークホルダーのうち、電気通信事業法の対象となるのは通信キャリアと、メール機能などを持つ一部のアプリ事業者ぐらいで、問題解決の鍵を握るアプリストア事業者や広告事業者には手を出せない状況だったからだ。また、当時、電気通信事業法は域外適用できないと解釈[16]されていたため、たとえ立法によりアプリストア事業者に規制の網をかけられたとしても、外国事業者であるグーグルやアップルには適用できないと考えていた可能性もある。ただ、総務省は当時、どちらの問題についても法改正などで正面から向き合うことはなかったのである。

ところで、配慮原則やSPIは、はたして共同規制といえるのだろうか。政府が主導して業界ルールを作り、暗黙の了解の下に「自主的」に従わせようとする手法を自主規制と呼ぶのははばかられるが、欧米で採用されている共同規制と同等と位置づけるのも難しいだろう。

一橋大学教授の生貝直人によれば、共同規制に明確な定義はないが、「規制内容の策定やエンフォースメントの場面において政府による補強措置（backstops）を伴い、自主規制より相対的に公的関与の

14：総務省「スマートフォンを経由した利用者情報の取扱いに関するWG」第1回資料4「スマートフォンからの利用者情報の送信」15頁、16頁。
15：FTCは2013年2月、「Mobile Privacy Disclosures」でアプリストア運営事業者や広告事業者、アプリ提供者などにプライバシーポリシー作成や利用者への通知や同意について提唱した。アップルやグーグルがこれに対応したことでアメリカでのプライバシーポリシー掲載率が上昇し、それに引きずられるようにして日本の掲載率も徐々に上がった。
16：その後、総務省は域外適用については現行法でも可能であると解釈を変更し、2020年5月の法改正で外国法人には国内の代表者・代理人の指定を義務づけるなどした。

強い規制手法」と位置づけられることが一般的だという[17]。詳細はガイドラインなどのソフトローに依るにしても、大枠は法律で定めることが想定される。問題が生じた際の行政の責任を曖昧にしない意味でも重要だろう。さらに生貝は、正しく機能させるには、事業者から透明性ある形で情報が提供されること、継続的な監視、そして不遵守など問題が起きた場合の実効性ある制裁や救済措置が必要とも述べる[18]。

「性善説」に基づく「日本型共同規制」は、業法の下で行政と事業者のあうんの呼吸が通用した時代には有効だったかもしれないが、グローバル企業には通用しない。それはＳＰＩで証明されたはずだが、これはその後も続けられている[19]。２０１８年に総務省に発足した「プラットフォームサービスに関する研究会」（以下「ＰＦ研」という）は、ＰＦにおける利用者情報の取扱いのほか、偽情報、誹謗中傷などの違法有害情報への対応のあり方などが議論され、ＰＦ事業者へのヒアリングも行われているが、ヒアリングに法的根拠はない[20]。国内事業者が協力の姿勢をみせるのと対照的に、海外事業者の中には質問に回答しないケースも珍しくない。

3——公法規制1：個人情報保護法

２０１２年1月、欧州でそれまでのデータ保護指令（Data Protection Directive）に代わる一般データ保護規則（General Data Protection Regulation：ＧＤＰＲ）案が公表され、翌2月、アメリカでもホワイトハウスが政策大綱の中で「消費者プライバシー権利章典（A Consumer Privacy Bill of Rights[21]）」を提示すると、日本でもデータ保護法制を現代化する必要性が意識され始めた。

個人情報保護法改正を見据えて方向性を打ち出そうと、総務省が２０１２年11月に発足させたのが「パーソナルデータの利用・流通に関する研究会」（以下「パーソナルデータ研究会」という）[22]だった。タイトルを「個人情報」ではなく、「パーソナルデータ」としたのは、現行の個人情報保護法の「個人情報」には含まれない端末等識別子なども保護対象として検討すべきという問題意識が事務局にあったためである。

これに対する経済界、とりわけインターネット広告事業者の反発は強かった。彼らの運用するターゲティング広告は、端末等識別子が個人情報にあたらないことを利用して発展してきたもので、これが保護対象となればビジネスへの打撃は大きくなるからだ。しかも、研究会の構成員22人のうち、過半数の

17：生貝直人『情報社会と共同規制』（勁草書房・２０１１年）23頁。
18：「巨大プラットフォーム日本の共同規制弱い実行性　海外勢に『お願い』響かず」読売新聞２０２３年11月18日。
19：法律の根拠を持つ共同規制としては、ＰＦ事業者とＰＦ利用事業者との取引の透明性や公正性確保を目的とした経済産業省所管の「特定デジタルプラットフォームの透明性及び公正性の向上に関する法律」があるが、命令に違反しても罰金は最高１００万円で、実効性に疑問がある。
20：利用者情報については２０２２年3月に「電気通信事業における個人情報等の保護に関するガイドライン」にモニタリングに関する条文が追加された。
21：ただし法案は提出されたものの制定されなかった。
22：同時期、経済産業省もパーソナルデータの表示などについて検討し、２０１３年5月に「パーソナルデータ利活用の基盤となる消費者と事業者の信頼関係の構築に向けて」を公表。規制改革会議も産業活性化の観点から匿名化された情報の取扱いを検討し、２０１３年6月に答申を公表しているが、ここでは総務省での検討に絞る。

13人は、通信キャリア、ヤフー、楽天、日本マイクロソフトなどのPF事業者、経団連からの代表など経済界側が占めており（消費者団体の代表は1人）、意見集約は難航した。

２０１３年6月にとりまとめた報告書では「保護すべきパーソナルデータの範囲」を考える上でのメルクマールとして「実質的個人識別性」という考え方が示された。定義はあいまいながら、スマホの端末ＩＤや継続的に収集される履歴や位置情報などはこれに該当するとした。また、独立した第三者機関によるプライバシー・コミッショナー制度の創設についても提言し、個人情報保護委員会設立への布石を打っている。

ただ、この報告書の中で筆者が特に注目するのは、経済界側の要望で盛り込まれた「マルチステークホルダープロセスの積極活用」である。

報告書では、「ＩＣＴ分野が急速な技術革新が継続的に進展している分野であり、関係者の意見を的確かつ迅速に反映する必要性が高いこと等を考慮し、『マルチステークホルダープロセス』（国、企業、消費者、有識者等多種多様な関係者が参画するオープンなプロセス）を、取り扱うパーソナルデータの性質や市場構造等の分野ごとの特性を踏まえ、積極的に活用することとすべきである」[23]としている。

一方、「国の役割」については、「マルチステークホルダープロセスの場の提供、ルール策定の対象・範囲の設定、パーソナルデータの利活用の原則から求められるルールの内容の提示、議論の方向性及び結論がパーソナルデータの利活用の基本理念及び原則に沿ったものであることの検証などとすることが適切である」[24]とした。ルール遵守の確保は、国による監視や制裁ではなく、やはりマルチステークホルダープロセスを活用し、企業が自ら選んだ有識者らにチェックしてもらうほか、ルールを契約約款に規定するという提案だった。違反があれば訴訟で利用者は救済されるという趣旨であろう。

国の役割が「場の提供」や「ルール策定の対象・範囲の設定」にとどまるとすれば、かなり限定的なものとなるが、これについて、研究会の構成員だったＩＴ企業の社長室長（当時）は雑誌のインタビュー[25]で「マルチステークホルダーの枠組みを作るのは事業者自身」であると語っている。インタビューでは、プライバシー・コミッショナー制度の創設にも触れ、報告書の記載の順番が、先に「マルチステークホルダーの重要性」、次に「コミッショナー制度」となっている点について、「その意味するところは、マルチステークホルダーの枠組みでルールを策定・運用できる事業者なら、コミッショナーの出番はあまりないはずということです。……マルチステークホルダーの枠組みを尊重してもらって、その中で活動している事業者にはコミッショナーが何か個別に口を差し挟むことはないようにしていただきたい」と話していた。

つまり、マルチステークホルダーの意見を聞いて自主ルールを作った事業者には、公法規制が適用さ

23：パーソナルデータの利用・流通に関する研究会報告書30頁。
24：前掲注（23）30頁、31頁。
25：日経情報ストラテジー「事業者が主体の『マルチステークホルダー』の場を作りたい」（２０１３年７月９日）。

れない枠組みを作るべきだという主張だと思われる。

デジタル分野においてマルチステークホルダープロセスの活用が経済界から提唱された点には留意が必要だ。経済界は、他のステークホルダー、特に消費者に比べて圧倒的に情報と資金力と組織力を持つ。そのような状況下で決められたルールが、事業者の利益を優先し、消費者の利益を損ねるものとなりかねないことは十分予想できただろう。後述のように、デジタル分野においては既存の消費者団体の多くは専門的知識を持ち合わせていない。名ばかりのマルチステークホルダーであっても、プロセスを踏んだということを、規制強化回避の「方便」に使おうとしたと解釈することも可能だろう。

さて、総務省の検討を引き継ぐ形で2013年9月、内閣官房IT総合戦略本部の「パーソナルデータに関する検討会」（以下「パーソナル検討会」という）で個人情報保護法改正の議論がスタートした。経済界はすでに総務省報告書で「宣言」したように、ソフトローで対応するからハードロー強化には反対、との姿勢を貫いた。さまざまな論点が議論されたが、ここでは「保護すべきパーソナルデータの範囲」を扱う。

事務局は当初、「準個人情報」の創設によって対応しようとした。特定の個人は識別しないが、それが誰か一人の情報であることはわかる「識別非特定情報」のうち、「一意性がある」「共用性がある」「容易に変更できない」などの特性を持った情報を、個人情報に準じるものとして保護するという考えだった。想定していたのはスマホ固有の端末IDや電話番号などだ。Cookieは利用者が自分で削除可能であるという理由で含めず、位置情報や購買履歴、閲覧履歴についても「一律に含めることは難しい」としており、広告ビジネスの運用に一定の配慮をした内容になっていた。

だが、この考え方が２０１４年4月の第8回会合で提案されると、楽天の率いる新経済連盟のほか、グーグルなど海外事業者の加盟していたアジアインターネット日本連盟、インターネット広告推進協議会（現・日本インタラクティブ広告協会）、規制改革会議などが一斉に反対を表明。結局、２か月後に出た制度改革大綱案から、準個人情報の文字は消えた。

それでも事務局は意地をみせ、同年12月の改正法案骨子案では「個人情報の定義の拡充」をうたった。「サービスや商品の提供の際に個人に割り当てられるＩＤ」などを新たに個人情報と位置づけ、「具体例は政令で定める」とした。政令で端末等識別子を入れる狙いだったという。

しかし、検討会の手を離れ、法案の与党事前審査に入ってから大きな修文が入る。２０１５年2月18日に自民党に示された改正法原案では、個人情報の「定義の拡充」は「定義の明確化」に変わっていた（傍点は筆者）。前記「サービスや商品の提供の際に個人に割り当てられるＩＤ」に該当する条文に「特定の」という文言を入れることで、保護対象となるＩＤを「特定の個人を識別するＩＤ」に変えてしまったのだ。結局、２０１５年改正では、個人情報の範囲は一歩も外に広がらなかった。

土壇場で入った修正は、ＩＴ業界の働きかけを受けた自民党の意向だった。新経連によると、この直前の2月4日、新経連代表理事の三木谷浩史・楽天社長が自民党の内閣部会・ＩＴ戦略特命委員会の合同会議に出席。個人情報の定義を端末等識別子にも広げれば「データ利用の後退を招く」とした上で、政府原案を「成長戦略と逆行するガラパゴスな規制」と批判した[26]。

だが、すでにこの時点で、欧州もアメリカも「人」だけでなく、人が使う情報端末やＩＤなど、人に紐付く可能性のあるものを保護する方向で進んでいたことを考えれば、新経連の主張こそがガラパゴスだったといえるだろう。

日本のＩＴ業界が、利用者の同意なくデータを使うという安易な手法にしがみつく一方、グローバルＰＦ事業者は厳格なデータ保護法制のある欧州で揉まれ、その基準を満たすために体制を整えてきた[27]。法改正の2年後の２０１７年にアップルがサードパーティＣｏｏｋｉｅを制限するＩＴＰ（Intelligent Tracking Prevention）の機能をサファリに導入し、以後、徐々に制限を強化し、グーグルもこれに追随する方針を打ち出すと、日本のインターネット広告業界は右往左往することになる。

２０１５年改正の「その後」にも触れたい。個人情報の範囲を広げなかったことは「端末等識別子は使っていい」という明確なメッセージになった。これで一気にブレークしたのがＤＭＰである。

ＤＭＰとは、ウェブやアプリの利用者情報を収集・統合・分析する「データの倉庫」である。膨大な情報からは、その利用者の興味関心や家族構成、居住エリアや年収、ローン残高や保有する車のクラス、好きな映画や性格まで推測できる。２０１６年の段階で、ＤＭＰ大手のインティメートマージャーは「約4億件分のオーディエンスデータ」を保有し、1件につき年齢や性別、興味関心など「５０００項目を超える」情報を保有していると説明していた[28]。それでも、それらの情報は端末等識別子やＤＭＰ事業者がつけた独自のＩＤに紐づけられているので、個人情報として扱わずに済むのである。

だが、ＤＭＰのデータは、顧客情報を保有するユーザー企業に堂々と提供されることが少なくなかった。ユーザー企業がＩＤをキーとしてＤＭＰに蓄積された情報（非個人情報）を自社の顧客情報（個人情報）と突合すれば、それらは個人情報に変わるのである。

たとえば資生堂は、トレジャーデータの管理するＤＭＰを利用することで、自社の顧客についての情報を顧客に無断で購入していたが、筆者の取材に「Ｃｏｏｋｉｅは個人情報ではないので法令に違反しないと考えている」と述べた[29]。

２０１９年に発覚したリクナビ事件は、就活中の学生の内定辞退率をリクルートキャリアが企業に販売していた悪質な事件であるが、悪用されたのはＤＭＰだった。リクルートキャリアは契約企業のウェブサイトなどにタグを設置し、就職を希望してサイトを訪問した学生のブラウザをリクルートキャリア

26：新経済連盟「【プレゼン】2月4日、自民党で、三木谷代表理事が 個人情報保護法改正案について意見を述べました」(https://jane.or.jp/proposal/comments/4004.html)。
27：経済合理性を最優先として、ひたすら規制を弱めてきたことが日本経済や国内企業にとって良い結果をもたらしたのかどうかは別途検証の必要があるだろう。たとえば適切な環境規制は技術革新を促し、規制のない地域より企業の国際競争力を増すというポーター仮説は、データ規制にも当てはまる可能性がある。
28：インティメートマージャー・プレスリリース（２０１６年４月14日）(https://corp.intimatemerger.com/news/archives1855/)。
29：読売新聞解説面「閲覧履歴　知らずに拡散　個人情報保護法見直し　検証」（２０１９年3月20日）。

のサーバーにアクセスさせ（外部送信）、Ｃｏｏｋｉｅを割り振り、学生のオンライン上の行動を追跡する。その結果から推測した内定辞退率を契約企業の発行したＣｏｏｋｉｅに紐づけて企業に販売していた。リクナビには学生の名前はわからないかもしれないが、Ｃｏｏｋｉｅと学生の名前の対応表を保有する企業側には、どの学生の辞退率なのかわかる仕組みだ。

もし、２０１５年改正で端末等識別子が保護対象になっていたら、このような事件は起きなかったかもしれない。

この事件をきっかけとして、個人情報保護委員会は２０２０年改正で「個人関連情報」という概念を創設する。端末等識別子に紐づけられた非個人情報が、第三者に提供されることによって、提供先で個人情報になることが明らかな場合に限り、提供元か提供先に本人の同意取得を義務づけた。

だが、これでは問題の一部しか解消されない。個人関連情報の創設は、特定の個人を識別する情報が保護すべき個人情報であるという考え方の域を出ず、個人情報になる場合のみ規制対象にするものである。オンライン上の行動の比重が高まる中では、相手の氏名がわからないまま端末単位で重要な働きかけがなされることは珍しくない。たとえば、ケンブリッジ・アナリティカ事件のように、膨大なデータからその人の脆弱性を見つけ出し誘導する行為は、たとえ氏名がわからなくとも、端末やブラウザを識別するだけで可能なのである。

4――公法規制2：電気通信事業法

総務省は2018年8月、情報通信環境の変化に対応しようと情報通信審議会に「電気通信事業分野における競争ルール等の包括的検証」を行うよう諮問し複数の有識者会議を立ち上げた。その1つが本章2で触れたPF研で、取り組んだテーマの1つが「端末等識別情報の取り扱い」だった。

研究会が意識していたのは、2017年1月に欧州委員会が発表したeプライバシー規則案（通称Cookie法案）だ。GDPRの特別法の位置づけだが、個人データであるか否かにかかわらず、電子通信と端末機器のプライバシー保護を目的とする。研究会は、日本でも、たとえ個人情報保護法では保護されない情報だとしても、通信の自由や通信への信頼を守るには、通信サービス利用者の情報を保護する制度を作る必要があると考えたのだ。

議論はなかなか前に進まず、2019年4月の「中間報告」は「引き続き検討が必要」、2020年2月の「最終報告」でも「引き続き検討を深めることが必要」としか盛り込めなかった。

動き始めたのは2021年3月、PF研の下に「PFサービスに係る利用者情報の取り扱いに関するWG」（以下「利用者WG」という）が新設されてからだ。設置の背景には、2018年に発覚したケンブリッジ・アナリティカ事件や、2019年のリクナビ事件により、利用者情報の悪用が社会に与える影響の深刻さが認識されるようになったことがあるが、設置に前後して、LINE（当時）が利用者情報を業務委託先の中国企業が閲覧できる状態にしていたことなどが大きく報じられたことも議論を後押しした。

利用者WGでの検討を経て、PF研は2021年9月、「中間とりまとめ」に「通信関連プライバシー」という考え方を盛り込んだ。通信サービスを利用する際の端末の情報とそれに紐づく利用者情報の保護は、「通信関連プライバシー」として保護されるべき利用者の権利だとうたっている[30]。

電気通信事業法はこれまで、電話やメールの通信先や通信内容などについては通信の秘密で厚く保護してきたが、ウェブサイトやアプリなどを利用する際の情報は通信の秘密の対象外とされてきた。研究会は、通信の秘密ほど厳しい規律にしないまでも、それに準じる形で保護されることが利用者の権利として認められるべきだと考えたのである。

報告書には法制度整備に乗り出すべきことも盛り込まれた。

具体的には、ウェブサイト運営者やアプリ事業者がタグなどを設置することで利用者のブラウザや端末を第三者のサーバーにアクセスさせる（外部送信を行う）場合は、利用者の同意を取得するか、オプトアウトを用意する義務を課す方向で電気通信事業法を改正することが検討されていた。この時点で研究会では、通信の秘密の規定[31]と同様、義務の対象を電気通信事業者に限定せず、タグなどの設置で利用者情報を外部送信させるすべての事業者を対象にすることを想定していた[32]。

総務省は2022年の通常国会への改正法案提出を目指し、省内の別の有識者会議「電気通信事業ガバナンス検討会」に検討の場を移して議論を進めた。だが、検討会の報告書のドラフトができあがる頃、徐々に雲行きが怪しくなっていく。

事務局は当初、２０２１年12月22日に第14回検討会を開催して報告書案を提示し、年末年始にパブリックコメントにかけるつもりだった。だが、その５日前の17日夕方、突然、会合は延期された。経済団体の働きかけを受けた自民党の有力議員らがストップをかけてきたためだった。このうち１人は11月下旬に個人情報保護委員会などの幹部にも、組織として総務省案に反対するように指示している。

ロビー活動の中心を担ったのは、新経済連盟とＧＡＦＡの加盟する在日米国商工会議所（ＡＣＣＪ）だった。新経済連盟は総務省が会合延期を公表した同じ日に、「電気通信事業法改正の方針への懸念について[33]」とするリリースを公開している。その主張は「個人情報保護法との『二重規制』になる」「国際的に極めて異常なガラパゴス規制が、日本のデジタル化に悪影響を及ぼす」などというものだ。合理性

30：中間とりまとめ１０５～１０６頁。
31：電気通信事業法４条「電気通信事業者の取扱中に係る通信の秘密は、侵してはならない」は、電気通信事業者に限らず、すべての人に対して課される規定である。ただし、罰則は電気通信事業に従事する者の場合は「３年以下の懲役又は２００万円以下の罰金」で、それ以外の「2年以下の懲役又は１００万円以下の罰金」よりも重い。
32：「このような利用者端末情報等を取り扱う者の全てが、保護すべき義務を負うこととすることが考えられる」（中間とりまとめ）１０６頁。
33：新経済連盟プレスリリース（２０２１年12月17日）(https://jane.or.jp/proposal/pressrelease/15987.html)。

に欠く主張といわざるを得ない[34]が、ここでは反論の1つとして、一般社団法人マイデータ・ジャパンの声明「新経済連盟の『懸念』に対する懸念[35]」を紹介するにとどめる。

ここで強調したいのは、総務官僚と有識者が何年も費やしてきた熟議の結果が、経済界が政治と結びつくことで、あっさり覆されたという点だ。総務省ではかつての配慮原則やＳＰＩの失敗も踏まえ、２０１８年から法制度整備に向け議論を重ねてきた。その多くは公開の場で議論され、報告書はパブリックコメントも募った上でとりまとめたものだ。一方、新経済連盟は２０２１年11月に自民党の国会議員に相談にいくと[36]、約２か月で情勢をひっくり返したのである。

結局、総務省が経済界と調整後、２０２２年1月に改めて検討会に示した報告書では、義務の対象は「電気通信事業を営む者」に限定され、義務の内容も「通知または公表」に後退した。「電気通信事業を営む者」の範囲[37]は狭く、たとえば、企業のホームページや、銀行や証券会社によるネットバンキング、一部のネット通販さえも義務の対象外である。通知・公表の方法もウェブサイトのプライバシーポリシーなどで説明すれば済むことになった。

この時の検討会で、構成員の石井夏生利・中央大学教授は「事業者の反対意見は果たして説得的なものだったのか」と発言し、検討の最終段階で突如出てきた事業者の反対意見が、十分に検討されることもないまま採用されたことに疑問を呈した。消費者団体ＮＡＣＳの古谷由紀子監事も「事業者の声を反映する一方で、消費者団体の声は反映できていない」と不満をぶちまけた。

一連の経緯は、官僚と有識者の中立性と専門性が政治権力によって一瞬のうちに無価値なものとされる現実をみせつけ、同時に、経済権力は政治権力を動かすことが容易だが、市民側に同じことはできないという両者の力の非対称も浮き彫りにした。

5——民事救済：消費者裁判手続特例法

ここまで、日本の消費者は公法によって守られるデータ保護水準が世界と比べて低い状況に置かれていることについて述べたが、だからといって民事救済の手立てが充実しているわけでもない。

ここで紹介するのは「消費者の財産的被害の集団的な回復のための民事の裁判手続の特例に関する法律」（以下「消費者裁判手続特例法」という）の制定と改正において、個人情報漏洩事案がどう扱われたかの顛末である。

34：「個人情報保護法との『二重規制』になる」との主張にはここで反論しておきたい。電気通信事業法にはもともと「通信への信頼確保」と「利用者の保護」という法目的があり、個人情報保護法とは異なる目的で、同法と重複する情報を保護することに問題はない。そもそも、個人情報保護法制定時の国会の附帯決議でも、情報通信や医療、金融など「国民から高いレベルでの個人情報の保護が求められている分野」については、個人情報保護法に加えて、個別分野の法律で対応することが求められていた。これは個人情報保護法が個人情報を取り扱うすべての事業者を対象とするため、どうしても「全業種共通の最小限度」の規律にとどめざるを得ない面があるからである。

35：マイデータ・ジャパン提言パブコメ等（2021年12月23日）（https://mydatajapan.org/documents/public_comments/concerns2112/）。

36：新経済連盟は、議員に協力を依頼したことを認め、議員は新経連との面談は認めたが「自分が法改正方針の問題点に気づき、新経連に教えてあげたのだ」と話す。

37：総務省「電気通信事業参入マニュアル（追補版）」。

2016年10月に施行されたこの法律は、消費者に代わって、国の認定を受けた特定適格消費者団体が金銭被害の回復を求めて企業を提訴できる制度を定めたもので、まず団体が原告となって争い、被害者は勝訴が確定してから参加する仕組みだ。

消費者と事業者の間の情報や交渉力の格差を考えると、消費者が自ら被害の回復を図ることは簡単ではなく、さらに、消費者被害には、一人ひとりの被害は少額だが被害者が多数にのぼる「少額多数被害」が多く、紛争解決にかかる費用と比べて賠償金額が割に合わないため泣き寝入りが多い。これを救済するのが法の目的であった。2008年6月に「消費者行政推進基本計画」が閣議決定され、検討がスタートした当初は、アメリカなどで活発化していたクラスアクション（集合代表訴訟）になぞらえて「日本版クラスアクション」として期待が高まっていた。

同年12月、内閣府国民生活局（当時）に設置された「集団的消費者被害回復制度等に関する研究会（座長・三木浩一慶應義塾大学教授（当時））」は、関連する国内外の制度の運用状況を調査し、2009年8月に報告書をとりまとめた。この段階で、個人情報漏洩事案は「被害者の特定が比較的容易であり、被害内容が定型的」で、制度の対象とすることがふさわしいと位置づけられた。

続いて同年11月から始まった消費者庁の「集団的消費者被害救済制度研究会」（三木座長）が翌2010年9月にまとめた報告書でも、個人情報漏洩事案は「対象としてなじみやすい」などと評価された。

ところが、同年10月から始まった消費者委員会の「集団的消費者被害救済制度専門調査会」（座長・伊藤眞早稲田大学客員教授（当時））で、あと少しで報告書がとりまとめられるという段階の２０１１年7月、第13回会合に経団連など3団体が、最終回の第15回会合に全国商工会連合会が、それぞれ意見書を出してきたのだ。

経団連の意見書[38]にはこう記されていた。

「本来、権利の救済は、あくまで権利者自身が自己責任と自己判断で行うべきものであり、権利者自らの権利行使を尊重するのが市民社会の大原則である。この原則は消費者被害においてもまた貫かれるべきものである。例外的な救済手段の創設によって、個々の被害者自身による権利行使の尊重という、市民社会における本来の大原則が損なわれることのないよう、限定的なものとするとともに、濫用の防止について万全の対策を講じなければならない。……集合訴訟制度の導入は、裁判を受ける権利を侵害するおそれや我が国経済社会全般に大きな影響を及ぼすおそれがある」

制度の意義そのものを否定するかのような主張であった。特に集中的に攻撃されたのが、個人情報漏洩事案と有価証券報告書の虚偽記載に係る事案で、制度から除外するよう要求。個人情報漏洩事案を除外すべきとする理由は「各主務官庁のガイドラインにより、漏洩が発生した場合の被害者への通知や公

38：第13回集団的消費者被害救済制度専門調査会（参考資料5）「集団的消費者被害救済法制について」。

表、主務官庁への報告等の対応が規定されており、当該通知時における事業者の自主的な対応等も考慮すると、既に、ある程度の消費者救済は図られているともいえる」といったものであった。

消費者委員の山口広弁護士は最終回、こう食い下がった。

「そもそもこの集団的消費者被害の救済制度のある意味では原点というものが、個人情報の流出と有価証券虚偽報告の問題でございます。個人情報流出の問題は、もう何回も申し上げたところですが、原告、つまり流出された側の消費者として訴訟を起こして苦労しても認められる金額は非常にわずかなわけです。誠意のある事業者の場合にはほとんど円満に解決するわけですが、誠意のない事業者の場合には、消費者としては泣き寝入りを余儀なくされるケースがほとんどなわけです。そういう場合、この制度によって救済が図られる枠組みが広がれば、事業者の方もより慎重になるでしょうし、万一事故が起こった場合にも、事業者の信用と、紛争になることを防ぐ観点での事前の適切な対処が望まれるようになるのではないかという観点からして、個人情報の流出の問題につきましてはこういう取りまとめでいいのではないかと思います。」

こうした反論もあり、2011年8月公表の報告書で、個人情報漏洩事案は「基本的には、本制度の対象となるものと考えられるが、慎重に検討すべきとの指摘もあった」と記載された。弱気なトーンとはいえ、有価証券報告書等の虚偽記載に係る事案などが「引き続き検討すべきである」と位置づけられたことに比べればましで、関係者は「ギリギリ残った」という印象を持ったという。

ところが、検討会の手を離れた後に消費者庁がまとめた訴訟制度案では、精神的損害（慰謝料）が除外され、結果として精神的損害が中心の個人情報流出事案も対象から消えていたのである。

なぜ消えたのか[39]。２００8年からの三度にわたる有識者会議で理論が整理された結果ではないことは、すべての有識者会議に参加した三木が国会の参考人として招致[40]された際の発言からも窺われる。「今回、おっしゃるように対象の請求権をかなり絞ったわけで、拡大損害、人身損害、慰謝料は対象にしなかったと。これは、この集合訴訟という制度になじまないということはなくて、つまり理論上外したということではなく、政策的な判断があってのことだろうと思います」「事業者側の御懸念もありますので」。経済界から理屈にあわない要求を飲まされたという無念がにじむようだ。

消費者裁判手続特例法は２０１３年12月に成立、２０１６年10月に施行された。だが、施行から5年が経過した時点で制度を利用した訴訟は4件にとどまった。経済界の要請でさまざまな制約が入り、使い勝手の悪い制度になってしまったことが一因とされる。特に、致命的だったのが、対象を悪質商法や欠陥商品などで消費者に生じた財産的な被害に限定し、精神的損害（慰謝料）の請求に使えなくしたことだった。

39：立法担当者は「流出したことに伴って生じた精神的苦痛に関する慰謝料請求が想定されるところであるが、これは、上述した消費者契約の目的になるものについて生じた損害または消費者契約の対価に関する損害に係るものには該当しないと考えられ、そうであれば本制度の対象とはならないと考えられる」と説明している（加納克利＝松田知丈「集団的消費者被害回復に係る訴訟制度案について」ＮＢＬ９８９号（２０１２年）18頁）。

40：２０１３年11月29日の第１８５回国会　参議院　消費者問題に関する特別委員会。

たとえば、東京医科大が入試の採点で女性や浪人の受験生を差別的に扱った不正入試問題。この制度を使った初の訴訟となったが、認められたのは受験料（4〜6万円）の返還だけだった。人生の重要な場面での不当な取扱いに対し、精神的損害について請求が認められなければ本質的な救済にはほど遠い。

こうした経緯もあり、制度見直しに向けて消費者庁が2021年3月に立ち上げた「消費者裁判手続特例法等に関する検討会」（座長・山本和彦一橋大学教授）では、慰謝料請求を含めた対象拡大が大きな焦点となった。

だが、個人情報漏洩事案における慰謝料請求に関しては、またしても経済界の反対が立ちふさがる。

5月13日に開かれた第3回会合では、経団連を代表して参加した委員が「個人情報の取扱いコストが増大する」「データの利活用やデジタライゼーションの妨げになり、かえって消費者の不利益になる」と反発し、全国商工会連合会の委員もこれに続いた。すると、議論は、慰謝料請求のうち個人情報漏洩事案だけは「過失によって生じた事案は対象としない」と整理する方向に傾き始めた。

消費者対策が専門の弁護士の委員らから「個人情報漏洩だけ別扱いをする説明がつかない」などの反論があり、第11回会合には個人情報保護委員会の事務局が参考人として参加、「（経済界が懸念するような指摘は）個人情報漏洩事案以外にも妥当するものであり、個人情報漏洩事案のみを対象外とする理由にはならない」と指摘した。

その結果はどうなったのか。改正法では、慰謝料が請求できる事案全体に、「財産的損害と併せて請求する場合」または「故意による場合」という条件がつけられたのである。確かに個人情報漏洩事案を特別扱いはしていないが、むしろ制約が慰謝料請求事案すべてに広がってしまったのだ。

消費者庁の職員は「実質的に個人情報漏えいのケースを外そうという狙い」と説明する。個人情報漏洩事案の場合、漏洩したクレジットカード情報を悪用されたり、貯めていたポイントを使われてしまったりといった財産的な被害があるケースもあるものの、それはごく稀な事案で、中心はプライバシーの侵害などの精神的な被害である。しかも、軽過失も重過失も除外されるとなると、想定できるのは悪意ある事業者がデータベースを転売するようなケースぐらいだろう。

海外はどうだろう。事務局資料によると、フランスは物質的損害に起因する財産上の損害回復に対象を限定しているが、アメリカとドイツでは、請求できる対象に制限はないという。またEUで2020年に公布された「消費者代表訴訟指令」は、適用対象にGDPRを含めているため、今後、加盟国は個人情報漏洩を対象とする方向で国内法を整備していくと思われる。

ここでも、個人情報保護法や電気通信事業法の改正と同様、経済界が「データ利活用への萎縮になる」と反対し、霞が関がそれに押し切られていた。その結果、海外では消費者が享受できるレベルの保護が、日本では享受できなくなる点も同じである。

6——デジタル時代のあるべきルール形成

ここまで、①自主規制と共同規制、②公法規制、③救済のための制度、それぞれにおいて、官僚の経済界への配慮、あるいは経済界と政界による剥き出しの力の行使によって、データ保護レベルが国際的に低い水準に抑えられてきたことを確認した。

こうした流れは今後も続くのか。それを占う上で注目されるのが、経済産業省の有識者会議「Ｓｏｃｉｅｔｙ５・０における新たなガバナンスモデル検討会」が提唱するデジタル時代のルール形成のあり方、「アジャイル・ガバナンス・モデル[41][42]」の行方である。

同モデルの詳細は本書第4章の座談会に委ねるとして、筆者の関心は、同モデルが、「マルチステークホルダーを主体としたガバナンス」をうたいつつ、具体的なルール形成は企業を中心に行うとする点である。政府の役割は「ルールの設計者からファシリテーターへ」、企業の役割は「ルールの遵守者から設計者へ」と変化が求められるという。これはかつて、総務省の「パーソナルデータ研究会」が、「国の役割」を「場の提供」などに限定して、企業中心のマルチステークホルダープロセスでルールを作ろうと提唱したことの延長線上にあるものといえるだろう。

さらに同モデルの場合、「法規制はルールベースからゴールベースで」とうたい、法は行為義務などのルールを示すのではなく、最終的に達成されるべきゴールを示すにとどまるべきだとする。そして、ゴール達成のための具体的なガイドラインや基準は、利用者やアカデミアを含むマルチステークホルダーも議論に関与するものの、中心になって策定するのは当の企業とされる。しかもイノベーションを阻害しないよう、法令のような拘束力を持たせるべきではないとも書かれており、遵守しなくてもペナルティはない自主ルールということのようだ。ゴールが達成されなかった場合の救済や制裁、監視のあり方の決定さえ、企業が主導権を握ることになりかねない。結局のところ、情報力、資金力、組織力を備えた強者による全部取りの世界を生み出すのではないか。

筆者はアジャイルなルール形成、すなわち、迅速でこまめなルールの形成と変更の必要性を否定しているわけではない。ただし、そこには政府による実効性ある監視と制裁の仕組み[43]がセットであることと、本当の意味でのマルチステークホルダープロセスが実現可能な状態であることが必要最低限の条件ではないか。

内閣府の整理[44]では、マルチステークホルダープロセスとは「平等代表性を有する3主体以上のステークホルダー間における、意思決定、合意形成、もしくはそれに準ずる意思疎通のプロセス」だという。

41：「GOVERNANCE INNOVATION：Society5.0の実現に向けた法とアーキテクチャのリ・デザイン」（２０２０年７月）、「GOVERNANCE INNOVATION Ver.2: アジャイル・ガバナンスのデザインと実装に向けて」（２０２１年７月）、「アジャイル・ガバナンスの概要と現状」（２０２２年８月）。

42：同モデルへの批判的論考として、山本龍彦「アジャイル・ガバナンスと憲法―ポストコロナの統治システムを考える」法律時報95巻８号（２０２３年）などがある。

43：取引透明化法のような最大１００万円の罰金や、事業者に応じる義務が法定されていないモニタリングでは足りないことはいうまでもない。課徴金制度のあり方の抜本的な見直しも必要だろう。

44：内閣府「安全・安心で持続可能な未来に向けた社会的責任に関する研究会」報告書（２００８年）。

つまり、当事者が対等な立場でルール設計に実質的に参加する力を持つことが前提である。だが、現在のステークホルダー間には力の不均衡が厳然として存在し、その解消は容易ではなさそうだ。

ひとつには官僚の政治への従属化と政策立案能力の低下がある。

しばしば指摘されるように、第二次安倍晋三政権下の2014年に内閣人事局が設立され、国家公務員の幹部人事が一元管理されるようになって以降、官僚の中立性と専門性は著しく損なわれた。元人事院幹部で京都大学教授の嶋田博子は、2014年の人事改革の狙いは、首相が求める政策実現に全力をあげて動く「家臣型」官僚を作ることだったと指摘[45]する。

もともと福田康夫政権下の2008年に成立した国家公務員制度改革基本法は、政策形成を政治主導に切り替えるための一元的な幹部人事管理の導入とそれを担う内閣人事局の創設を柱としていたが、同時に、意思決定過程の透明化に向けた政官接触や行政過程等の記録作成・公開、国民への人事管理の説明責任などもあわせて盛り込んでいた[46]。ところが、紆余曲折の末に2014年に成立した国家公務員制度改革関連法には、幹部人事一元化と内閣人事局の創設だけが入り、あとは先送りされた。嶋田の言葉を借りれば、「改革項目のつまみ食い」によって「集権的な政治統制のみが実現」し、「それと両輪であるべき意思決定過程の透明化」は積み残されたままとなった[47]のである。

政策形成過程が不透明なまま官僚の政治統制が強まった結果、官僚は政治（主君）の「下僕」と化し、経済界は政治と結びつきさえすれば、官僚をスキップして政策に影響力を与えることも容易になった。

本章で紹介した電気通信事業法２０２２年改正の過程はその典型といえるだろう。

一方、官僚自身も経済界に接近している。技術やビジネスが急激に進化する中で、官僚は、情報を持つ民間ＩＴ企業やコンサルの力を借りなければ政策立案も難しい状況にあるからだ。

接近の一端を示すのが民間から国への職員の受け入れ状況である。内閣人事局によると２０２２年10月現在、国が民間企業から期限付きで受け入れている職員は２６７４人。10年前の１・９７倍に増えた。このうち非常勤職員は９２７人で、10年前の２・２倍だ。特にデジタル庁は民間からの出向者が突出し、２０２３年10月現在で１０８７人の職員のうち５０４人が民間出身者。このうち４５４人は民間から出向中の非常勤職員だ。

官民交流に相互理解の促進や人材の育成の利点があることは否定しないが、透明性確保が必要なのはいうまでもない。官民人事交流法は、常勤職員については出身企業の業務に就いたり給与補てんを受けたりすることを禁じているが、非常勤職員は禁じられていない。このため、多くは給与の大半を出向中の企業から得ていると推測されるが、デジタル庁に社員を出向させている国内ベンダーの元社員は筆者の取材に「企業がなんのためにそれを負担するのか。内部に入って自分たちに都合のいいルールを作り

45：嶋田博子『職業としての官僚』（岩波新書・２０２２年）。
46：国家公務員制度改革基本法５条３項１号。
47：嶋田・前掲注（45）１２０頁。

たいという思惑があるのは事実」と打ち明ける。

政策の方向性を示し、効果を検証する役割も担うアカデミアも、経済界に引き寄せられている。文部科学省によれば国立大学の運営費交付金はこの20年間で約２０００億円削減され、資金難にあえぐ各大学は共同研究、寄附をはじめとする民間資金に頼らざるを得ない。京都大学の場合、２０１７年度の寄附金額は１１６・９億円だったのが、４年後には３・５倍の４０９・２億円にまで増えた。

経済権力の対抗勢力としての役割が期待された市民社会も、機能不全に陥っている。

特に、長くボランティアの専業主婦によって担われてきた消費者団体は高齢化と資金難に苦しんでいる。消費者団体訴訟制度の担い手である適格消費者団体でさえ、過半数は年間収入が５００万円未満で、70歳の無給の事務局長が事実上一人で運営しているような団体もある。

当然ながら、若い優秀な人材を確保することは難しく、デジタル分野で起きている新たな課題への取組みは遅れてきた。前述のマイデータ・ジャパンのように、ＩＴ分野に詳しい技術や法律の専門家が参加し、政府や企業から独立した立場でデータの利活用と保護のあり方を模索する市民団体は徐々に増え始めているが、継続的な運営資金をどう確保するかなど課題も多い。

だが、海外に目を転じれば、デジタル時代の団体への脱皮に成功し、経済権力への対抗勢力としての一定の役割を果たしている消費者団体は少なくない。たとえば、欧州の消費者団体の連合体である「欧州消費者機構」は消費者の利益を代弁するロビー団体として活躍する[48]。一般データ保護規則、デジタルサービス法、デジタル市場法の立法過程でもロビー活動を展開し、法案の修正にも貢献した。グーグルやアマゾンなどに対する訴訟にも参画し、ＰＦの監視役としても存在感を増している。

特筆すべきはその活動資金である。年間６００万ユーロにのぼり、このうち3分の１はＥＵからの助成金だという。欧州では、ＰＦが台頭する中で公共政策のバランスをとるために、消費者団体の政策提言機能が欠かせないと考えられているようである。同機構幹部は筆者に、私企業から資金提供は受けていないと明かした上で、「（企業などから）消費者団体が独立性を保つことが重要。だからこそ公的資金が交付される」[49]と説明した。

日本においても、ルール形成にマルチステークホルダープロセスが必要だというのであれば、その一角を占める消費者団体、市民団体をエンパワーする責任があるのではないか。

中立・公平なプロセス確保のための制度的担保の確保も急がれる。

欧米では巨大ＰＦ事業者への規制強化の流れを背景に、ＰＦによるロビー活動が激しさを増している。市民団体のまとめによれば、アメリカでは２０２２年にＧＡＦＡＭ（ＧＡＦＡ＋マイクロソフト）がロビー活動に投じた費用は計約７３００万ドル、欧州では２０２０年に5社合計で約２２８０万ユーロにのぼっ

48：EU Transparency Register（欧州透明登録簿）（https://ec.europa.eu/transparencyregister/public/consultation/displaylobbyist.do?id=9505781573-45）。

49：神戸大学プラットフォーム科研（研究代表者：池田千鶴）「欧州消費者団体に聞く：巨大IT企業と消費者、競争」（https://researchmap.jp/multidatabases/multidatabase_contents/detail/235726/a2ecba6c8e5c7bab186243f8cffe959e?frame_id=786754）。

たという。行政や国会、司法へのロビイングだけでなく、共同研究という名目での研究者に対する資金提供や、市民団体やインフルエンサーなどを通じたアストロターフィング（偽の草の根運動）なども注目されている。

　もっとも、欧米でこうした実態が明らかになるのは、アメリカにはロビー開示法、欧州にはEU透明性登録簿のようにロビー活動が一定程度、外部からチェックできる仕組みが導入されているからだ。日本ではロビー活動が展開されていても知る手立てがないのが現状だ。

　OECDが2021年に公表した報告書「21世紀のロビー活動：透明性、信頼性、アクセス」によると、41か国中23か国がロビー活動に関する何らかの規制を導入しているが、日本はここに入っていない。OECDでは2010年に「ロビー活動における透明性と信頼性原則に関する勧告」を出しており、その後、多くの加盟国がルール整備を進めてきた。急速なデジタル化で制度改革が進む中で、ルール形成過程の透明化の必要性がより強く意識されるようになったからだろう。

　日本も最近ではロビー活動に注力する企業が増えている。経済産業省の調査では、新市場創出のために戦略立案や世論形成、政府への働きかけなどを行う広義のロビー市場は134億円にのぼるという。2022年の電気通信事業法改正の騒動でも、総務省からアップルやAWS、楽天グループに転身したOBが霞が関や永田町で活躍していた。

　先述の国家公務員制度改革基本法に盛り込まれながら実現されていない政官接触の記録の作成・公開

については、対象を政治と官僚の接触だけでなく、ロビー活動を担う団体・事業者による政治家や官僚、政府の検討会に参加する有識者や市民団体などの接触にも広げて透明性を確保することも一案だろう。同法は2008年から5年間のうちに実現することを目指すものだが、期間が過ぎても失効せず、未達成の項目は今も政府に法律上課されたプログラムとして残っているという。実現が急がれる。

〔若江雅子〕

第3章

日本におけるプライバシー意識の実際：顔認証についての意識調査結果からみた課題

第3章では、日本におけるプライバシー意識の調査結果とその分析を扱う。データ保護の問題を考えるにあたって、そもそも人々が自分のデータをどのように扱ってほしいと思っているのか、プライバシーについてどのように考えているのか、その実態を把握する必要がある。

2021年に本書執筆者を中心として構成される研究グループ（AIと法研究会）によって行われた各国のプライバシー意識の調査は、新しい技術を代表する顔識別機能付きカメラシステム（以下、「顔認証」として用いる）を企業が用いる場面を想定し、各国のプライバシー意識の違いを明らかにしようとするものであった。その結果、アメリカやヨーロッパ各国と異なる、日本におけるプライバシー意識の特徴が明らかになった。

*1*では、日本人の権利意識についてのこれまでの検討状況とこのアンケートの概要を説明する。

*2*では、このアンケート結果を、権利観やルールメイキング（ガバナンス）などの視点に基づき、結果から判明した傾向（アンケートからわかったこと）とその分析（アンケート結果の背景にある問題）を整理する。

*3*では、日本におけるプライバシー意識と顔認証に対する考え方の分析のまとめとして、「信頼」をキーワードに、トラブルに備えた対応の必要性を指摘する。

*4*では、アンケート結果をふまえて、企業がその信頼を得るために、個人のデータをどのように扱うべきか、若干の提言を行う。

1――はじめに

(1) 日本人の権利意識・法意識

情報社会の進展とともに、誰もがインターネット上で情報発信ができるようになる中で、権利侵害についても身近になっている。そこで、国民のプライバシー意識がどのような状況であるのかを理解する必要性が出てきている。なぜなら、プライバシーに関わる情報を扱う企業は多く、企業活動においてプライバシー侵害などの事件が生じた場合、法的な責任の問題だけでなく、レピュテーションリスクの観点から、国民のプライバシー意識の変化を考慮した対応が必要になっているからである。そして、こうした意識について、諸外国と比べてどのような特徴があるのかを理解することは、企業のプライバシー対応を考える上でも重要な課題となっている。

日本人のプライバシー調査をするにあたって、念頭に置くべき日本人の権利意識・法意識[1]をめぐっては、法社会学の分野により、これまでさまざまな調査・研究が進められてきた。そして、日本の権利

1：この「意識」について、心理学では「態度」という。

意識・法意識をめぐる社会調査やそれに基づく分析も数多くなされてきた。たとえば、川島武宜教授の著作である『日本人の法意識』は一般にも有名であろう[2]。

こうした分析において共通することは、（要因は分析によって異なるが）裁判の回避傾向、契約書作成よりも口頭による約束が中心といったもので、日本では、争いを嫌い、お互いの（「阿吽の呼吸」ともいえる）「暗黙の了解」が社会の前提となっていると考えられている[3]。

(2) 2021年実施のアンケート調査の概要

以上のような問題意識の下で、ＮＥＣの委託調査・研究として研究グループ（ＡＩと法研究会、代表・山本龍彦）を作り、プライバシーの意識を把握するためのアンケート調査を実施した。まず、研究グループでアンケート項目を作り[4]、２０２１年10月21日～11月26日の期間に、アンケートリサーチの方法で、アメリカ、イギリス、フランス、ドイツ、日本の調査を実施した。その結果、各国20～69歳の男女を対象に、アメリカは２０８０サンプル、イギリス・フランス・ドイツ・日本は５２０サンプル（有効回答数）を得られた。そして、その結果について、各国の特徴を整理する試みがなされた。

本章では、このプライバシーや個人情報の管理に対する意識調査をもとに、日本における権利意識・プライバシー意識の実情を抽出し、傾向と分析を示した上で、今後、企業はどのような対応が必要かを指摘する。

なお、質問項目（調査項目）については以下の点を考慮して作成しており、各項目の中で掲示する。分析も以下の項目に沿って検討する。

〈1〉プライバシーに関係した権利観について
①プライバシーへの理解、②データ保護制度で重視する点（顔認証）、③データ保護制度で重視する点（一般）、④権利の性質
〈2〉望ましいルール・メイキング（ガバナンス）
⑤ルールの民主的正統性、⑥制度作成上の視点、⑦ルールが守られるために必要な機関
〈3〉権利とガバナンスの相関関係について
⑧事業者が備えているべき条件、⑨最も重要と思う条件、⑩不可欠な条件、⑪個人情報を移譲されるために必要な条件、⑫事業者が代行できない権利

2：川島武宜『日本人の法意識』（岩波文庫・1967年）。もっとも、この書籍は、依拠するデータが断片的として批判も多く、日本人の法意識についてはその後多くの調査と検討がなされている。
3：日本の状況については、海外、特にアメリカとの法意識の違いで比較検討されることが多い。たとえば、樋口範雄『アメリカ人が驚く日本法』（商事法務・2021年）を参照。
4：本調査では、特に顔認証の技術を現場で用いることを念頭に、憲法の観点から権利・プライバシーの観点に絞ったアンケートを行った。

2――アンケート結果の整理と分析

(1) 概観：プライバシーに対する関心の薄さ

プライバシー調査のアンケート結果の概観をはじめに説明する。

プライバシー権の侵害については、他国と比べ多くの項目でスコアが最も高く、敏感といえる一方、個人的なデータの提供についてはプロファイリングなど自らの情報をどのように利用されるかということにつき認識が甘い。差別や具体的権利侵害との結びつきに関する認識についても、他国よりスコアの低い項目が目立ち、関心が薄い傾向にある。ルールの制定に必要な機関については、比較的には公的な機関によるサポートを求めているが、明確な傾向はなく、サポートの内容に納得できれば、責任の所在について特に問わない様子が窺える。事業者が備えているべき条件の部分についても、他国と比べ「わからない」とする意見が多く、プライバシーやルールの制定などの内容に対し関心が薄いことが考えられる。

どうしてこのような結果になったのか、以下で詳しく分析してみよう。

(2) プライバシーに関連した権利観

①プライバシー権の侵害にあたると認識する事例の多さ（図1）

・傾向　9つの事例について、「以下の事例がプライバシー権の侵害にあたると思いますか」との設問につき、「自分の個人情報が販売されること」（86・7％）、「第三者に対して無許可で情報提供がされること」（85・2％）など、プライバシー権の侵害にあたるかどうかという質問に対し、どの事案の項目も日本のスコアが高いことが判明した。

・分析　従来、個人情報をめぐる過剰反応事例が問題となっていたが5、今回の結果は、こうした傾向とも一致し、各事例につき、プライバシー権の侵害にあたるとの意識は高いことが窺われる。もっとも過去の大規模アンケートにおいても、プライバシーの意識を問う設問では類似の傾向の結果が出ていることから6、プライバシーの意識の高さは必ずしも近年のプライバシーをめぐる環境の変化によるものではないのかもしれない。

図1　プライバシー権の侵害にあたる事例

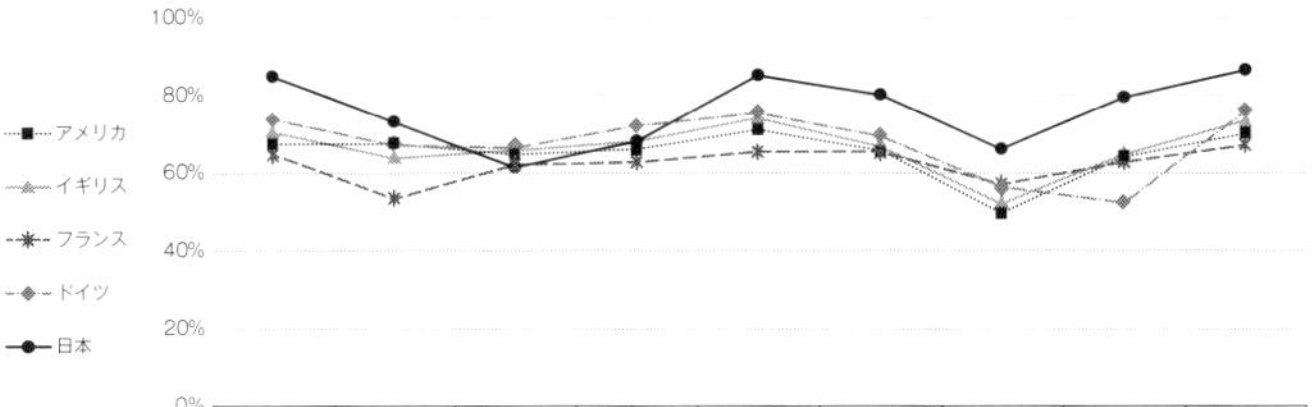

n=30以上の場合
1位
2位
3位

	n=	マスメディアが、自分の秘密を暴露すること	警察が、自分の住居に不法侵入すること	プロファイリングを通じて、ユーザーの情報が取得されること	プロファイリングを通じて、ユーザーに対してマイナス評価がされるような情報が取得されること	第三者に対して無許可で情報提供がされること	公開されている自分の情報について、削除の要求が認められないこと	公共の場において、自分の姿が撮影されること	氏名や住所など、単純情報が取得されること	自分の個人情報が販売されること
アメリカ	(2080)	67.5	67.5	64.8	66.3	71.3	65.9	49.8	64.0	70.1
イギリス	(520)	70.4	63.8	65.8	68.1	74.2	66.7	52.1	64.8	73.5
フランス	(520)	64.8	53.3	62.1	62.7	65.6	65.4	57.1	62.7	67.1
ドイツ	(520)	73.8	67.3	66.3	72.3	75.6	69.4	56.5	52.5	76.0
日本	(520)	85.0	73.3	61.5	68.3	85.2	80.2	66.2	79.6	86.7

※TOP2のスコアを掲載

5：たとえば、平成23年3月には、「個人情報保護に関するいわゆる『過剰反応』に関する実態調査報告書」が出されている（https://www.ppc.go.jp/files/pdf/personal_report_2303caa_kajohanno.pdf）参照。

6：過去にも日本人の法意識調査が複数回行われている（1971年、1976年、2005年調査比較）。松村良之ほか「『日本人の法意識』はどのように変わったか：1971年、1976年、2005年調査の比較」北大法学論集57巻4号（2006年）474頁以下によると、「子供のころに天才少年と騒がれた大人の生活を報道すること」が、プライハシーの侵害にあたるかどうかを問う設問について、7割近くの者がプライバシー侵害と考えていた（なお、1976年の調査では6割程度）。

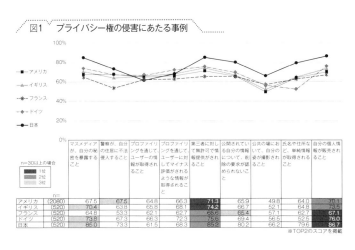

図2　顔認証について

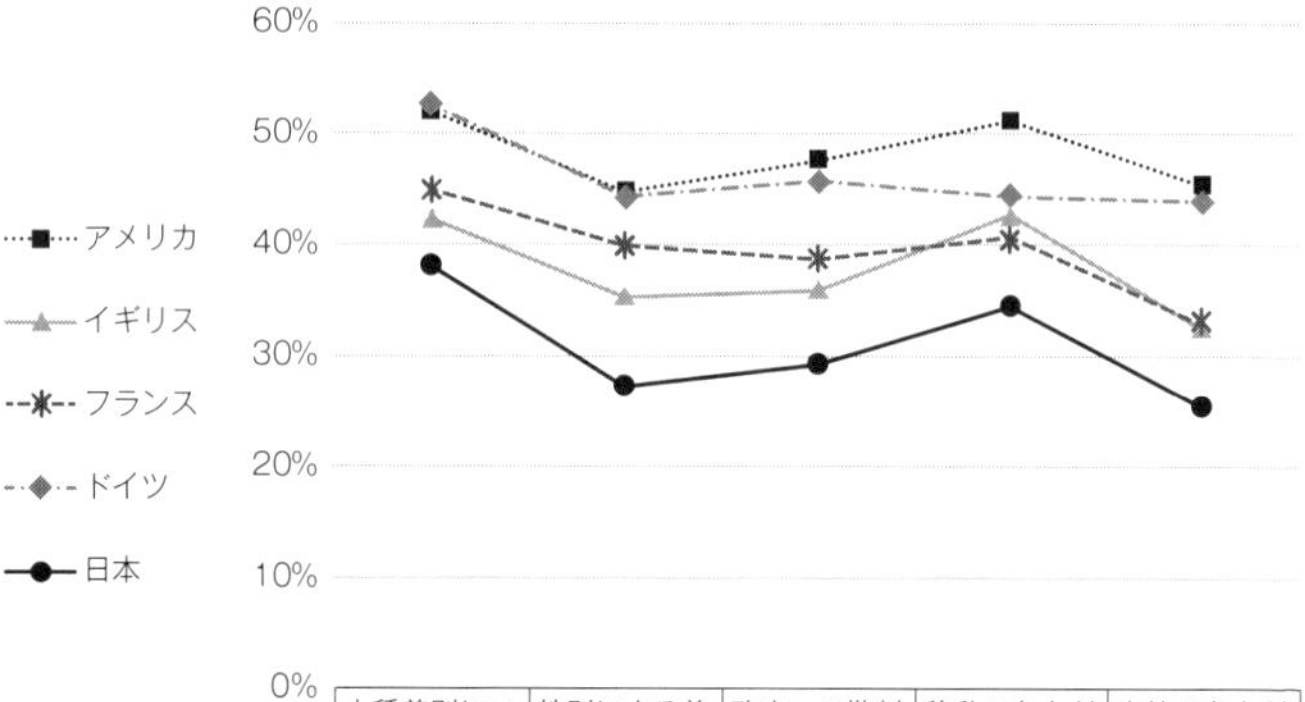

n=30以上の場合
1位
2位
3位

	n=	人種差別につながるおそれがある	性別による差別につながるおそれがある	政府への批判がしにくくなったり、デモ活動が行いにくくなるおそれがある	移動の自由が制約されるおそれがある	宗教の自由が制約されるおそれがある
アメリカ	(2080)	52.1	44.7	47.5	51.2	45.3
イギリス	(520)	42.3	35.2	36.0	42.7	32.5
フランス	(520)	45.0	39.8	38.7	40.8	32.9
ドイツ	(520)	52.7	44.4	45.8	44.4	44.0
日本	(520)	38.1	27.1	29.2	34.4	25.4

②個人のデータ提供への懸念に対するイメージの低さ（図2、3）

・傾向　「顔認証を利用し、個人が特定されることによって生じる可能性のある以下の事例について、あなたはどの程度深刻に感じますか」、「人種や性別など、あなたの個人的なデータが取得されることによって生じる可能性のある以下の事例について、あなたはどの程度深刻に感じますか」との顔認証・個人的なデータ提供という具体的な事例についての設問では、それを懸念に思うかどうかのスコアは総じて低い結果となった。たとえば、顔認証や個人的なデータ提供が「人種差別につながるおそれがある」と回答したのは、それぞれ38・1％、33・7％であり、5か国の中で最低であっ

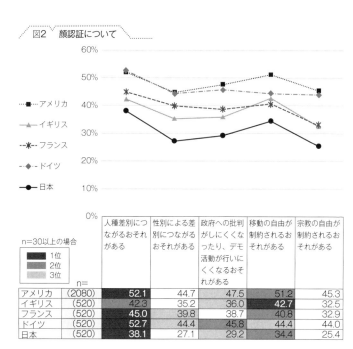

図3　個人的なデータ提供全般について

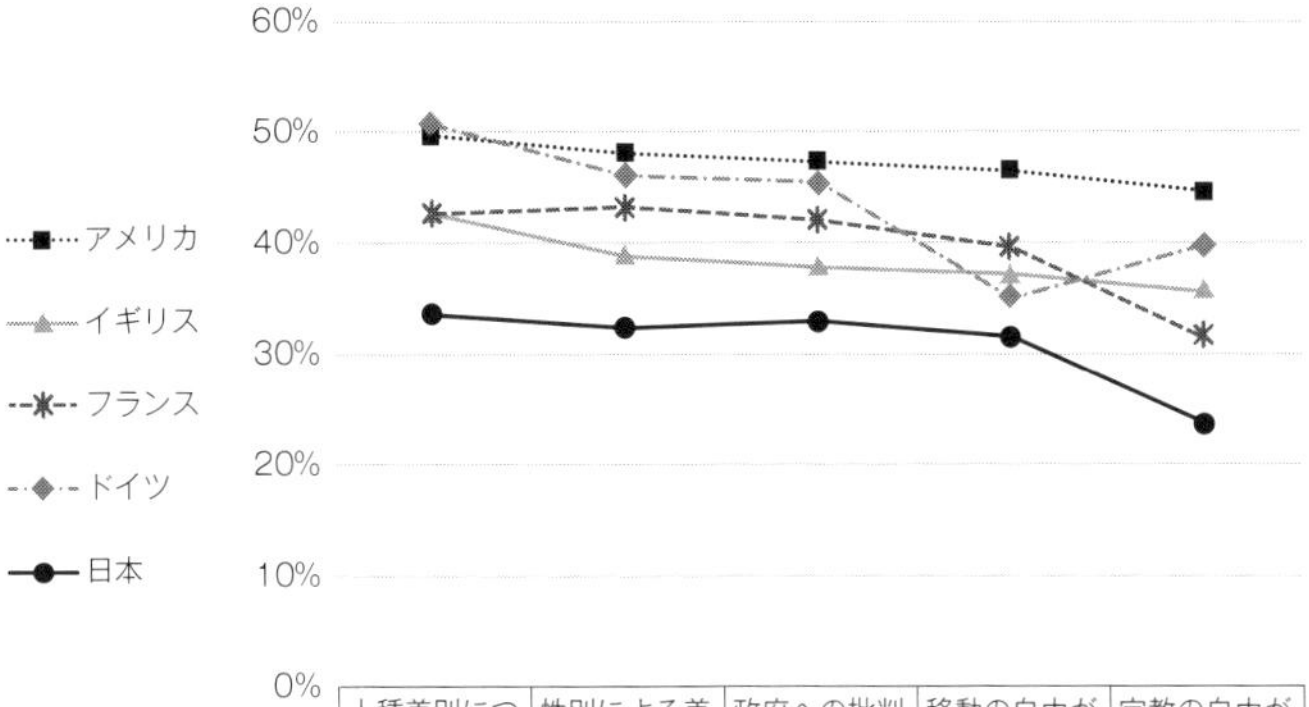

n=30以上の場合
1位
2位
3位

	n=	人種差別につながるおそれがある	性別による差別につながるおそれがある	政府への批判がしにくくなったり、デモ活動が行いにくくなるおそれがある	移動の自由が制約されるおそれがある	宗教の自由が制約されるおそれがある
アメリカ	(2080)	49.8	48.1	47.4	46.6	44.8
イギリス	(520)	42.7	38.8	37.9	37.3	35.6
フランス	(520)	42.7	43.3	42.1	39.6	31.3
ドイツ	(520)	50.8	46.2	45.6	35.0	40.0
日本	(520)	33.7	32.5	33.1	31.7	23.8

※9～10点のスコアを掲載

た。そして、5つの設問の懸念すべてにおいて同様の結果であった。

・分析　プライバシー該当性（①の設問）と権利侵害のおそれ（②の設問）が相反する結果になったことについては、文化や歴史的な背景もありうるが、形式的には権利侵害に該当するという認識を持っていたとしても、自分に対する実害に直結しないと考えているのかもしれない。つまり、具体的な事例について、「自分事」としてのイメージを持つことができていない可能性がある。

ある課題が「自分事」となっていない状況は、近年の法教育の研究において、「生徒に法知識があったとしても、必ずしもそれに基づく意見を持ったり行動に結びついていない」という問題意識が参考になる[7]。たとえば、黙秘権があることは知識として理解しているとしても、必ずしも黙秘権を保障すべきであるとの意見は持たないということである。

　ある事例がプライバシー権侵害に該当するという知識を持っていても、それが差別や何らかの権利侵害につながるという理解に至らず、権利侵害を防ぐための行動に結びつかない状況にあるのではないだろうか。知識として理解していたとしても、身近な問題として「自分事」のように認識しづらいという傾向が、一般社会に及んでいると思われる。

③権利意識の低さ（図4）

・傾向　5つの事例につき、「以下の権利（場面、事例）について、それぞれどのような性質の権利にあたると思いますか」という権利意識・請求権を問う設問につき、総じて関心が薄いことがわかった。事業者が代わりに行使できない権利として、開示請求権を挙げたのは30・0％、プロファイリングに対する異議申立てを挙げたのは20・4％など、各国の中でも低い結果となった。

・分析　権利意識が低い理由は、こちらも先に述べた通り、課題を「自分事」として捉えにくいことと関係していると思われる。たとえば、住居の不可侵に対する権利行使はスコアが高い（45・2％）が、データポータビリティ権や異議申立てなどのスコアは低い。住居への侵入がイメージしやすいことに対し、データポータビリティ権についての理解が進んでいないことが背景としてあるように思われる。

　こうした「理解が進んでいない」ことは、自己情報コントロール権や情報自己決定権が承認されてい

図4　事業者が代わりに行使できない権利

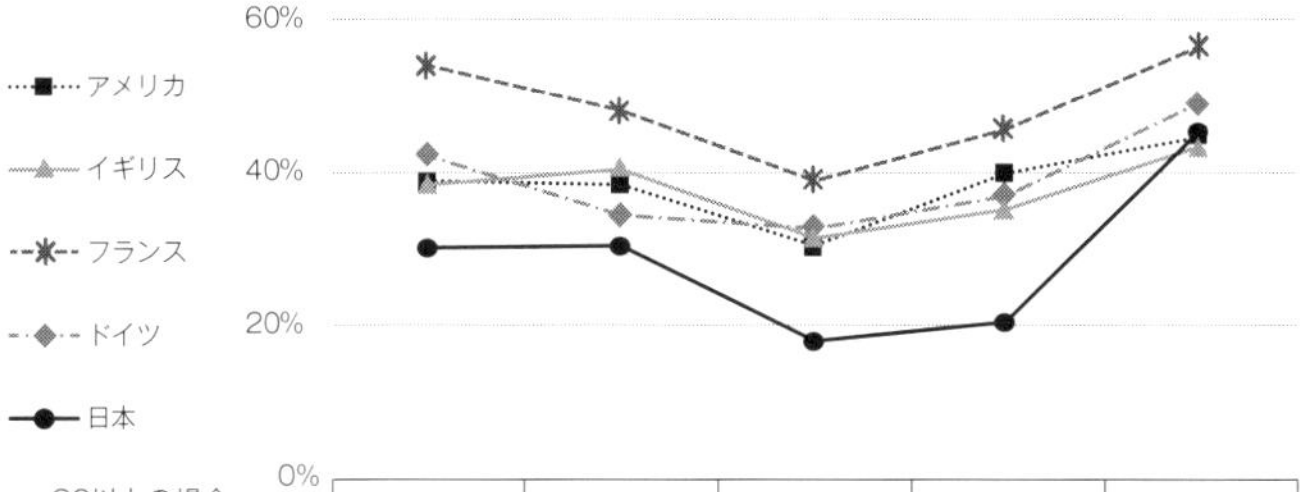

n=30以上の場合
1位
2位
3位

	n=	開示請求権	訂正請求権/利用停止請求権/消去請求権	データポータビリティ権	プロファイリングに対する異議申立て	住居の不可侵
アメリカ	(2080)	38.8	38.3	30.4	39.7	44.6
イギリス	(520)	38.3	40.4	31.3	35.0	43.3
フランス	(520)	53.8	48.1	38.8	45.4	56.5
ドイツ	(520)	42.1	34.2	32.5	36.7	49.0
日本	(520)	30.0	30.2	17.9	20.4	45.2

ないなど、個人情報保護やプライバシー権の定義があいまいであり、権利意識を持ちにくいこと（その結果、権利意識を持たないこと）が影響していると考えられる。なお、こうした権利意識の低さを補う意味で、消費者団体や（団体）訴訟制度が有効と考えられるが、残念ながら、日本では未熟な状況である。

　こうして、直に危険が切迫している状況にないと考えているからこそ、自分から積極的に権利行使をしようと思わない傾向が生まれてしまっていると思われる。このような傾向は、紛争解決にむけた行動と関係する8。たとえば、事案にもよるが、日本ではトラブルが生じたとしても問題

7：法知識と法意見・法行動の違いについての研究としては、「パネルディスカッション子どもの法意識・法知識と法教育」法と教育6号（2015年）109頁以下。

8：たとえば、隣人訴訟の例が想起される。隣人訴訟とは、1977年5月8日、三重県鈴鹿市において、会社員方で預かっていた近所の人の子どもが溜め池に落ちて水死するという事故が発生し、亡くなった子どもの両親がこの会社員等を相手取って損害賠償請求を起こした事件である。原告は一部勝訴するものの、そのマスコミ報道により、当事者に非難が集まり、訴えを取り下げざるを得なくなった。この非難の多くは、裁判をすることに起因するものであった。詳細は、星野英一編『隣人訴訟と法の役割』（有斐閣・1984年）参照。

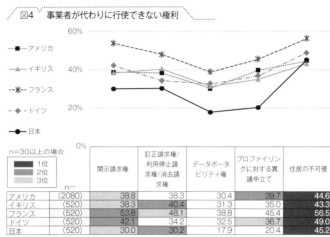

解決に向けて裁判をすることには躊躇する傾向にある[9]。トラブルが発生した場合に、こうした裁判回避の傾向から、手軽に紛争解決が可能となるような代替的な紛争解決手段（ＡＤＲ）の必要性が指摘されている[10]。

（3）望ましいルールメイキング（ガバナンス）のあり方

④ルールの重視（図5）

・傾向　7つの事例につき、「以下それぞれの場面で、どのようなルールがあれば、あなたはプライバシー権の制約がないと納得（安心）できますか」との設問では、社会的課題に対する政策や措置のとり方について、①法律、②条例、③行政によるガイドライン、④業界団体／サプライチェーンのガイドライン、⑤会社ごとのガイドライン、⑥デジタルプラットフォーマーによるガイドライン、⑦いかなる場合でも許されない、⑧わからない、の8つのうち、①法律によることが重要であるとする認識については、日本も他国とあまり変わらない。

・分析　政策にあたって、「法律」が必要であるという意識は共通するとしても、この「法律」のイメージは他国と同様だろうか。日本の場合、法律のイメージについては、市民の声によりルールメイキングをするというよりも、トップダウンにより国が問題に対して何か対応をする（対応してくれる）というイメージを持っているのではないだろうか。法律を作る（ルールメイキング）という点に注目を

図5　ルールの民主的正統性

(%)

		アメリカ		イギリス		フランス		ドイツ		日本	
公衆衛生を維持・増進するために、政府が政策や措置をとる場合	1位	法律	32.1	法律	35.2	法律	50.2	法律	38.8	法律	38.3
	2位	条例	27.1	行政によるガイドライン	25.4	行政によるガイドライン	17.9	条例	27.9	条例	31.3
	3位	行政によるガイドライン	24.3	条例	16.7	条例	15.4	行政によるガイドライン	14.2	行政によるガイドライン	22.5
テロを含む組織的な重大犯罪の捜査・予防のために、政府が政策や措置をとる場合	1位	法律	52.1	法律	53.5	法律	53.3	法律	50.8	法律	55.0
	2位	条例	20.3	行政によるガイドライン	15.6	条例	14.4	条例	24.0	条例	19.2
	3位	行政によるガイドライン	16.4	条例	13.8	行政によるガイドライン	13.7	行政によるガイドライン	10.2	行政によるガイドライン	12.3
一般犯罪の捜査・予防のために、政府が政策や措置をとる場合	1位	法律	53.3	法律	54.4	法律	51.7	法律	52.5	法律	58.5
	2位	条例	20.6	行政によるガイドライン	13.8	行政によるガイドライン	16.0	条例	21.5	条例	19.4
	3位	行政によるガイドライン	16.2	条例	12.1	条例	15.2	行政によるガイドライン	11.2	行政によるガイドライン	10.2
行政の活動を効率的に行うために、行政機関が政策や措置をとる場合	1位	行政によるガイドライン	28.2	法律	28.1	法律	35.6	条例	26.7	法律	32.5
	2位	法律	27.1	行政によるガイドライン	27.3	行政によるガイドライン	25.6	行政によるガイドライン	23.5	条例	30.4
	3位	条例	22.3	条例	18.3	条例	16.9	法律	20.0	行政によるガイドライン	24.6
防犯目的のために、民間企業がシステムを開発・実装する場合	1位	法律	23.8	法律	26.5	法律	26.7	法律	25.4	法律	25.8
	2位	会社ごとのガイドライン	20.0	行政によるガイドライン	17.1	会社ごとのガイドライン	20.4	条例	19.2	行政によるガイドライン	22.5
	3位	行政によるガイドライン	19.2	業界団体・サプライチェーンのガイドライン	16.5	行政によるガイドライン	15.2	行政によるガイドライン	16.0	条例	18.7
マーケティング目的で、民間企業がシステムを開発・実装する場合	1位	会社ごとのガイドライン	24.1	行政によるガイドライン	20.6	法律	26.0	法律	17.7	法律	22.1
	2位	業界団体・サプライチェーンのガイドライン	21.6	業界団体・サプライチェーンのガイドライン	18.7	会社ごとのガイドライン	18.1	条例	16.5	業界団体・サプライチェーンのガイドライン	18.8
	3位	行政によるガイドライン	18.8	法律	16.9	行政によるガイドライン	12.5	会社ごとのガイドライン	16.3	会社ごとのガイドライン	18.5
都市や地域の抱える諸課題を解決し、新たな価値を創出し続けるために、自治体と民間企業が連携してシステムや技術を開発・実装する場合	1位	条例	24.6	法律	28.3	法律	29.8	条例	26.5	条例	28.5
	2位	法律	24.6	行政によるガイドライン	25.8	条例	26.0	法律	21.9	行政によるガイドライン	26.7
	3位	行政によるガイドライン	23.3	条例	17.1	行政によるガイドライン	15.8	行政によるガイドライン	20.8	法律	26.0

9：近年の調査結果につき、菅原郁夫ほか編『民事訴訟の実像と課題：利用者調査の積み重ねが示すもの』（有斐閣・2021年）、佐藤岩夫＝阿部昌樹＝太田勝造編『現代日本の紛争過程と司法政策：民事紛争全国調査 2016-2020』（東京大学出版会・2023年）参照。なお、菅原郁夫「日本人の法意識再論—日本人の訴訟嫌いについて」早稲田大学法学会編『早稲田大学法学会百周年記念論文集　第1巻　公法・基礎法編』（成文堂・2022年）435頁以下も参照。

10：ADRの考え方については、山本和彦＝山田文『仲裁ADR法〔第2版〕』（有斐閣・2015年）を参照。

すると、日本の現状として、議員立法よりも閣法中心になっているなど、必ずしも国民の代表たる者が国会で法律を作っているわけではない[11]。また、社会的課題に対し、法律があれば問題を解決できるという単純なものでもない。法律の運用によって、その法律の社会的な用いられ方も変化する。

「法律は国民がつくるもの」（国民によるガバナンス）という理想と乖離していないか、留意する必要があろう[12]。

⑤ルール遵守機関としての国家機関と企業自身（図6）

・傾向　7つの事例につき、「以下それぞれの場面について、ルールが守られ、プライバシー権が効果的に保障されるためには、あなたはどのような機関が必要だと思いますか」との設問では、法執行機関につき、各国による違いが明確になった。選択肢は、①企業の苦情相談窓口、②企業が自主的に設置した第三者委員会、③国のデータ監督機関、④裁判所、⑤議会／議会委員会、⑥市民団体／非営利団体、⑦司法裁判所、⑧行政裁判所、⑨憲法院、⑩あてはまるものはない、の10個であったが、たとえば、公共に関する情報の取扱いの監視者として、アメリカは議会、フランスは裁判所と答えた者が多かった結果に対し、日本は国のデータ監督機関のスコアが高く、国家機関への信頼が高いことが判明した。

また、民間の情報の場合、アメリカやイギリスの相談窓口、フランスの裁判所、ドイツの国のデータ監督機関のスコアが高いことに対し、日本は企業の第三者委員会のスコアが高い点が特徴的であった。

・分析　この回答からは、企業に対する「一般的な信頼（信用）」があるように思える。その背景

図6　ルールが守られるために必要な機関

(%)

		アメリカ		イギリス		フランス		ドイツ		日本	
公衆衛生を維持・増進するために、政府が政策や措置をとる場合	1位	議会、議会委員会	29.7	議会、議会委員会	32.3	裁判所	33.3	議会、議会委員会	30.0	国のデータ監督機関*	28.5
	2位	国のデータ監督機関*	22.0	国のデータ監督機関*	20.4	議会、議会委員会	25.0	裁判所	24.8	議会、議会委員会	26.5
	3位	裁判所	20.1	企業の苦情相談窓口	16.5	憲法院	21.9	国のデータ監督機関*	23.3	裁判所	20.6
テロを含む組織的な重大犯罪の捜査・予防のために、政府が政策や措置をとる場合	1位	議会、議会委員会	34.3	議会、議会委員会	35.8	裁判所	40.0	裁判所	35.8	国のデータ監督機関*	35.6
	2位	裁判所	30.6	裁判所	29.6	司法裁判所	31.2	議会、議会委員会	27.9	裁判所	33.1
	3位	国のデータ監督機関*	21.0	国のデータ監督機関*	22.5	議会、議会委員会	24.8	国のデータ監督機関*	25.0	議会、議会委員会	25.2
一般犯罪の捜査・予防のために、政府が政策や措置をとる場合	1位	裁判所	34.8	議会、議会委員会	36.2	裁判所	43.5	裁判所	33.8	裁判所	46.3
	2位	議会、議会委員会	29.3	裁判所	30.8	司法裁判所	34.0	議会、議会委員会	24.6	国のデータ監督機関*	31.3
	3位	国のデータ監督機関*	17.6	国のデータ監督機関*	21.3	議会、議会委員会	22.3	国のデータ監督機関*	21.7	議会、議会委員会	20.2
行政の活動を効率的に行うために、行政機関が政策や措置をとる場合	1位	議会、議会委員会	30.6	議会、議会委員会	41.2	裁判所	43.1	国のデータ監督機関*	26.0	議会、議会委員会	31.7
	2位	国のデータ監督機関*	19.7	国のデータ監督機関*	20.2	行政裁判所	30.2	裁判所	19.4	国のデータ監督機関*	29.4
	3位	裁判所	19.4	裁判所	14.6	議会、議会委員会	19.2	議会、議会委員会	17.5	裁判所	22.3
防犯目的のために、民間企業がシステムを開発・実装する場合	1位	企業の苦情相談窓口	25.1	企業の苦情相談窓口	24.6	裁判所	29.0	国のデータ監督機関*	26.7	企業が自主的に設置した第三者委員会	28.5
	2位	企業が自主的に設置した第三者委員会	21.5	国のデータ監督機関*	23.7	国のデータ監督機関*	18.1	企業の苦情相談窓口	21.2	国のデータ監督機関*	24.0
	3位	国のデータ監督機関*	20.1	議会、議会委員会	18.5	企業が自主的に設置した第三者委員会	17.9	裁判所	18.3	企業の苦情相談窓口	20.2
マーケティング目的で、民間企業がシステムを開発・実装する場合	1位	企業の苦情相談窓口	27.1	企業の苦情相談窓口	31.2	裁判所	24.0	国のデータ監督機関*	27.1	企業が自主的に設置した第三者委員会	32.3
	2位	企業が自主的に設置した第三者委員会	24.5	国のデータ監督機関*	21.5	企業が自主的に設置した第三者委員会	20.0	企業の苦情相談窓口	22.3	企業の苦情相談窓口	29.6
	3位	国のデータ監督機関*	16.8	企業が自主的に設置した第三者委員会	17.7	国のデータ監督機関*	16.7	裁判所	15.0	国のデータ監督機関*	22.5
都市や地域の抱える諸課題を解決し、新たな価値を創出し続けるために、自治体と民間企業が連携してシステムや技術を開発・実装する場合	1位	議会、議会委員会	22.5	議会、議会委員会	29.0	裁判所	28.7	国のデータ監督機関*	27.1	国のデータ監督機関*	25.4
	2位	市民団体、非営利団体	20.3	国のデータ監督機関*	22.9	国のデータ監督機関*	20.0	議会、議会委員会	19.0	市民団体、非営利団体	24.6
	3位	国のデータ監督機関*	20.0	市民団体、非営利団体	19.6	行政裁判所	17.5	裁判所	15.2	議会、議会委員会	22.5

*FTC／CO／CNIL／Federal Commissioner for Data Protection and Freedom of Information／個人情報保護委員会など

11：たとえば、茅野千江子『議員立法の実際―議員立法はどのように行われてきたか』（第一法規・2017年）。立法の全体的な分析については、中島誠『立法学〔第4版〕』（法律文化社・2020年）など参照。

12：一方で、近年はソフトローと呼ばれる、法的な強制力がないにもかかわらず、企業等が何らかの拘束感を持って従っている規範が重要だとされる分野もあり（たとえば、「特集　条文ではない法規範―ソフトローとは何か」法学教室497号（2022年）10頁以下参照）、企業や業界による自主規制（企業や業界によるガバナンス）の存在も重要とされている。

図7　制度・手続をどの程度重視するか

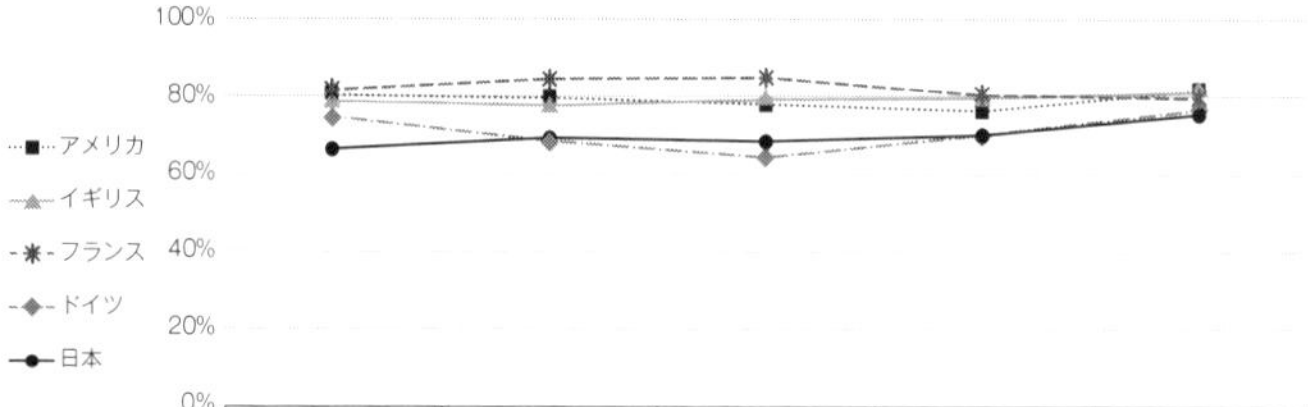

n=30以上の場合　1位　2位　3位

	n=	ルールメイキングの根拠やとるべき手続の指針に関する規則がある	市民の意見を聴く機会が設けられる	利害関係者の意見を聴く機会が設けられる	ホームページやパンフレットなどで丁寧な説明がされる	問題があった際に報告できる窓口がある
アメリカ	(2080)	80.3	79.7	77.9	76.2	81.8
イギリス	(520)	78.8	77.3	79.0	79.6	81.3
フランス	(520)	81.5	84.6	85.0	80.4	79.4
ドイツ	(520)	74.4	68.3	64.0	69.8	76.7
日本	(520)	66.3	69.2	68.3	70.0	75.4

には、「ちゃんとやっているはず」という企業の自主性（自主規制）を重視していることが考えられる。もっとも、この傾向は、逆に国民の監視の目が弱いともいえ、実際に企業の不祥事などの問題が発生した時（発生しそうな時）に、企業による自浄作用が働かない可能性もある。

実際に企業による不祥事が発生することもあるが、その対応は企業自ら行う場面が多く見受けられ[13]、国家機関が動いたり（行政処分など）、市民が問題視する（告訴や告発など）ケースは少ない。このスコアの結果は、こうした現実とも一致している。

⑥手続の軽視（図7）

・傾向　「企業によるルールメイキングの過程において、以下の制度・手続がなされることを、それぞれどの程度重視しますか／望みますか」とのトラブルなどに備えてどのような手続対応が必要かを問う設問について、日本では、規定を整備して、手続に則ること（66・3％）、説明すること（70・0％）よ

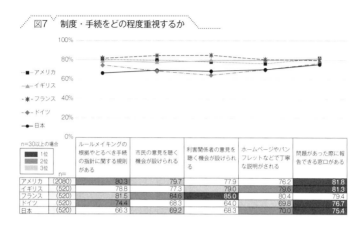

りも、早急な対応をすること（窓口への報告）を求めている傾向があるように思われる（75・4％）。この傾向は、日本だけでなく、アメリカやイギリス、ドイツでも同様である。

・分析　相対的ではあるが、日本では比較的に事前の手続よりも事後対応を重視する傾向があるように思える。法意識としても、特に理解されにくい考え方が、「手続的正義」（情報の収集の仕方や決定の仕方といった手続の公正さ）や「適正手続」（その内容が正しいだけでなく、手続も適正でなければならない）の概念であるといわれている[14]。手続を重視するということは、「結果オーライ」ではなく、物事のプロセス、すなわち、判断のための情報の収集の仕方や決定の方法といった手続の公正さを重視することである。問題発生後の早急な対応が必要であるとしても、その問題発生に備えた手続を事前に整備しておく必要があり、こうした手続の重要性の理解をどのように深めるのかという課題が残る。

⑦事業者に求めることが「わからない」（図8、9、10、11）

・傾向　「ある事業者が、AIを導入して、あなたの個人情報に関する権利の行使をすべて代わりに行うとします。この場合に、あれば望ましいと思う条件をすべて選んでください」との設問、それに続き、「前問で選んだ条件のうち、最も重要だと思う条件を1つ選んでください」、「現実に今、あなた

13：企業が問題を起こした場合の対応（謝罪）の法務対応・マニュアル化もすすめられている。たとえば、森・濱田松本法律事務所編『企業危機・不祥事対応の法務〔第2版〕』（商事法務・2018年）がある。
14：橋本康弘ほか『日本の高校生に対する法教育改革の方向性：日本の高校生2000人調査を踏まえて』（風間書房・2020年）の調査結果において、刑事手続では、自白強要の禁止や黙秘権について、法知識と法意見に論理的矛盾が生じていることが指摘されている（93頁）。

図8　事業者が備えているべき条件

		事業者が、AIに関するポリシーやガイドラインを備えていること	事業者が、PIA（プライバシー影響評価）を実施していること	事業者が、透明性レポートを公表していること	事業者が、自主的に第三者委員会を設置していること	個人の権利が侵害された場合に、第三者委員会が助言を行う	個人の権利が侵害された場合に、第三者委員会が救済措置を講ずる	個人の権利が侵害された場合に、業界団体・サプライチェーンが権利救済の仕組みを整えていること	国のデータ監督機関による監査の仕組みがあること	この中にはない	いかなる条件の下でも認められない	わからない
アメリカ	(2080)	38.3	26.7	31.4	19.6	29.2	28.7	24.6	28.4	4.2	17.4	13.0
イギリス	(520)	39.6	26.7	37.3	17.1	30.6	27.5	24.6	34.4	1.7	14.6	16.0
フランス	(520)	21.3	18.1	23.8	19.0	26.9	29.2	29.2	31.0	1.7	21.7	10.6
ドイツ	(520)	35.2	16.3	32.1	20.6	27.3	31.9	21.5	36.0	4.6	12.9	13.1
日本	(520)	35.0	25.2	25.0	23.5	26.2	35.8	26.5	33.8	3.1	13.3	24.6

アメリカ	(1359)	20.3	10.2	13.2	6.3	10.0	13.1	10.7	16.2
イギリス	(352)	15.9	8.5	18.2	5.7	10.8	13.4	7.1	20.5
フランス	(343)	7.6	7.3	9.3	7.6	9.9	15.7	19.5	23.0
ドイツ	(361)	13.6	5.8	13.3	6.4	9.7	16.6	7.8	26.9
日本	(307)	11.4	5.5	6.5	4.2	6.5	29.0	11.4	25.4

図9　不可欠だと思う条件

アメリカ	(721)	12.1	10.5	12.3	6.9	9.8	11.9	9.2	9.3	7.1	34.1	32.3
イギリス	(168)	10.1	9.5	9.5	6.5	11.3	10.7	11.3	11.3	6.0	34.5	38.7
フランス	(177)	2.8	2.8	1.7	1.1	1.1	5.1	4.0	8.5	5.6	54.8	26.6
ドイツ	(159)	5.0	1.9	4.4	2.5	4.4	5.7	3.8	6.9	12.6	39.0	35.2
日本	(213)	5.6	7.0	6.1	5.6	6.6	8.5	7.0	10.3	5.2	28.6	50.7

※備えているべき条件として、「この中にはない」「いかなる条件のもとでも認められない」「わからない」を選んだ人ベース

の個人情報に関するすべての権利の行使を、ある事業者が代わりに行っているとします。あなたの権利を守るために、その事業者が絶対に欠いてはいけないと思う条件はどれですか」、「事業者があなたの個人情報を取得し利用している場合に、あなたが事業者に対して開示請求等の個人情報に関する権利を行使する必要がないと思うために必要な条件をすべて選んでください」、「ある事業者が、AIを導入して、あなたの個人情報に関する権利の行使をすべて代わりに行おうとした場合、事業者が代わりに行使することができないと思う権利を以下からお選びください」といった、一連の事業者が備えているべき条件、不可欠だと思う条件など、権利行使を代行する上での条件の設問につき、「わからない」とする回答が多かった（事業者が備えるべき条件：24・6％、不可欠だと思う条件：50・7％）。

・**分析**　これまでのアンケートの回答同様、ある課

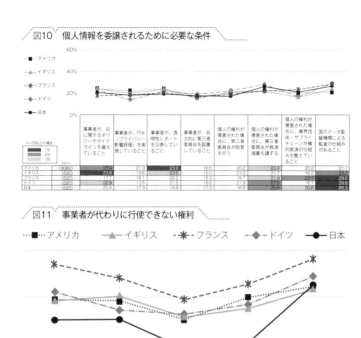

図10　個人情報を委譲されるために必要な条件

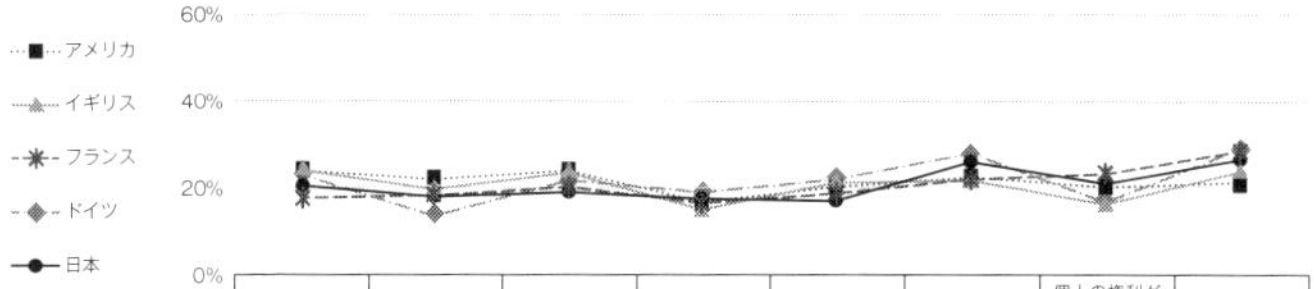

n=30以上の場合　1位　2位　3位

	n=	事業者が、AIに関するポリシーやガイドラインを備えていること	事業者が、PIA（プライバシー影響評価）を実施していること	事業者が、透明性レポートを公表していること	事業者が、自主的に第三者委員会を設置していること	個人の権利が侵害された場合に、第三者委員会が助言を行う	個人の権利が侵害された場合に、第三者委員会が救済措置を講ずる	個人の権利が侵害された場合に、業界団体・サプライチェーンが権利救済の仕組みを整えていること	国のデータ監督機関による監査の仕組みがあること
アメリカ	(2080)	23.9	21.9	23.9	16.5	20.2	22.4	20.2	21.1
イギリス	(520)	23.8	19.6	23.5	15.0	21.2	21.7	16.2	23.7
フランス	(520)	17.7	18.1	20.2	16.3	18.7	21.9	23.1	28.5
ドイツ	(520)	22.9	13.5	21.5	18.8	21.9	27.9	16.7	28.8
日本	(520)	20.4	17.9	18.8	17.3	16.9	[illegible]	20.8	26.3

図11　事業者が代わりに行使できない権利

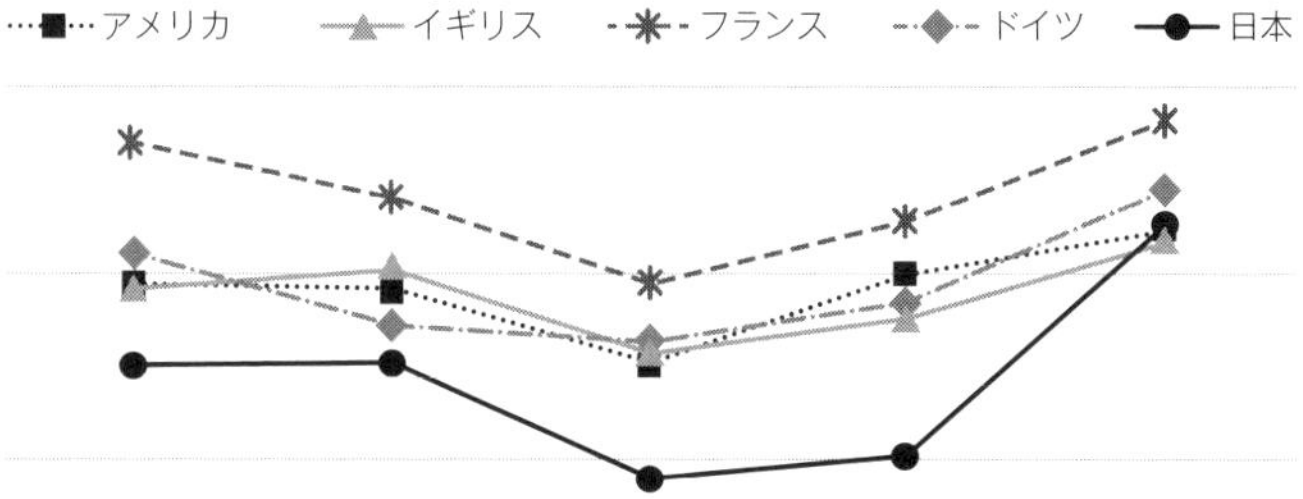

開示請求権	訂正請求権/利用停止請求権/消去請求権	データポータビリティ権	プロファイリングに対する異議申立て	住居の不可侵
38.8	38.3	30.4	39.7	44.6
38.3	40.4	31.3	35.0	43.3
53.8	48.1	38.8	45.4	56.5
42.1	34.2	32.5	36.7	49.0
30.0	30.2	17.9	20.4	45.2

題がそもそも自分にどれくらい関わる問題なのか、理解できていない可能性がある。また、こうした社会的課題に対して、市民としての参加意識の低さも背景として考えられる。

身近な問題（トラブル）が起こりうる企業活動に対して、国民がどのような対応を求めるかによって、その対策の程度も異なる。こうした場合の国民の意識の実態が不明確であることから本アンケートに意義があるのだが、こうした「声」が少なく、この「わからない」の意味を明らかにすることが、企業による（法的問題への対応も含めた）顧客対応のカギとなると思われる。

そして、これを一方で市民側だけの問題にしてはならない。なぜなら、啓発活動を行うことや企業の透明性を確保することが企業の社会的責任でもあるからである。企業のこうした積極的な活動によってこそ、市民のリテラシーを高めることができよう。

（4）本アンケート調査からみる今後の課題：「わからない」という回答の真意

本アンケートから、日本の権利意識や課題に対する対応の傾向が一定程度明らかになったといえるが、その中で注目すべき点が「わからない」という回答が散見されるということである。この「わからない」ということは、「知らない」ということ、「意見がない」ということの表れと考えるのが一般的かもしれないが、必ずしもそうした意味として理解し解釈すべきではない。

なぜなら、この「わからない」は、知ることができたり、意見を言う機会があったり、問題状況をイメージできれば、「自分事」として異なる意見が出てくるかもしれないからである。たとえば、プライバシー情報の漏洩が起こると「自分事」となり、その問題に気がつき、声を発する可能性がある。

「わからない」ということは、永続的な「結論」ではなく、過渡的な「状況」ととらえることができる。だからこそ、いざ身近な問題になった場合に、それが行動となって現れる。たとえば、「物言わぬ客」が突如「クレームを主張する客」になる可能性もある。

こうした懸念を生じさせないためにも、対象となる社会的課題について、あらかじめ情報を国民に伝え理解してもらい、その上で、国民の意見を調査することが望まれる。実際に、シティミーティングによる対話など、市民の意見を聞くさまざまな手法が存在し実行されている[15]。

本アンケートの対象であるプライバシーの問題について、特に、顔認証技術の問題を例に考えると、そもそも、そうした技術の一般社会での認識が低い場合は、どのような懸念があるのか「わからない」という答えが多くなるであろう。しかし、それで思考停止し、「意見がない」ということで終わらせてしまうと、将来に向けた対応を考える機会を失ってしまう。一般にプライバシー権の侵害に対する感受性が強いことから、「わからない」ことは、「無関心」の一方でリテラシーや権利概念の不明確さゆえの「過剰反応」を生むリスクがある。リテラシーの向上や権利概念の明確化の上で、その技術を知った場合にどのような意見が出るのか、地道な活動による問題意識の共有化と課題解決にむけた検討の機会の継続が必要である。

15：NIMBY問題についての学生フォーラムとして、資源エネルギー庁による「高レベル放射性廃棄物学生フォーラム～高レベル放射性廃棄物の課題解決に向けて」などの試みがある（https://www.enecho.meti.go.jp/about/special/johoteikyo/gakuseiforum.html）。

3――分析のまとめ：安心から信頼へ

以上のアンケート調査の分析を踏まえると、①プライバシーについて、問題が顕在化しなければ、問題が起こった場合にどうすべきかを自分から進んで考えることができていないこと、②顔認証技術について、身近になっていない事柄（新しい技術）については、イメージがしにくいこともあり、そもそも意見が出てこないという状況であること、が指摘できる。「問題は起きないはず」という人々の企業等への信頼があるかもしれないが、これらの理解は、もしもの時は危険だということが抽象的にわかっても、目の前に危険が迫っているわけではない場合、自分が直面するとは思わずに「他人事」になってしまっている可能性がある[16]。だからといって、意見のないものとして企業側が安易な対応をとることは、1つのトラブルが大きな問題に広がるリスクがあるといえる。

「安心」は「信頼」と必ずしも一致しない。現状に「安心」していたとしても、いざトラブルが発生し身近な問題になると、「信頼」を失い、炎上などにより対応や解決が困難になることもある。こうしたリスクをふまえた慎重な対応が必要であり、あらかじめその準備をしておくべきであろう。

そして、市民が何も言わなければよいのではなく、プライバシー権などの権利概念を明らかにして、情報開示や啓発などにより、市民が意見を言うことができる環境をつくることも重要である。こうしたコミュニケーションをとることができる環境づくりも企業に課せられた使命といえよう。

4――プライバシーに関する情報の取扱い方：企業の信頼のために

(1)企業の信頼獲得のための条件

最後に、この意識調査をどのように活かしていくべきか。特に、企業が信頼を得ること（トラスト形成）との関係から、2点の指摘をしておきたい。

①企業に求められる「職業的専門家としての懐疑心」　今日、企業はたくさんのプライバシーに関する情報を入手し利用することが多くなっている。そして、新しい技術によって、得られる情報は多様化し、得られる機会も増大化している。こうした中で、企業は信頼を得られるように、きちんとプライバシーを守った上で活動しているだろうか。企業に対し、市民による監視と対応（問題に対し声を上げるなど）がそれを担保するとしても、意識調査の結果にみられる日本の国民性をふまえると、現状で対応が十分とはいえないであろう。

そこで、企業が信頼されるためには、問題発生に備えて第三者機関を作るなど、企業内で対応する仕組みを作っておくことが必要といえる（事前・事後対応の整備）。

技術に特化した企業は「専門家集団」ともいえる。専門家には職業倫理が伴う。「専門的集団」として、

16：国民の政治参加の場面において、「当事者性を持たない民主主義の参加者たちで構成されている社会」として、「おまかせ民主主義」などと揶揄されることに類似する。また、アンケートにもあったように、国や企業に無条件の信頼を置いているが、日本の政府や大企業の官僚組織でほとんど無意識のうちに前提とされている「無謬性の原則」も背景としてあるのかもしれない。

企業活動にあたって「その行動に問題はないか」を常に考える「懐疑心」を持って対応することで、問題が発生しないように事前の準備をしておく必要がある。

②ベンダー企業としての率先した対応

企業といっても、さまざまな形態の会社が存在する。こうした中で、製品を消費者・ユーザーに届ける役割のあるベンダー企業の場合、部品の調達から販売に至るまでの一連の流れを支配する。こうした企業にはさまざまな情報が集まることから、プライバシーに関する情報の取扱いもサプライチェーンを意識した対応が必要となる。

意識調査では、「事業者」や「企業」という言葉を用いているが、実のところ、前提となる（想定される）事業者・企業イメージについて、はっきりとしていない。その企業がベンダー企業の場合は、「職業的専門家」としてみられる可能性も大きく、社会的責任の大きさにもつながる。ベンダー企業のより積極的な事前・事後の対応によって、サプライチェーン全体のトラブル防止やトラブルの傷口を広げることの回避につながろう。

（2）安心社会から信頼社会へ

最後に、「安心社会」と「信頼社会」の違いを理解することが必要である。「安心社会」とは、閉鎖的な集団の安定した社会関係を意味する。それに対し、「信頼社会」は、国際的な流通を考慮する中での対応、すなわち、相互チェック、失敗学、情報の共有などを意味する。近年、ビジネスにおいても対外的に人権が重視されるようになっており[17]、こうした「信頼」を保持することにつながる。

そして、情報化社会において、この「信頼」は、情報をシェアするための「信頼」（点の信頼）だけでなく、シェアすることによる「信頼」、流通させるための「信頼」（信頼の継続）も必要となっている。この「シェア」は、情報の共有だけでなく、シェアした後、つまり、情報の管理・秘匿、紛争解決も含めた対応も必要となっていることを意味する[18]。

企業が信頼を勝ち取るためにも、本意識調査にみられる権利意識やプライバシー意識をふまえた対応を検討する必要があるといえよう。

〔長島光一＝前田春香＝尾崎愛美〕

17：ＥＳＧ（環境・社会・ガバナンス）投資の中で、「ビジネスと人権」は重要な取組みと位置づけられており、持続可能な開発目標（ＳＤＧｓ）の達成への貢献の観点から注目されている。たとえば、日本弁護士連合会国際人権問題委員会編『詳説ビジネスと人権』（現代人文社・２０２２年）参照。

18：林紘一郎『情報法のリーガルマインド』（勁草書房・２０１７年）２３１頁以下参照。

第4章

〈座談会〉アジャイル・ガバナンスを考える

羽深宏樹（ゲスト）×山本龍彦×徳島大介

司会：水谷瑛嗣郎

❖ゲスト❖

羽深宏樹（はぶか・ひろき）

京都大学大学院法学研究科特任教授、スマートガバナンス株式会社代表取締役CEO、弁護士（日本・ニューヨーク州）。デジタル時代における法規制、企業ガバナンス、市場メカニズム、民主主義システム等を統合したガバナンスのデザインを研究・実践している。経済産業省在籍中に、同省が公表した「GOVERNANCE INNOVATION」報告書（Ver.1（2020年）、同Ver.2（2021年））、および「アジャイル・ガバナンスの概要と現状」報告書（2022年）の執筆を主担当した。2020年、世界経済フォーラムおよびApoliticalによって、「公共部門を変革する世界で最も影響力のある50人」に選出。東京大学法学部卒（BA）、東京大学法科大学院修了（JD）、スタンフォード大学ロースクール修了（LLM、フルブライト奨学生）。主著に、『AIガバナンス入門：リスクマネジメントから社会設計まで』（2023年12月、ハヤカワ新書）。

――みなさま、本日はご多忙の中、お集まりいただき誠にありがとうございます。今回の座談会は、「アジャイル・ガバナンスを考える」と題しておりますが、このアジャイル・ガバナンスというガバナンスモデルは、経済産業省の「Society5.0における新たなガバナンスモデル検討会（座長：柳川範之）」による2020年から2022年にわたる3本の報告書で示されています。アジャイル・ガバナンスは、さまざまな新しい技術の社会実装に際して、イノベーションによる技術発展と、基本的権利をはじめとした守るべき重要な価値の保護を両立させることを目指し、従来のルールベース型の法規制とは異なる「ゴールベース型の法規制」のあり方として、政府・企業・コミュニティ・個人がそれぞれ担うべき新たな役割を示したものとなっています。このような新しいガバナンスモデルは、ビッグデータ時代における個人データ保護はもちろんのこと、昨今、規制について世界中で議論が交わされているAIに対しても、多くの示唆をもたらすものだと思います。そこで本座談会では、経産省商務情報政策局ガバナンス戦略国際調整官（当時）としてまさにこの報告書の作成にも関わっておられた京都大学特任教授の羽深宏樹先生をお招きし、さらに日頃から新しい技術の社会実装に関するさまざまな難題に取り組んでおられるNECの徳島大介さん、憲法学の立場から現代の個人データ保護のあり方について研究を重ねておられる慶應義塾大学教授の山本龍彦先生を交えて、個人データ保護やＡＩの領域におけるアジャイル・ガバナンスの可能性や課題について広くご議論いただきたいと思っております。

〈個人データ保護、プライバシー、感染症対策〉

――さっそくですが、まず司会から羽深先生に質問させていただきます。個人データ保護の領域に関して、ＥＵでは一般データ保護規制（ＧＤＰＲ）という非常に厳しい法規制がかけられ、いわばアジャイルではない、ルールベース型の法規制に従って世界中の事業者が対応に迫られています。こうした中で事業者がアジャイル・ガバナンスを活用する余地はあるのか。この点、いかがでしょうか。

羽深　まずアジャイル・ガバナンスという言葉について簡単にご説明しますと、ソフトウェア開発の世界では、短い時間で小規模な開発と実装を繰り返す「アジャイル開発」という手法が採用されることが多いのですが、その手法をルール設計やリスクマネジメントに応用したものが、アジャイル・ガバナンスの基本的な考え方です。つまり、いきなりカッチリとしたルールを作るのではなく、まずは柔軟に運用できるルールから始めて、必要な範囲で個々にルールを具体化し、継続的に見直しを行っていくというアプローチですね。

たとえば、ご質問いただいたＥＵのＧＤＰＲや日本の個人情報保護法の考え方は、本人の同意に基づく個人情報の使用を出発点にしています。本人がきちんとそのデータの使われ方やリスクを理解して同意したのであれば、その範囲で個人情報については使って構わないし、逆にそういう同意が取れないのであれば、原則として、第三者が本人のあずかり知らないところで、あずかり知らない目的で使うべきではない、という考え方に基づいています。もちろん実際には複雑な例外規定や解釈論がありますが、基本的なルールはカッチリとしています。

しかし、この同意モデルの限界は、世界中で指摘されています。第一に、我々は普段、長い利用規約やプライバシーポリシーに目を通すということはほとんどありません。これはプライバシーの専門家であっても同じです。

第二に、仮にその内容に少し違和感があったからといって、そのプライバシーポリシーの文言は抽象的なことが多いですし、プライバシーポリシーを見た段階で引き返すことは現実的にはできない場合が多い。これはとりわけ、高価な物を買った時に顕著ですが、たとえばスマートフォンやコネクテッドTVを買った時に、最初に画面に表示されるプライバシーポリシーに対してNOと言う余地は事実上ないわけですよね。つまり、ユーザーには拒否という選択肢がない、あるいはあったとしてもそれを採りづらいという状況もあると思います。

第三に、同意を取ってしまうと、それによってユーザーに責任が移ってしまう場合があるということです。つまり、後で何か問題が起きた時に、ユーザーが「そんなことは知らなかった」と言っても、「あなたは、プライバシーポリシーが表示されて、それに対して同意するというボタンを押したのだから、当然そのリスクは承知してのことでしょう」と言われかねない。もちろん、そういった主張が必ずしも常に通るわけではありませんが、一定程度の責任はユーザーの方へ移ってしまう、という問題もあります。その上で、同意さえ取ってしまえばあとは基本的に抽象的な文言であっても、いろいろな目的に使えてしまうというのは、同意モデルが原理的に孕む問題だと思います。

それでは、同意モデルだけに依拠できないとするとどうすべきか。ここで問題になるのは、我々の住んでいる社会の変化が極めて速く、そうした社会の中で、データを使うことでどういう便益とリスクが出てくるかは、誰にも予測できないということです。それが如実に現れたのがコロナ禍でした。パンデミック下では、個人の移動データや接触データを感染症の拡大予防に役立てることができますが、そういったデータは携帯電話のキャリアや街中に設置されたカメラの管理者等が確認しようと思えば確認しうる状況にあるわけです。ただこれを感染症予防という目的で使うことが許されるのか。許される場合があるとして、どういう場合であれば許されるのか。その「どういう場合」というのは、必ずしも利用目的だけで決まってくるわけではなくて、そのデータに対するセキュリティ措置のあり方、データの解像度、本人に与えられる説明と選択肢、感染症の深刻度といったさまざまな要素を考慮して判断するしかありません。つまり、一律のカッチリとしたルールを決められない世界なのです。きちんとコンテクストに応じてコストベネフィット・アナリシスを行い、その上で、ステークホルダーを交えてルールを設計し、適切なモニタリング措置やセキュリティ措置、補償措置等を実施する。そして、もし問題が生じたり、前提となる状況が変化したりした場合には、速やかにルールや仕組みをアップデートする――。こういったことが必要になってくるのではないかというのが、プライバシーデータに関するアジャイル・ガバナンスの考え方なのかなと思います。

――ありがとうございます。潜在的なリスクがよく見えない中で、「走りながら、皆で考え、アップデートを繰り返していく」というアジャイル・ガバナンスの特徴は、個人データ保護の文脈でもやはり重要であるということがよく理解できました。では次に徳島さんから、まさにアジャイル・ガバナンスの一翼を担うことになる企業側の立場から、いま羽深先生にお話しいただいた点についてコメントをいただければと思います。いかがでしょうか。

徳島　先ほど羽深さんが挙げられた例の中で、感染症予防におけるデータの活用とそれに伴うプライバシー侵害リスクとのバランスに関するお話がありました。この中で、アジャイル・ガバナンスの観点から自らルールを設定する際に企業がこれらの価値観をどのように優先づけすればいいのか、という点が気になります。もちろん、ステークホルダーとの対話の重要性を認識しているのですが、対話さえ行えばルールを自ら決定してしまっても問題ないのかという疑問が生じます。おそらく、この点は企業の方針等によって、多少異なる動き方になるとは思いますが、結局「自分たちでどこまで決めてよいのかがわからない中でルールを定めてしまうリスク」に踏み込んでいけないというのが、実態としてはあるのではないかと思ったりしています。

特にNECの場合はカメラ画像の利活用技術や顔認証技術など先進的な技術の社会実装を通じて社会価値創出を目指しているのですが、そういう立ち位置の企業が何らかのルール形成に主体的に関わった時に、ルールが企業の都合を前面に出しているだけのポジショントークに見えてしまうとすれば、それはそれで意味がないだろうと思っています。そういう意味で最近は、自社でクイックに決めていく話とみんなで適切なプロセスで決めていく話の見極めが実は難しいなあと思いながらアジャイル・ガバナンスというものを見ています。

山本　ちょうど昨日、宍戸常寿先生（東京大学教授、憲法学）、巽智彦先生（東京大学准教授、行政法学）、そして羽深先生が持たれている東大のゼミにお邪魔したのですが、まさにそういう議論をしていました。憲法41条は、我々の代表機関である国会が「唯一の立法機関」だ、という国会中心立法の原則を規定しています。企業などの自主的な規制が重要になるアジャイル・ガバナンスでは、「立法権」が実質的に民間領域に下降していくことが肝になるので、国会の中で決め切らないようにするということが、むしろ価値のあることだと考えられるわけです。ただ、それでは国会で何も決めなくていいのかと言うと、そうではないのではないか、というのが東大ゼミでの議論だったんですね。実はここについては羽深さんも、アジャイル・ガバナンスの議論にはそういうイメージがあったという話をされました。つまり国会が何も決めないわけではない、と。ただ、その点についてはアジャイル・ガバナンスの報告書の中で確かに書いてはあるのですが、あまり強調されなかったこともあり、広く認識されていないのではないかと思います。

憲法や行政法の世界でアジャイルな立法というと、かつては「委任立法」を思い浮かべたのだと思います。事態が急速に動いたりする領域では国会がすべて対応できないし、すべきではないから、立法を行政機関に委任して、行政機関に実質的に立法させるという手法です。ただこれも国会の中で委任をするどうかを議論し、委任するとなれば、どういう考え方で立法するのかを法律の中に書くべきだと考えられてきました。丸投げはダメですよと。最近のアジャイル・ガバナンスで言われる「自主規制」といったものが、これまで委任立法の議論の中で言われてきた「立法」と同じかどうかというのは議論しなくてはいけませんが、事実上の拘束力を持つのであれば、守るも守らぬも企業次第だという、単なるガイドラインだともいえなくなる。アジャイル・ガバナンスは、企業側のルールメイキングにこれまで以上の何かを期待しているわけですが、私は、伝統的な「立法」とイコールではないけれども、単なるガイドラインとは異なる、何か中間的な性質を帯びるものではないかと思っています。そうなると、憲法の建前から言うと、こうした民間のガイドラインに対しても、「我々」の代表機関である国会の関与というのは一定程度必要なのではないか、要するに、「法律」という形式で、アジャイル・ガバナンスのフレームワークや、民間のルールメイキングの基本的方向性を何かしら規定しておくのが必要なのではないかと思います。

ドイツのことは詳しくないのですが、赤坂幸一先生という九州大学の憲法の先生がいらっしゃって、彼が書いたもの1によると、ドイツでは、従来大事なことは国会が決めなければいけない、本質的なことは国会が決めなければいけないという「本質性理論」という考え方があったのだけれど、現在のリスク社会ですとか、デジタル社会に移っていくと、専門性が非常に高くなっていくし、物事がこれまで以上にアジャイルに動いていくので、むしろ大事なことは国会で決めない、「逆本質性理論」が重要になる、という考え方も出てきているようです。これは、アジャイル・ガバナンスの思考と一部重なっていると思います。

ただ、僕が重要だと思うのは、この逆本質性理論のような考えを提唱している人たちも、国会がまったく何も決めないとは考えていない、ということです。赤坂先生によれば、ルールメイキングを「委任」するとしても、その受任主体がルールメイキングする際に重視しなければならない基本的価値や、その価値の序列、衡量の基本指針とかガバナンスの仕組みや手続準則、そういったものは民主主義のプロセスを通じて「法律」で定めておかなければならない。

そうすると、さきほど徳島さんから、「アジャイル・ガバナンスの観点から自らルールを設定する際に企業が価値観をどのように優先付けすればいいのか」がわからない、それに悩んでしまう、という指摘がありましたが、そういう基本的価値の序列や衡量の基準は、本来、国会が「法律」の中で決め切らないといけない、ということになります。さすがに、民主主義的な正統性を持たない民間企業に、「我々」の社会の基本的価値の決定まで任せるというのは、私は負担をかけすぎだと思いますし、民主主義の原則にも反すると思います。実際、企業としては、そこまで任せられても困るよ、という感じなのではないかなと。他方で、こうした価値を具体的にどう実現していくのかは、アジャイルに、専門知識を持った民間主体などがマルチステークホルダー方式で決めていった方がよいでしょう。重要なのは、機能的な役割分担なのですが、日本のアジャイル・ガバナンス論だと、この視点が少々弱いので、企業は何をどこまでやればよいのかわからない、という状況なのではないかと思います。

2番目の「ポジショントークになっちゃう」問題も、非常によくわかります。グローバルな視点でみると、何といってもGAFAMのようなプラットフォーム勢の影響力が桁外れに強いので、マルチステークホルダー方式だ、といっても、実際には彼らの言い分が強く出てくるように思います。彼らはマルチステークホルダーでの対話の「場」を作るために積極的に資金を出しているところもあるので、その「場」——まさにマルチステークホルダー方式の「プラットフォーム」ですが——に乗っかるステークホルダーたちは、場の設定者に振りつけられてしまう側面がある。海外プラットフォー

1：赤坂幸一『統治機構の基層』（日本評論社・2023年）。

ム勢がいない場合には、日本国内の大企業がそれを少し縮小したような立ち回りを演じることになるので、やはり「なんちゃってマルチステークホルダー方式」になってしまう側面があるように思います。そういう場に慣れた消費者団体の代表者を呼んできて、市民社会の声を聞きましたという体で予定調和的に物事が進んでいく、みたいなイメージですね。実態はそういうふうになってしまうので、たとえば「ステークホルダー」としてどういう組織や人に関与させるべきか、その手続のモニタリングの方法などについても、本来は法律で書いておく必要があると思います。そうしないと、企業側が「なんちゃって」にならないようにせっかく頑張っても、徳島さんがおっしゃるように、そう見えてしまいますよね。

羽深　徳島さんがおっしゃっていた「企業がどこまで決めきれるか」という点に関して、接触確認アプリ（COCOA）の仕様の検討にあたっては、アップルとグーグルが全世界の接触確認アプリのアーキテクチャを決めたという話がありました。もともとは、ブルートゥースが接触追跡に使えるのではないかという議論が、世界各地でばらばらに始まっていました。なかでも、シンガポールはかなり早い段階で独自のシステムを作って、電話番号レベルで「誰と誰が接触したか」というところまで突き止めることができるアプリを作っていました。

ところがグーグルとアップルがある日、その接触確認アプリ専用のAPI（アプリケーションインターフェース）を開発したというアナウンスをしました。このAPIを使うと、アプリがバックグラウンドでもきちんと機能するということで、実効性の高い全世界統一のアーキテクチャとして公表したのです。そこではどのようなアーキテクチャが採用されたか、少し細かい話になりますが、その仕組みのお話をしたいと思います。

複雑な仕組みを単純化して言うと、接触確認アプリには、大きく分けて2パターンの構造が考えられます。

1つ目は、それぞれの端末の中に、その日接触した（一定以内の距離に一定時間存在していた）端末のＩＤ（端末ごとに割り当てられた文字列で、それ自体で個人を識別できません）を保管しておいて、それを定期的に保健当局のサーバーに送るというものです。陽性者が、自分の端末のＩＤを陽性者としてシステムに登録すると、保健当局の方で、陽性者と接触した端末のＩＤがわかります。さらに、そこに電話番号などが紐づいていれば、保健当局からは、誰と誰がその日会ったのか、時間などについても特定できるとになります。これは感染症予防という観点から、極めて効果的ですが、他方でプライバシーリスクも大きい仕組みです。

これに対して、2つ目の仕組みでは、各端末から保健当局に、接触した端末のＩＤを送ることはしません。その上で、陽性者として登録された人の端末ＩＤを、保健当局のシステムに登録します（この点は、第1の仕組みと同じです）。保健当局は、アプリをダウンロードしているすべての端末に対して、その日陽性だった人全員分の端末ＩＤリストを送ります。そうすると、各ユーザーは自分が陽性の人と接触したかどうかは各端末の手元では確認できるけれども、保健当局にとってはその日一体誰と誰が接触したか、そもそも各陽性者が何人と接触したかということもわからないことになります。プライバシーは非常に高く保護されるけれども、感染者予防という観点からは、あくまでも個人個人の行動の変容を促すものにすぎない、という構造です。

グーグルとアップルは、このうち2つ目の構造を採用しました。つまり、感染症予防の実効性よりもプライバシーを重視したアーキテクチャを採ったのです。これ自体は、私は批判すべきこととは思っていません。緊急時に、国ごとに別々のアーキテクチャを採用するというのはおそらく不可能だと思いますし、そのような状況でプライバシーリスクの高い方のアーキテクチャ（1つ目の構造）を使ってしまうと、GDPRをはじめとして、いろいろな国の法律に違反するリスクがあります。ですので、よく言えばプライバシーフレンドリー、悪く言えば感染症対策にはどれほど役に立つかわからない構造になってしまった。しかし、企業のリーガルリスクマネジメントの観点からは、こうするよりほかなかったわけです。

このように、企業が社会的にインパクトの大きいシステムの構造を決める時に、きちんと自分を正当化できるか、いわゆるアカウンタビリティを尽くすことができるか、ということが極めて重要になります。正解がない問題なので悩ましいですが、企業としてはアカウンタビリティの必要性を認識することが重要ですし、個々のユーザーとしては、完璧なシステムというのはない前提で企業の説明にきちんと耳を傾けることが求められると思います。ただし、そこでの企業の説明が「なんちゃって」プロセスになっていないかどうかについては、政府や消費者などが厳格にチェックすべきである、というのは山本先生のおっしゃる通りかと思います。

——COCOAの設計において、まさにアーキテクチャの側面から、実は政府よりもグーグルとアップルの存在が非常に大きい役割を持っていたというお話が出ました。一方で感染症対策という、まさに公共の福祉を実現する責務を持つ政府の役割が後退してしまっているようにも見えるのですが、この点、山本先生、いかがでしょうか？

山本　COCOAの話は、アジャイルでやろうとした時に、場合によっては海外プラットフォーム勢が「規格」を先に決めてしまう可能性がある、といった重要な問題を含んでいると思います。こうなってきますと、マルチステークホルダー方式がまったく成り立たない、という問題が出てきます。仮に本当にマルチステークホルダー方式でやるということになると、彼らのグローバルな権力性を適切に統制する必要がある。

「規格」権力のような話ですが、彼らがそこに強い影響力を持ち始めると、日本のような国はなかなか太刀打ちできなくなってくるんじゃないかと思いますね。特にOSを握っているところがそういう規格を決めてしまうと、プライバシー保護や個人データ保護もそこに引っ張られていきます。アップルは、アプリストアでダウンロード可能なアプリの基準を定めていますが、この基準などは一国の法律以上のインパクトを持ってきます。アプリストアにアプリを載せられなければ、アプリ事業者は事実上ビジネスができませんから、この基準に従わざるを得なくなる。こうした法律以上の威力を持つ基準策定にマルチステークホルダー方式は適用されないわけです。個人データ保護にしても、アップルやグーグルがサードパーティーCookieはダメだと決めると、一国家のデータ保護法よりもグローバルなインパクトを持つ。アジャイル・ガバナンスで、国家が法律で決めない領域が広がってくると、結局、その領域に割り込んでくるのは海外プラットフォーム勢なのではないかという懸念があります。

ちなみに、フランスは、接触確認アプリを作る際に、アップルとグーグルのAPIを使わなかったんですね。感染症対策は国家主権の問題だから、自分たちの理念でもって、自分たちで作るんだと。しかも、そのことをフランスの議会が宣言したんですね。日本のような選択とフランスのような選択のどちらがよかったのかはわかりませんが、アジャイル・ガバナンスでやっていこうとなると、とにかく権限が民間に下降していきますから、国家の責任が融解していく可能性があります。ヨーロッパは、もちろんアジャイルの重要性を認めるわけですが、やはり国家の責任を明確にしようという姿勢はあると思います。他方で、日本の場合、AI規制もガイドラインでいこうとなっていますから（2024

年1月現在）、何かこう、国家や国会の責任回避の手段として、アジャイル・ガバナンスが使われる可能性を感じます。民間がんばってよ、その方がイノベーション進むからさぁ、と。ただ、丸投げはNGだと思うんですね。全部任されても、日本企業の場合、文化的に結局萎縮してしまってイノベーションも進まない可能性があると思います。

だから企業の方も、そこはちゃんと言っていかないといけないんじゃないかと思いますね。アジャイル・ガバナンスは、本来、国家が何もしない、国会が何もしない、という「不作為」を是認するものではないと思います。役割は大きく変わるのでしょうが、責任はあるはずです。企業も言うべきことはちゃんと言った方がよいです。

〈アジャイル・ガバナンスにおける「マルチステークホルダー」とは？〉

徳島　たとえば治安の悪い地域において監視目的で顔識別技術を使うという話と、日本で治安の向上のために顔識別技術を使う話では、前提が全然異なります。日本では「犯罪はほとんど起きないのだから、プライバシー侵害を伴う技術実装は避けるべき」という視点での議論が行われますが、治安の悪い地域では「そうは言っていられない」事情が存在するかもしれません。このような事情は国家によって異なるので、企業はどの地域に対しても自分たちの価値観に基づくソリューションを提供するのではなく、それぞれの国家でマルチステークホルダープロセスにより正統性が担保された価値観に沿ったソリューションを提供する必要があると考えます。また、人権団体の方々が「治安の悪さを理由に顔識別技術を販売するのは問題なのではないか」と批判されることがありますが、その地域での状況や優先事項などさまざまな要素がある中で、監視に関する技術の提供という部分を切り取られて批判されるところが企業として悩ましい点でもあります。企業としては、価値判断を伴うような衡量については、国家としての価値観の優先決めを働きかけるべきだと考えます。

一方で最近では、渋谷の「ＡＩカメラ１００台プロジェクト」というのがあります。「あなたに最適化された渋谷を作りたい」ということで１００台のＡＩカメラで人を追跡するということを、企業サイドが決めるわけです。渋谷という街のあり方やコンセプトを企業主体で決定することは適切でないと感じることもありますが、一方で国や自治体が担当するものと理解しておくべきなのか、正直わかりません。異なる価値観の衡量をする時に国家が出てくるのはよくわかるのですが、アジェンダの大きさによって、どういうやり方が正当なのかを判断することは難しいと思います。

山本　理想的なアジャイル・ガバナンスであれば、市民社会からの声をもっと聞いて、プロジェクトにしっかりフィードバックすべきだったのでしょうね。公共的な空間に関わるものであるならば、なおさらです。話を顔識別カメラに戻すと、顔識別カメラについては、私はやはり何らかの立法が必要だと思いますね。もちろんアジャイルな部分は残すべきですが、法律で一定の規律を設けた方が、アジャイルな部分も回っていくようなイメージがあります。

羽深　おっしゃる通りだと思います。結局自治体レベルで決めるといっても、行政の担当者だけで決めたのか、本当に地域の人たちと一緒に決めたのかは、違う話です。先ほどの逆本質性理論のお話でもありましたが、結局のところ民主主義というのは、やはり「自分たちのことは自分たちで決める」というのが一番の原則のところにあって、ではその「自分たちのこと」というのは何なのだというと、単純な言い方をすれば、自分たちが苦痛や幸福を感じるようなことだと思います。そういったことについてルールを共有する場合に、それをペインやゲインを得る人たちで決めようという考え方が本来の民主主義ですので、そういったプロセスを各社の中でも実装していくことが重要です。

これまでは、民主主義というのは国家レベルや自治体レベルのことだと考えられていましたが、今後は各サービスのレベルでそれを実践していくことが大切になってきます。ただし、それは企業に非常に大きな負担を課すものです。だから、どういう場合にどういうプロセスをとればいいかを公的な場で示すことで各社のコストを減らしたり、適切なプロセスを経ることによって責任や制裁が軽減されるといった特典を用意したりと、社会制度をパッケージでデザインしていくことが重要なのかなと思います。

山本　国家が、法律などの形式で、どの領域においても妥当するような基本的フレームワークを作りつつ、ローカルな問題などについてはローカルなルールメイキングを積極的に認めていくようなイメージですね。この分権化されたアジャイル領域は、市民社会を含めて直接参加的型で決めていく。そういう、レイヤー化された民主主義ですね。現状、その「レイヤー」を切り分ける司令塔的なフレームワークがない。そんな中で、企業はとにかく「(アジャイルを) やれ、やれ」と言われている……。ちょっと困っているんじゃないかと思うんです。

羽深 そうですね。フレームワークの構築や、人材育成を含め、社会全体で取り組んでいくべき課題かと思います。

――いまの山本先生のお話についてなのですが、国家は大きなフレームワークを担い、より機能ごとに着目したルールメイキングは、市民社会、特に利害関係者を関与させながら企業が担っていくことになるということだと思うのですが、企業側からはどう見えるのでしょうか。企業側からすると割と裁量があって良いということなのか、逆に裁量を与えられても何をすれば正解なのかが見えにくいので、プロセスの細かな形式に至るまでより具体的に「型」を法律などで示してもらった方がいいのか……この点について、徳島さん、いかがでしょうか。

徳島 重要なのは、羽深さんが指摘されたように、利害関係者が適切に組み込まれたマルチステークホルダーの議論が必要だということです。単に「アカデミアの有識者が参画しました」といった形式論ではなく、実態に即したマルチステークホルダーが求められます。加えて、そこでの決定が民主的な手続を十分に満たしているかどうかという検証や、「そのルールは企業が一方的に決めたのではないか」という懸念や批判に対して強い意志を持って対応できるのか、あるいは明確な説明ができると思えるほどの議論を積み上げられたのか、といった観点が必要だと思っています。

そして、公衆衛生とプライバシーの比較較量のような問題に企業がどこまで、どのように関与すべきか、また、どの程度の範囲で主体的に決めていけばいいのかといったことに明確な線引きがないにしても、「このあたりは自分たちで決めてもよさそうだよね」みたいな相場観はあってもいいように思われるんですよね。

山本 ちなみに僕は、個人情報保護法はアジャイル・ガバナンスをすでに組み込んでいる1つの立法だと思っています。たとえば54条1項にはこう書いてあります。「認定個人情報保護団体は、対象事業者の個人情報等の適正な取扱いの確保のために」と、まず目的が定められていて、「個人情報に係る利用目的の特定、安全管理のための措置、開示等の請求等に応じる手続その他の事項又は仮名加工情報若しくは匿名加工情報に係る作成の方法、その情報の安全管理のための措置その他の事項に関し、消費者の意見を代表する者その他の関係者の意見を聴いて、この法律の規定の趣旨に沿った指針（……）を作成するよう努めなければならない」と規定している。

要するに、あるべきプロセスについて、法律である程度書いているわけです。アクターも一応指定されていて、「消費者の意見を代表する者その他の関係者」と書いてある。さらに、どういう事項をアジャイルで決めていくのかという項目が書かれていて、それから指針を作成するように――と。法律がこうした部分に関して一定程度指針を示しているわけですが、これをどう評価していくのか。ここまでの粒度で書くのはむしろあまりアジャイルではないのかもしれませんが、ある程度法律で書いてくれると、企業もやりやすいし、そこに正統性も付与されると思うのですね。

徳島　加えて、何か批判された時に、その批判にきちんと説明できるようなロジックがあることは重要だと思います。企業側からすると、最終的にはそのロジックがしっかりしていれば経営者によっては「やろう」となるかもしれません。先ほどの例のように認定団体が根拠のあるような手続に基づいて決めることや、その決めたことを企業としても説明ができる――、そういうような状況になっているというのが重要かなと思っています。

山本　ただ企業が説明しただけだと、なかなか聞いてくれないということになりますよね。この点で、認証のような仕組みも重要になるかもしれません。たとえば個情法の認定個人情報保護団体の仕組みだと、個人情報保護委員会がルールメイクする権限を持った保護団体を認定したり取り消したりする権限を持っている。だから、この団体の決めたことには正統性が付与されて、まわりも納得感をもって話を聞く。ＪＩＰＤＥＣ（一般社団法人、日本情報経済社会推進協会）などはそんなイメージです。

徳島　場合によっては、企業が勝手にというか、企業がマルチステークホルダー的な枠組みで自主的にルールを検討する状況もあると思うのですが。

山本　そうですね。一企業が単独で動いても、なかなか理解してもらえないという問題はあると思います。そこは企業間で連携して、それなりの団体を立ち上げるということも手かもしれません。そして、その団体を政府が認証すると。こうして正統性や信頼性をつないでいくようなエコシステムを作っていくということです。認証のほかに、たとえば裁判所が、そういう団体の策定したガイドラインをどう評価するかも重要です。法解釈の指針として、裁判所がそうしたガイドラインを参照するようになれば、そうしたガイドラインに正統性が付与されることになります。

――いま、ちょうど裁判所の話が出ましたが、「アジャイル・ガバナンスの中で裁判所の役割をどう位置づけていくのか」という点は気になっています。もともと裁判所の機能は、具体的な紛争事案に対する裁定と救済のための機関なわけですが、アジャイル・ガバナンスにおいては、むしろ裁判所も、個別事案の解決だけを考えるというよりも、まさにアジャイル的な運用を行う上での指針になるような理念を示したり、そうした大きな意味での利益衡量を示すといった、より大局的な観点からの判決を出すとか、指針となるような判例を構築するとか、そういうことが必要になるのではないか。この点、羽深先生はいかがでしょうか。

羽深　難しいところですね。もちろん裁判所は法令解釈のプロフェッショナルですが、法令の文言が必ずしも明確でない最先端の課題について、裁判所がどこまで独自の解釈を行うべきなのかは、なかなか難しい問題だと思います。たとえば、先に挙げた例のように接触確認アプリの文脈においてプライバシーと公衆衛生の衡量をどうすべきかというのは、法令の文言だけから導くことができるものではなく、本質的にはステークホルダーできちんと議論して合意形成されるべきものだと思います。だから、裁判所は「適切な手続を経たか？」ということは評価できると思いますが、「プライバシーよりも公衆衛生を優先すべきである」などと独断することには慎重であるべきではないかと思います。

その手続の設計について、私はケースバイケースだと思っていて、たとえばＮＥＣさんのとった手続と他社のとった手続が違えば、それはそれぞれのケースについて個々に適正手続といえるかどうかを判断するということでよいのではないかと思っています。つまり、どのような手続を経て合意形成すべきかについても、あらかじめ決めてしまうのではなく、個々のケースの解決を通じて徐々に規範形成していくべきなのかと思います。

――いまのお話を聞いていると、今後の裁判所の役割として、私が先ほど述べたような部分とは異なる機能面でより積極的に関与していかなければならない部分があるように思えました。というのは、実体的部分の法益衡量よりも、手続面における審査をきちんと強化していくという点では、むしろ裁判所の役割が重要になってくるわけですよね。

羽深　そうですね。行政裁量の適法性の文脈では手続審査を重視する判例の伝統がありますが、そのような判断を、今後は民間のサービスの適法性の判断でも導入していくことになるのかと思います。

〈AIガバナンスにおけるアジャイル・ガバナンスの可能性〉

——ここまで個人データ保護の文脈でアジャイル・ガバナンスについて議論が交わされてきたわけですが、関連する領域として、AIガバナンスの文脈についてもうかがっていきたいと思います。ちょうど羽深先生は、『AIガバナンス入門：リスクマネジメントから社会設計まで』というご著書を早川書房から公刊しておられます。AIガバナンスに関しては、EUではAI法と呼ばれる非常に厳しい規制が承認され、アメリカでもバイデン政権が大統領令を出しました。とはいえ、個人データ保護に比べれば、まだまだ規制の議論が発展途上の段階ですし、アジャイル・ガバナンスの強みは、リスクがなかなか見通しにくい、まさにAIのような領域においてこそ発揮されるのではないかと思っているのですが、羽深先生はこの領域にアジャイル・ガバナンスを実装していく上での課題をどのようにお考えでしょうか。

羽深　ＡＩサービスの構築には、データ提供者、アルゴリズムの開発者、アルゴリズムを利用したサービスの提供者など、さまざまなステークホルダーが関与しています。さらにシステム全体に目を向けると、ソフトウェア（アプリ）のプラットフォーム、半導体の製造者、端末の製造者、通信事業者、クラウド事業者など、非常に多くのステークホルダーが絡み合っているわけです。

実は、色々なステークホルダーがバリューチェーン上にいること自体は別に新しいことではありません。たとえば大型旅客機のボーイング787は、200万個ぐらいのパーツから出来上がっていて、それを全世界20か国以上から集めてきて組み立てるので、その意味では非常にたくさんのステークホルダーがいるわけです。ただ、これらのパーツは、787という最終的な製品の一部品として製造されているものです。これに対し、先に挙げたAIサービスのバリューチェーン上の主体は、一個の製品に向けたサービスを提供しているわけではありません。クラウドや通信は1つのAIサービスのためだけに設計されているわけではありませんし、GPTのような基盤モデルも、さまざまなサービスに用いることが想定されています。

そうすると、各プレイヤーにとって、自分たちの行動がどこの誰にどう影響するかということを特定することは不可能です。そういう状況の下で、システム全体としてどのような価値衡量を行い、どのようなルールを設計するか、あるいは誰が何について責任を負うべきか、といったことを決めることは極めて困難です。

——日本には現状、AIに関する規制立法はまだありませんが、その一方で、先ほど述べた通りE

Uでは、AI法と呼ばれる包括的な規制案が承認されました。ただ良い悪いは別して、やはりAI法の発想は私から見るとアジャイルとは対極にあるようなものに見えます。一応、AIの種類によって4段階に分けて規制の厳しさを分けていますので、段階によってはアジャイルの余地もあるようにも見えますが……。羽深先生は、どのようにご覧になっていますか。

羽深　EUのAI法では、「禁止」「ハイリスク」「中間的リスク」「低リスク」の4段階にランク付けして、それぞれのレベルに応じて規制するアプローチを採っています。「禁止」カテゴリーについては、そもそも使用を認めません。例としては、政治・宗教・人種などセンシティブな特徴を用いた生体分類システムや、公的機関による社会的スコアリング、顔識別データベースを作成するための監視カメラ等からの無差別な顔画像収集、子供や障がい者などの脆弱性の利用、無意識的に人々の行動を誘導するサブリミナルな利用などが挙げられています。「ハイリスク」AIは、禁止はされないものの、使用する際に厳しい義務が課されます。ハイリスクAIの範囲は広く、民間企業による自然人の遠隔生体識別、交通や電気水道などのインフラの管理、入学や採用での採点、従業員の評価、ローン審査における信用スコアリング、犯罪予測などの利用が含まれます。ハイリスクに該当したAIには、人権影響評価を含むリスクマネジメントプロセスを確立して実装する義務や、自動的に作動記録を取る義務、透明性に関する義務、サイバーセキュリティに関する義務、そして人間による監視の義務などが課されます。ただ、個々の要件は抽象的なので、具体的にどういう手続を取るかとかという点については、ある程度企業にとって判断の余地もあるという形になっています。「中間的リスク」ＡＩには、チャットボットやディープフェイクに関する技術などが含まれます。これらについては、ハイリスクＡＩのような厳格な義務は課されませんが、ＡＩを使用したシステムであることを通知するなどの透明性に関する義務が課されます。最後の「低リスク」ＡＩについては、強制的な義務はありませんが、ポリシーの策定や適切なリスクマネジメントの実践が推奨されています。これらに加えて、汎用目的ＡＩ（General Purpose AI：ＧＰＡＩ）については、技術文書を作成することで透明性を確保することや、ＥＵ著作権指令に従って、学習に使用されたコンテンツについて詳細な要約を提供することが義務づけられ、さらにシステミックなリスクを伴う汎用目的ＡＩについては、モデル評価の実施、システミックリスクの評価と緩和、敵対的テストの実施、重大なインシデントに関するＥＵへの報告、サイバーセキュリティの確保、エネルギー効率に関する報告などの義務が追加されることになりました。

少し話が細かくなりましたが、こうしたアプローチは、ＡＩの使用目的や利用主体ごとに、かなり画一的にリスクレベルを決めています。本来、リスクベースというのは、個々の文脈に応じてもう緻密にリスク評価を行ってから対応を検討するものだと思います。たとえば先ほど徳島さんがおっしゃっていた、顔識別カメラを街に設置する話について、同じ公的機関が扱うものであっても、南米か日本かで治安のレベルなどまったく文脈が違うわけですよね。また、都心部なのか、人口が少ない場所なのかという点でもカメラのリスクや必要性は違ってきます。感染症が拡大しているという事情があれば、公衆衛生の観点も考慮する必要があるでしょう。つまり、リスクレベルは、用途からあらかじめ決めてしまうのではなくて、適切なインパクトアセスメントを通じて評価することが重要だと思います。

山本　なるほど。実は、先日の東大ゼミで、ある先生に、「山本はまだ国家と自律的な個人を信じている。近代主義者だ」と言われたのですが、あまりそういう自覚はないんです。僕自身は、近代を半歩出ているようなイメージで議論しています。とはいえ、おそらく羽深さん的なアジャイル・ガバナンスと僕の考えているアジャイル・ガバナンスはちょっと違うようにも感じている。やはり僕は、もうちょっと国家が決めた方がいいと感じているわけなんですね。EUだと、基本的人権や民主主義に対するリスクを重視して、ある程度のことは立法で責任をもって決める。アジャイルな部分は企業などに委ねられるのですが、それに対するモニタリングなど、公的機関の一定の関与も重要だと考えているわけです。いわゆる「共同規制」の枠組みです。

先ほどのカメラの話に戻すと、たとえば公共空間、つまり「皆の場所」の設計をどうするのか、といったところは、各企業のガイドラインで決められては困るわけです。公共空間で、安全とプライバシーとのバランスをどうとるかという価値判断は、やはり民主主義なプロセスを経て決めるべきだと思います。他方で、開示請求のようなものに具体的にどう対応するかなどは、各企業で決めてよいのかもしれない。そこが競争領域になってきますよね。

羽深　おっしゃっていることはよくわかります。基本的な価値判断について、一定の範囲では公的な主体が民主的プロセスを通じてきちんと衡量を行う必要があるというご意見には賛成です。ただ、それすらアジャイルに決めることができる場合もある。たとえばアメリカでいくつかの州が、警察は顔認証カメラを使ってはいけないという州法を作りましたが、最近それが撤回される例が見られます。その背景には、AIの性能が向上してアルゴリズムによる差別が解消されてきたことや、治安の悪化に伴う捜査資源の最適化の必要といったことがあるといわれています。このように、現場レベルだけではなく法律のレベルでもアジャイル性を確保することは可能ですし、重要かと思います。

山本　それはそうですね。技術が変わればバランシングのあり方も変わってくる可能性もあるので、立法自体もアジャイルさが求められると思います。

羽深　外国の政策担当者の根底には、企業によるガバナンスに対する不信感が強い場合も多いことを感じます。過去にも、企業による自主的なガバナンスを尊重したら、プライバシーや民主主義に大きな悪影響が出てしまった。だからそこは規制当局がちゃんと縛りをかけなければいけないと言うんですね。私も規律の必要性についてはその通りだと思うのですが、ただその規律の方法として、何がOKで何はダメとガチガチに決めてしまうと、技術や社会はどんどん変わっていってしまいますので、コストばかりが大きくなってしまう。そこで、制裁はきちんとインパクトのあるものを用意するのだけれども、具体的に何が制裁のトリガーになるのか、逆に言えばどのようなコンプライアンスが求められるのかという点については、企業による創意工夫の余地を残しておくというのが理想形なのではないでしょうか。

山本 そういうアジャイルの「建て付け」といいますか、どこまでを法律で決めて、どこからはアジャイルでいくかなど、アジャイル・ガバナンスの具体的な権限配分に関する議論は、僕の知る限り、日本だと真面目に議論されていない気がしています。

羽深 そうですよね。現実問題としては、今ある法律を撤廃するというのはなかなか簡単ではないのですが、本当はそのあたりをきちんと議論すべきなのだと思います。

山本 アジャイル・ガバナンスのコンセプト自体は基本的に正しいと思います。ただ、そのコンセプトと現実との間を埋めるプラクティカルな議論というのが圧倒的に足りないと思うんですね。コンセプトを肉付けするような議論が重要だと思います。

羽深 はい。それをうまく実践できると世界にもインパクトがあると思うのですが。

――ＡＩを開発し、社会実装していく企業側の立場からは、ＡＩの領域におけるアジャイル・ガバナンスはどのように見えているのでしょうか。徳島さん、いかがですか。

徳島　アジャイル・ガバナンスで決まったことが社会に浸透するスピードと、アジャイルに決まったことを修正するスピードがマッチしているのかという点について、どういう議論があったのか関心があります。たとえば車社会で言うと、赤信号がいきなり金色になりますとか、そういう変更はしないじゃないですか。あと車もいろいろなデザインがありますが、ウィンカーは黄色く点滅する、ブレーキを踏んだら赤いランプが光る等、決まっているじゃないですか。あれはアジャイルに変えられても困ると思います。そういう意味で言うとルールがすごく安定した状態だと思っています。逆に、ではなぜＡＩではアジャイル・ガバナンスと言っているのかと。それは、ＡＩがどんどん変わって、まだまだ現在進行形だからアジャイルという手法を取り込んでいる、ということだと私は思っています。アジャイルでどんどんルールを最適化していきながら、同時にそれを社会に周知・普及させていくことはいずれ難しい課題として顕在化するのではないかと思って、そこをおうかがいしたいです。

羽深　人間が運転することを前提に、赤信号を金色にするとか、急にウィンカーの点き方を変えるといったことは、コストのわりにまったくベネフィットがないので行わない、ということかと思います。もちろん、すべてのルールをアジャイルに変えるべきというわけではありません。人間による自動車の運転については、長い歴史の中で安定したルールがありますので、今さら信号やウィンカーなどを変える必要はありません。しかし、自動運転車の登場は大きな状況変化です。信号は他の車に隠れて見えなくなることもありますし、ウィンカーも、曲がる方向に関する情報は与えるけれどもタイミングに関する情報は落ちている。しかし、そういった情報をシステム間で電子データの形で相互に通信できるようにしておけば、今より安全な交通状況を実現できるかもしれない。そういう時にどういう方向転換情報の出し方がいいのかとか、信号ってどういう情報を与えるといいのかとか、そういう情報のフォーマットだったり、仕組みというのはどんどんアジャイルに変えていく。これはどちらかと言うと、制度というよりシステムの話ですけれど、それに合わせて自動運転車法みたいなものがあるとすれば、その内容も更新していくというのはありうるのかな、と思います。

ＡＩ全般について、リスク情報がよく見えない中でどんどん活用されるようになってきているわけですので、当面はルールや責任についてもアジャイルなアプローチが必要になってくるかと思います。

徳島　では、ＡＩも永遠にアジャイル・ガバナンスの手法を用いてやっていくというよりは、今はアジャイル・ガバナンスというやり方を採っているのであって、最終的にはより安定した状態にもっていくという。その中間解としての最適解にアジャイル・ガバナンスみたいなやり方があると理解しました。

羽深　そうですね。そこはまさに誰にもわからない領域というか、もしかするとある程度、ＡＩの進歩もどこかで頭打ちになって、ルールも安定するのかもしれないし、もっとどんどん変わり続けるのかもしれないですし、そこは状況を見ながらということですかね。ただ、おっしゃる通り今が躍動期なのは間違いないと思います。

徳島　２００年、３００年ぐらいかかりそうじゃないですか、次の均衡が形成されるのは。

羽深　そうかもしれませんね。ただ、サグラダファミリアが我々の子供時代には「完成にあと２００年かかる」と言われていたのが、３Ｄプリンタなどの力によって２０２６年には完成するところまでこぎつけたように、社会制度も、ＡＩやデータの力を駆使すれば、案外近い未来に次の均衡を見据えることができるようになるかもしれません。

山本　こういう話をするときに、人間の本性や認知限界のようなことを考慮する必要があると考えています。人間は均衡といいますか、安定を志向する傾向もありますよね。我々の本性や能力が、どこまでアジャイルに対応できるのか。企業も、営利の追求に必死な中で、どこまで公共を志向して、エフォートと時間をどこまでルールメイキングに配分できるのか。タイパ（タイムパフォーマンス）が求められ、どんどん「速い」世界になっていきますが、我々がそこに耐えられるのかどうか。安定も１つの価値だとすれば、コストはあるけれども、〝アジャイルでないもの〟を作っていく必要もある。私が専門にする憲法などは、どしっと構えていること、アジャイルでないことが求められるわけですが、法律などにも一部そのような機能があったと思います。ただ、データがリアルタイムで回っていくようになると、法律という概念自体が融解していく可能性がありますね。残るのは憲法だけで、法律がなくなるような世界。憲法という理念系とアルゴリズムが直接つながり、媒介項としての法律がなくなっていく。なくならないまでも、かなり縮小されていくという感じがしないでもないですよね。

羽深　そうですよね。法律や制度というと、決まったことを守る退屈な分野という印象をお持ちの方も多いかもしれませんが、実はソフトウェア開発のように先端的で躍動的な分野になっていくのだ、というワクワク感を社会で共有できればいいなと思います。

――確かにＡＩってブームが１次、２次、３次とあって、同じＡＩブームとして語られているけれど、それぞれ基礎技術が異なりますよね。ただこれまでは一応、各ブームの間に氷河期もありましたけれど、３次の後は、特に生成系ＡＩが出てきたことで、「第４次」ブームが来て、また新しい技術を基礎にした次のブームが来るかもしれない。そうするとステーブルになるところが本当にあるのかな、というのがここまで聞いていた司会からの感想です（笑）。さて、議論が尽きず、司会としてもまだまだ聞いていたいというところですが、そろそろお時間が迫ってまいりました。ここで座談会は終了させていただきます。みなさま、本日は長時間にわたり、ご議論をいただきありがとうございました。

（２０２３年11月８日収録）

憲法学の知識がビジネスにもたらす新たな視点

デジタル時代になって、私たちの生活はますますＡＩやデータに依存し、企業は新たな技術を駆使して競争力を高めようと日々奮闘している。しかし、ＡＩのような新技術の活用においては、必ずしもそれに適した法制度があるわけではない。したがって、法的なグレーゾーンへの対応は必要ではあるが、それはとても難しいことでもある。

たとえば、あなたが所属している企業が新しいＡＩプロジェクトを進めているとしよう。データやテクノロジーを使った街づくりプロジェクトを想定してほしい。その街では、さまざまなセンシング機器を使って人々の行動を検知し、蓄積した行動データを分析することで一人ひとりの未来の行動を推測し、最適な商品やサービスが提案されるなど、街を歩いているだけで、その人に最適化された心地よい体験が得られる。一方で、この価値を実現するためには街を行きかう人々を常にモニタリングする必要があり、街での行動を常に見られ続けることやそのデータが蓄積されることが人々のプライバシーを侵害している可能性がある。これらのリスクに対処しつつプロジェクトを進めるために、技術利用に関する適切な運用やルールが求められることもある。既存の法制度で明確なルールが示されていない場合には、自主的にルールを策定する必要があるかもしれない。

その際に人権への対応という観点からリスクを正しく特定できているか、またリスク対応に関するルールを企業が中心になって決めることに問題はないのか、といった点に留意しなければ、良かれと思って進めたプロジェクトであっても社会的な批判を受ける可能性がある。特に異なる価値観やさまざまな利害関係が対立する場合、どの価値観を重視するかについて誤った判断をしていないか、あるいはそもそもそのような難しい決定を企業が主体的にしてしまっていいのか、といった批判は十分に起こりうる。

このような課題意識に対して、本書に示されているような各国の憲法とプライバシー保護法制の関係性、および法制度の制定プロセスは示唆を与えてくれる。

たとえば、欧州のGDPRと日本の個人情報保護法ではセンシティブデータ（日本では要配慮個人情報）に該当するものが若干異なることが本書にも示されている。具体的には、生体情報がGDPRではセンシティブデータに分類されている一方で、日本では要配慮個人情報に該当しない。センシティブデータ（あるいは要配慮個人情報）はその取扱いを誤るとただちに人権侵害リスクが顕在化することからセンシティブであり要配慮であるのだとすると、それが欧州と日本で違うということは、人権に対する考え方が日本と欧州では若干異なるのかもしれない。このような気付きをもとに、ビジネスを展開したい地域の法令（第Ⅱ部各章参照）だけではなく人権リスク意識（第3章参照）をも考察し、憲法学者や現地の弁護士、規制当局等との対話を通じて、人権やそのリスク認識の仮説を立てていくことは、AIプロジェクトを推進する際のリスク低減に大いに役立つと考えられる。

また、本書では各国それぞれの立法プロセスが示されている。各国に違いはあるが、国民の総意に基づく決定を担保するための手続が確立されていることに気付く。多くの国民に影響を与える法律だからこそ、民意を反映した民主的なプロセス・手続が必要だということがわかる。このような民主的なプロセスを重んじる国では、企業のサービスであっても多くの人に影響するようなサービスについては、そのルールにはできるだけ民主的な手続が求められる可能性がある。

先に述べたデータやテクノロジーを活用した街づくりプロジェクトについては、最適化された体験のために自分のデータをどんどん使っていいと思っている人もいるかもしれないが、いつの間にか自分のデータが街の中で誰かに使われていることを不愉快に思ったり、「気持ち悪い」と思ったりする人もいるかもしれない。最適化された体験という便益と、プライバシーの優先順位は、人それぞれだ。価値観の異なる人々が利用する街のあり方や、街の中での価値観の優先づけを企業の一存で決めてしまった場合、その決定はどんな根拠に基づいて行われたのかと批判されることは、本書に示されているような政策決定の民主的なプロセスを理解すれば、事前に想像できるかもしれない。

では、データやテクノロジーを活用した街づくりプロジェクトの例では、どんな対応をすればよかったのか。まず、街づくりの中で、企業が主体的に決められることは何なのか、みんなで決めなければいけないことは何なのかを理解する必要がある。そして、企業が主体的に決められることについてはその決定プロセスや決定内容をきちんと利害関係者に伝え、みんなで決めなければいけないことについては街づくりの一員としてルール形成に参加することが考えられる。企業が主体的に決めていいこととみんなで決めなければいけないことの線引きやルール形成への参画方法の具体化について、前述したように憲法学者や現地の弁護士、規制当局等と話しながら見極めることは、プロジェクトを社会から受容される形で進めていくための助けとなると考えられる。

ここまで、憲法とプライバシー保護法制の関係性や法制度の制定プロセスを知ることが企業活動に役立つ例を示した。新技術の進化に法制度の整備が追いつかない現代において、これまで法的課題や倫理的なジレンマに直面していた企業にとって、憲法学に基づくこのような知識を身につけることはビジネスを進めるときのリスクの低減の手助けとなるはずだ。不確実性や複雑性が著しく増大するVUCAの時代においては、憲法学に基づく知識こそが、ビジネス環境の変化に適応するための重要なツールとなるのではないだろうか。

〔徳島大介〕

第Ⅱ部

各国のデータ保護法：法制度と政治過程

第5章

アメリカ：連邦制と政治的分断の隘路をゆく

アメリカのデータ保護法制は複雑である。連邦レベルでは分野別に種々の個別立法があり、異なる規律内容を有している。州レベルでもデータ保護への関心の度合いには差がある。包括的データ保護連邦法制定の気運があるものの、データ保護の権限や水準に関する一部州との対立や、政治的分断により、立法は首尾良く進んでいるとはいえない。それでも、情報化社会の進展やデータ保護の国際的気運の高まりに対応しようと努めるアメリカの動きを本章では描きたい。

本章Ⅰでは、アメリカのデータ保護法を連邦制や憲法との関係で紹介する。まず前提知識として、アメリカの連邦制や憲法の考え方に触れる。次に、連邦レベルと州レベルとに分けた上で、それぞれのレベルでのデータ保護の特徴を整理する。最後に、アメリカのデータ保護の今後を現況から展望する。

本章Ⅱでは、政治的分断の中でデータ保護法の整備が遅れるアメリカの政治状況を概観する。まず、アメリカにおける事実上のデータ保護監督機関の運営や、データ保護政策が、深刻な政治的分断の下でうまく進められていない現況を示す。次に、「政策の窓」という概念を用いて、データ保護政策を推進するためにどのような条件が必要になるかを探る。最後に、州レベルではその政治風土の違いからデータ保護に積極的な州が存在していること、いくつかの州法を紹介しつつデータ保護法制が整備されつつあることを確認する。

I 法制度

1 ―― 前提知識

本節はアメリカにおいて個人データがどのように保護されているのかを法制面から概観する[1]。アメリカでは「データ保護」よりも「プライバシー保護」と呼ぶのが一般的である。また、アメリカではプライバシー概念が多義的に理解されているため、本章が扱うような類のプライバシーは「情報プライバシー」と呼称されることが多い。情報プライバシー概念にも論者ごとに多くの定義が与えられている。ここでは個人情報を中心とする情報に関して、単なる秘匿に加え、一度公開された情報についても、本人による一定のコントロール権や、その収集・管理・処理に一定の規制を認めようとするもの、と広く捉えることにする。これを権利として理解すると、ヨーロッパ憲法学でしばしばいわれるような情報（データ）自己決定権や、日本の憲法学で主張されている自己情報コントロール権と類似すると考えられる。

1：本節執筆にあたって、松前恵環「《連載》米国個人情報・プライバシー保護法制をつかむ（1）～（12・完）」NBL1185～1207号に隔号掲載（2021年）に多くを助けられた。

本節では、この情報プライバシー保護とデータ保護を同義で用いることにする。

(1)連邦と州の権限配分

本論に入る前に、アメリカ憲法に関する最低限の知識を確認しておきたい。アメリカは連邦国家であり、一般的な統治権は州に帰属している。具体的には、州はポリス・パワー(police power)と呼ばれる権限を行使する。これは犯罪捜査・治安維持のための警察活動に限らず、広く州民の健康・福祉・安全を図る行政活動の権限とされる[2]。その一方、連邦は合衆国憲法に列挙された権限のみを行使することができる(合衆国憲法1条8節)[3]。そこには、連邦財政、外交・国防、州間調整・越州行為への対応といった事項が列挙されている。情報プライバシー保護に関して問題となるのは同節3項である。同項は「諸外国との通商、各州間の通商及びインディアン部族との通商を規制すること」と定めており、特に各州間の通商に言及する部分は「州際通商条項」と呼ばれる。それゆえ、情報プライバシー保護法制については、原則としては州に委ねられ、連邦は各州間の通商を規制する場合に限りそれを整備することができると一応考えられる。しかし、経済活動がアメリカ国内はおろかグローバルに広がっており、その活動に際して情報のやり取りが不可欠であることを考えれば、情報は州境を跨ぐことがむしろ普通であり、ここに連邦による規制の根拠を見出すことができる。さらに、判例によりこの州際通商条項はかなり緩く解されており、各州間の通商に相当の影響を及ぼすものであればこの条項の要求を満たすとされる4。事実、連邦による保護法制は大きな役割を果たしている。

もう1つ重要なのが、ある規律事項についての連邦の専占（federal preemption）という概念である5。合衆国憲法6条2節は、憲法とそれに基づく連邦法律を国の最高法規であると規定している。これにより、特に連邦議会が制定した法律中に連邦の専占が明示的に宣言された場合、州はこれに矛盾・抵触するような州法を制定することができない。情報プライバシー保護法制に関しても、たとえ州が先行して何らかの規律を課していたとしても、連邦法律によってそれが無効化される可能性がある。本章Ⅱで述べるように、これが連邦レベルでの包括的情報プライバシー保護法の制定をめぐる政治的駆け引きの一因になっている。

(2) 憲法上のプライバシー権

合衆国憲法がプライバシーをどのように規定しているかもここで確認しておく。だがその前に、「私人間効力」と呼ばれる憲法学上の論点に軽く触れたい。憲法上の規定、とりわけ人権規定は国家権力を

2：樋口範雄『アメリカ憲法〔第2版〕』（弘文堂・2021年）28頁（注2）はここでのpoliceを日本の「戦前の内務省が取り仕切った内政全般を指すような意味」と説明する。
3：合衆国憲法はこれを連邦議会の権限として規定しているものの、大統領や連邦裁判所など連邦の全機関の権限を定めるものと解されている。
4：この条項の解釈の拡大を通じて連邦権限が広がってきたことがアメリカ憲法史の重要な一場面である。参照、樋口・前掲注（2）37～59頁。
5：詳しくは参照、樋口・前掲注（2）170～192頁。

縛るものとされる一方、公権力を有さない私人同士の関係では直接には効力を持たないとされる。私人間において人権の価値を実現するべきか、実現するとしてどのような理論構成をとるかについて、各国の憲法学でいくつかの学説が形成されている。この点、アメリカは厳格な無効力説の国に分類されており、私人間には憲法上の人権規定の効力は発生せず、したがって、私人間の紛争が人権規定の適用によって解決されることはないとされる[6]。

次に、合衆国憲法におけるプライバシー権についてごく簡単にみておきたい。日本国憲法と同様、合衆国憲法にもプライバシー権についての明文規定はない。そこで判例は、憲法上のデュー・プロセス（due process）条項を用いてプライバシーの権利を承認してきた（実体的デュー・プロセス論）[7]。もっとも、ここでいう「プライバシー」概念にはいくつかの理解が存在している。最初に承認されたのは私的領域の秘匿権としてのプライバシー権である[8]。その後、判例は私事の自己決定権としてプライバシーを拡張的に捉えるようになった[9]。その一方、自己に関する情報の流通に対して本人による一定のコントロールを認めようとする、いわゆる情報プライバシー権の扱いは微妙である。連邦最高裁はいくつかの判決で憲法上の「情報プライバシー権」に言及するものの、それが前述の私事秘匿権を越える内容を有しているかどうかは微妙であり[10]、これをもって本節が理解するところの情報プライバシー権が認められていると評価することは難しい。

以上より、アメリカでは、少なくとも民間部門の個人情報の取扱いに際して憲法上のプライバシー権が法的に適用されることはなく、それを規制する法律を制定する義務が連邦・州に課されていると考えることもできないように思われる[11]。また、公的部門のそれについては憲法上の権利との関係が議論されるべきところ、少なくとも判例上は後述の連邦法（1974年プライバシー法）があるために正面から論じられることがない状況にある。

6：例外的に人権規定が私人間で効力を有するためには、私人の一方が政府に類するほどの権限を有し、または機能を果たしていることが必要とされる（ステイト・アクション法理）。参照、樋口・前掲注（2）551～575頁。アメリカには私人間における人種差別等を禁止するために公民権法（civil rights act）という連邦法があるが、これが必要とされるのも憲法の人権規定が私人間には適用できないからである。
7：「何人も法のデュー・プロセスによらずにその生命、自由、財産を奪われない」という趣旨の条項であり、対連邦では修正5条に、対州では修正14条1節にそれぞれ定められている。「プロセス」という語感に反して、本条項は法が適用される手続・過程のみならず、一定の新しい実体的権利を生み出す規定とも解釈されている。
8：主に刑事手続における私的領域の保護として、合衆国憲法修正4条から導かれてきた。捜査機関による電話傍受捜査に令状が必要であるとした、Katz v. United States, 389 U.S. 347 (1976) が代表例である。
9：実体的デュープロセス論が用いられるのはこの意味でのプライバシー権である。女性に一定の妊娠中絶権を保障したRoe v. Wade, 410 U.S. 113 (1973)、実質的に同性間性交を禁止するソドミー行為禁止法を違憲としたLawrence v. Texas, 539 U.S. 558 (2003)、同性婚を全州で認めるObergefell v. Hodges, 576 U.S. 644 (2015) などがある。ただし、Roe判決による女性の妊娠中絶権の保障は判例変更により覆された。Dobbs v. Jackson Women's Health Organization, 597 U.S. ___ (2022).
10：参照、大林啓吾「アメリカにおける情報プライバシー権の法理」千葉大学法学論集27巻4号（2013年）244頁以下、松前恵環「米国の法制度の基底をなす思想とプライバシーの権利〈前掲注（1）連載（2）〉」NBL1187号（2021年）60～61頁。
11：*See* Woodrow Hartzog and Neil Richards, *Privacy's Constitutional Moment and the Limit of Data Protection*, 61 B.C. L Rev. 1687, 1727-1729 (2020).

2——公的部門における連邦のデータ保護法制

連邦での情報プライバシー保護法制を、公的部門（私人と政府との関係）と民間部門（私人同士、特に事業者とサービス利用者との関係）に分けて説明したい。公的部門では、刑事手続や諜報活動の分野でそれに特化した法制が整備されているが、本節では扱わない。それ以外の公的部門との関係で個人の情報プライバシーを保護するものとして、１９７４年プライバシー法[12]がある。制定時の見解（findings、立法理由に相当）によれば、「個人のプライバシーは連邦機関による個人情報の収集、保持、利用、拡散によって直接影響を受ける」ものであり、「個人のプライバシーを保護するために」議会はこうした行政機関の活動を「規制することが必要かつ適切である」とされ、また、「プライバシーの権利は合衆国憲法が保障する個人的かつ基本的な権利である」との理解も示されている[13]。

同法は多くの適用除外や例外規定があるものの、連邦行政機関が個人の書面による事前同意なくしてその個人の情報を開示することを原則禁止している。行政機関は保護対象となる個人情報が記載された記録について、各行政機関の目的の達成に関連しかつ必要な情報だけを保持できるとされ、また、記録の正確性の担保や安全な管理体制の構築に必要な措置を講じなければならない。加えて、行政機関は各個人からの書面による請求または書面による事前同意のない場合、原則としてその情報を開示してはならないとされており、違反への罰則規定も置かれている。個人に対しては、自己の情報の開示請求権や訂正請求権が保障されており（ただし、利用停止請求権の規定はない）、請求を受けた行政機関は一定期間内にそれに対する諾否を決定しなければならない。訂正請求については、行政の決定に不服のある個人からの再審査請求の規定も置かれている。さらに、個人は自己の情報に関して行政機関が本法に違反した情報の取扱いを行った結果不利益を被った場合や、開示・訂正請求への決定に対する不服がある場合には、連邦裁判所に提訴することができる[14]。このように、公的部門においては、広範な適用除外などの問題は残るものの、自己情報の流通に対するコントロール権としての情報プライバシー権が連邦法律により一定程度認められたと考えることができよう。

3——民間部門における連邦のデータ保護法制

(1) 概説

連邦とは異なり、民間部門での情報プライバシーを保護する包括的な連邦法律は存在しない。さまざまな分野ごとに個別の情報プライバシー保護法が制定されている（セクトラル方式）。そのため、保護の対象や水準は各法律の規定と解釈に依存する。また、前述の連邦権限の範囲内に含めるため、各プライバシー保護法は規制目的として通商における弱者保護の形（消費者保護、労働者保護、子どもの保護等）

12：Privacy Act of 1974, as amended. 5 U.S.C. §552a.
13：Pub. L. No. 93-579, Sec. 2(a)(1), (4) and (5), 88 Stat. 1896 (1974).
14：より詳細な概観として、松前恵環「米国の公的部門における個人情報・プライバシー保護法制〈前掲注（1）連載（10）〉」NBL1203号（2021年）104～118頁。

をとる。主要な法律とその内容の例は次の通りである[15]。

- 金融サービス現代化法 Financial Services Modernization Act（Gramm-Leach-Bliley（GLB）Act）
  ：財務情報の収集・開示の規制、当該情報の管理におけるセキュリティ対策、なりすましアクセスの禁止など
- 健康保険の携行性及び説明責任に関する法律 Health Insurance Portability and Accountability Act（HIPPA）
  ：個人の健康状況に関する情報を本人の同意なく第三者に開示することの禁止など
- 迷惑メール防止法 Controlling the Assault of Non-Solicited Pornography and Marketing Act（CAN-SPAM Act）
  ：商業広告を内容とし、または商業サイトへのURLを掲載している電子メールに対する、広告である旨の表示や、オプトアウトの仕組みの整備の義務づけなど
- 公正信用情報法 Fair Credit Reporting Act（FCRA）
  ：信用情報会社に対する信用情報の本人通知の義務づけなど
- 子どものオンライン・プライバシー保護法 Children's Online Privacy Protection Act（COPPA）
  ：13歳以下の子どもの情報を収集する企業に対する、その保護者の同意の取得や、保護者からの情報

開示請求への応諾義務など

- 電気通信プライバシー法（Electronic Communications Privacy Act）：業務上の正当な目的のある場合を除き、個人・企業が労働者の口頭、有線または電気通信による情報を傍受することの禁止など

（2）FTCによるデータ保護

連邦情報プライバシー保護法制の特徴として、連邦取引委員会（Federal Trade Commission：FTC）が大きな役割を果たしていることが挙げられる。FTCは商取引における自由競争を保障するための連邦規制を所管する独立行政委員会として発足したが、その後消費者保護行政をも所管するようになり、その一部として情報プライバシーを保護する前掲法律の多くにおいて執行機関に指定されるようになった[16]。

FTCの根拠法でもある連邦取引員会法（Federal Trade Commission Act：FTC法）は情報プライ

15：Shawn Marie Boyne, *Data Protection in the United States*, 66 AM. J. COMP. L. 299, 302-304 Table.1, 310-12 (2018) を参考に作成した。その他の連邦法について参照、松前恵環「米国の法制度の概要と近時の議論動向〈前掲注（1）連載（1）〉」ＮＢＬ１１８５号（２０２１年）81～82頁。

16：情報プライバシー保護機関としてのＦＴＣについての邦語文献として参照、小向太郎「米国ＦＴＣにおける消費者プライバシー政策の動向」情報通信政策レビュー8号（２０１４年）Ｅ１００頁以下、松前恵環「米国における個人情報・プライバシー保護監督機関―ＦＴＣを中心に〈前掲注（1）連載（9）〉」ＮＢＬ１２０１号（２０２１年）85～93頁。

バシー保護の事実上の一般規定を有する。同法5条は「通商において又は通商に影響を与える、不公正な競争方法又は不公正若しくは欺瞞的な行為若しくは慣行」を違法であるとする[17]。FTCはこのうち不公正・欺瞞的な行為・慣行の部分を適用して、事業者が消費者の情報プライバシーを侵害する行為を取り締まっている[18]。プライバシー違反に関するFTCの法執行はほとんどの場合、同意命令（consent order）の形がとられる。同意命令とは、FTCと違反事業者とがあらかじめ違反内容とそれに対する制裁（是正措置の実施、民事制裁金の支払い等）に合意することで法的効果が発生するという仕組みである。事業者はこの同意命令においてFTC法5条違反を認めたとしても、一般的な法的責任を認める必要はないとされる。また、FTCとの合意がなされなければ裁判手続に進むことになるが、FTCとの裁判は多くの費用と時間を要し、さらに裁判所はしばしばFTCの判断に敬譲的であるため、多くの事業者はFTCとの同意命令の合意に至るという[19]。

FTCの同意命令は個別の事件に対するものであるから、それ自体は一般的な効力を持つものではない。しかし、何が不公正または欺瞞的な行為・慣行であるかについてのFTCの見解を社会に知らせることにより、事実上の先例として機能しており、アメリカの情報プライバシー保護において重要な役割を果たしているとされる[20]。同法5条違反とされた事例は数多いが、たとえば事業者が消費者に対して提示したプライバシーポリシーに違反して行動した場合に、それをもって「欺瞞的な行為」の該当性を認めている[21]。

4——州のプライバシー保護法制

(1) 総説

*1*でみたように、各州にもデータ保護法を制定する権限がある。実際、州によっては事項別のプライバシー保護法が存在している。包括的なデータ保護法の制定気運も高まっており、ある調査によれば、13州で包括的プライバシー保護法が施行済または施行予定である（２０２４年1月現在）[22]。さらに、これ以外の州でも同様の州法が議会での審議にかけられているところがある。

17：15 U.S.C. §45(a)(1).
18：概要として、Chris Jay Hoofnagle, Federal Trade Commission Privacy Law And Policy 119-141 (2016).
19：Daniel J. Solove and Woodrow Hartzog, *The FTC and the New Common Law of Privacy*, 114 Colum. L. Rev. 583, 610-13 (2014).
20：*Id.* at 606-08.
21：ソロブ=ハルツォグの整理によれば、欺瞞的な行為・慣行には、①プライバシー保証の破棄、②一般的な欺罔、③不十分な告知、④データの安全性違反が含まれ、不公正な行為・慣行には、①遡及的変更、②欺罔的データ収集、③不適切なデータ利用、④不公正な設計または不公正な初期設定、⑤データの安全性に関する不公正な慣行、が含まれるとされる。*Id.* at 628-43.
22：Anokhy Desai, *US State Privacy Legislation Tracker*, The International Association of Privacy Professionals <https://iapp.org/resources/article/us-state-privacy-legislation-tracker/>. 内訳は、カリフォルニア州（消費者プライバシー法（プライバシー権法により一部改正））、コロラド州（プライバシー法）、コネチカット州（個人データプライバシー及びオンライン監視法）、デラウェア州（個人データプライバシー法、２０２５年1月施行予定）、インディアナ州（消費者データ保護法、２０２６年1月施行予定）、アイオワ州（消費者データ保護法、２０２５年1月施行予定）、モンタナ州（消費者データ保護法、２０２４年10月施行予定）、ニュージャージー州（ＳＢ３３２法、２０２５年1月施行予定）、オレゴン州（消費者プライバシー法、２０２４年7月施行予定）、テネシー州（情報保護法、２０２５年7月施行予定）、テキサス州（データプライバシー・安全法、２０２４年7月施行予定）、ユタ州（消費者プライバシー法）、バージニア州（消費者データ保護法）である。

(2) カリフォルニア州

各州の中でも、最も早く包括的データ保護法を制定したのはカリフォルニア州である[23]。2020年に施行されたカリフォルニア州消費者プライバシー法(California Consumer Privacy Act：CCPA)は、アメリカ版GDPR(EUの一般データ保護規則のこと)とも称され、その包括的にデータ保護を企てようとする内容が注目を集めた。同法は、消費者に自己の情報に関する8つの権利(略式・拡張開示請求権、アクセス/ポータビリティ権、情報開示・削除請求権、第三者販売オプトアウト権、子どものためのオプトイン権、権利行使を理由に差別されない権利)を認め、個人が自らのデータに対する主体的・能動的な関与を可能にした。事業者に対しても情報の取扱いに係るさまざまな義務(通知義務、研修義務、記録管理義務等)を課し、一定の違反に対しては民事罰を課する旨の規定も置かれた。さらに消費者が同法違反の企業を提訴することのできる私訴権をも付与している。

さらに、2023年施行のカリフォルニア州プライバシー権法(California Privacy Rights Act：CPRA)では、CCPAの一部が改正され、消費者のデータ保護の強化が図られた。具体的には、自己情報の訂正請求権とそれに対応する事業者の義務や、センシティブな個人情報の利用・開示を制限する権利等が規定されたほか、データ保護を担当する行政機関としてカリフォルニア州プライバシー保護局(California Privacy Protection Agency)が設立された[24]。

5――アメリカにおけるデータ保護法制の展望

かつて、データ保護に対するアメリカの立ち位置はヨーロッパと比較して表現の自由やビジネス重視の放任政策とされてきた。しかし、その水準に関する批判はあるにせよ、FTCによる事実上の一般的プライバシー保護がなされており、州レベルでは包括的データ保護法の制定も進んでいる。また、連邦レベルでも包括的データ保護法が議論される状況に至っている。

(1) 連邦の包括的データ保護法に向けて

データ保護との関係で注目されるのは、2022年に法案が提出された米国データプライバシー保護法案（American Data Privacy and Protection Act：ADPPA）である[25]。これは連邦レベルでの包括的データ保護を実現する内容のものである。同法案は超党派の議員らによって提出され下院のエネル

23：カリフォルニア州は1974年に州憲法にプライバシー権を明記した（Cal. Const., art. I, §1 (amended 1974)）。同憲法上のプライバシー権は合衆国憲法上のそれよりも保障範囲が広く、さらには私人間効力を認める裁判例も数多くあるようである。See J. Clark Kelso, *California's Constitutional Right to Privacy*, 19 Pepp. L. Rev. 327 (1992). こうしたプライバシー保護に関する厚い法的土壌の存在が、アメリカ初の包括的データ保護法の制定を促した要因の可能性がある。

24：CCPAとCPRAの比較として参照、杉本武重「GDPR・CCPA・CPRAの主要論点比較」日本貿易振興機構Webサイト（2021年）<https://www.jetro.go.jp/ext_images/biz/seminar/2021/2e7c9eec1a269310/3.pdf>.

25：本法案に至るまでのいくつかの包括的データ保護法案について参照、渡辺寛人「アメリカにおける連邦データプライバシー法案の動向」創価法学52巻1号（2022年）59頁以下、同「米国発の超党派プライバシー法案である"American Data Privacy and Protection Act"の提出経過とその特色」同53巻1号（2023年）73頁以下。

ギー・商業委員会での審議・可決（53対2）を経たものの、下院本会議での審議には至らず、現在は新しい会期の連邦議会への再提出および委員会での再審議が必要となっている。

同法案の立法理由としては、①データ流通の拡大とそれに伴う世界的な規制の気運（GDPRが典型例）の中で、アメリカも連邦レベルで対応を迫られていること、②FTC法に基づく執行には限界があること、③州ごとに異なるデータ保護法制は混乱をもたらすこと、④アルゴリズムの開発・運用を含め差別的なデータ取扱いの禁止を明確化する必要があること、⑤諸外国からのオンライン不正アクセスが増大する中で今以上にデータ保護を図らねばならないこと、などが挙げられている[26]。

同法案は明示の連邦専占規定を置き、一部を除いてアメリカ全土に統一的なデータ保護法制を敷こうとするものである。事業者に対しては4つの忠誠義務（データ収集最小化原則とそれに基づくデータ取扱目的の限定列挙、センシティブデータ等について所定の処理の禁止、プライバシー・バイ・デザインの実現、サービス拒否や価格設定による意趣返しの禁止）を課している。他方で、消費者には自己情報の開示権・訂正権・削除権・データポータビリティ権を保障するものとなっている。ほかにも、データ取扱いにおける差別的取扱いの禁止や、個人や集団に危害を及ぼすおそれのあるアルゴリズムに対する影響評価を行うよう求めたり、ターゲティング広告をワンクリックで拒否できるような仕組みを義務づけ（17歳未満へは禁止）たりしている。管轄機関としてFTCや州の個人情報保護機関による執行を予定しており、一定の違反に対して私人が裁判所に提訴できる権利（私訴権）も導入する予定となっている。

同法案に対しては、消費者団体、データ保護関連団体からの賛成がある一方、広告業界や一部の州からの反対がある。特にカリフォルニア州はプライバシー保護局が連邦議会下院に反対書簡を送るなど、同法案の成立阻止に動いている[27]。同反対書簡によれば、ＡＤＰＰＡは連邦専占を規定するため、ＣＣＰＡの大部分が無効となるにもかかわらず、データ保護の水準がＣＣＰＡよりも低下しており、またいわゆる上乗せ規制が認められないため、カリフォルニア州民が享受してきたプライバシーの権利を貶めている。つまり、データ保護には賛成だがその水準に反対しているのである。ＡＤＰＰＡの立法理由にもあるように、ビジネスにおいてデータが州境を容易に越える以上、全米でのデータ保護の内容を統一する必要性は高い。その保護水準をめぐりどこまで合意を調達できるかが、本法案やこれに類似する以後の法案の成立を左右するだろう。

(2) 行政機関による非拘束的なデータ保護政策

依然として包括的な連邦データ保護法がない状況で、ホワイトハウスを中心に、行政機関が非拘束的なガイドラインを示したり、企業と任意の取決めを結ぶことで、事業者にデータ保護を促す方法もとら

26：H.R. Rep. No. 117-669, at 37-41 (2022).
27：California Privacy Protection Agency, *Re: H.R. 8152, The American Data Privacy and Protection Act-Oppose* <https://cppa.ca.gov/pdf/hr8152_oppose.pdf>.

れている。

２０２２年10月、ホワイトハウスは『ＡＩ権利章典の青写真《ブループリント》――自動化システムをアメリカ人民のために機能させる』を公表した。この文書では、ＡＩ開発・利活用の諸原則を権利章典になぞらえて列挙し、こうした諸原則を具体的な場面で実行に移すための行動指針をも提示している。諸原則としては、①安全かつ効果的なシステム、②アルゴリズムによる差別からの保護、③データプライバシー、④十分な通知と説明、⑤人間による代替性・熟慮・離脱、の５つが示されている[28]。これらは非拘束的なものとされ、事業者の活動を直接規制するものではなく、実効性確保が課題であるとされている。だが、国家が一定の目標を設定し、それを具体化する基準を企業や企業団体が作成し遵守行動をとるという、一種の共同規制モデル[29]と捉えることができるかもしれない。

さらに２０２３年、バイデン政権は、ＡＩ開発に関して、ＡＩを開発・利用する主要企業と任意合意したと発表した[30]。その内容は、各社がＡＩ開発にあたり、安全性、セキュリティ、信頼性の３原則を遵守するというものである。具体的には、潜在的な生物学的・サイバー的・社会的リスクを評価しそれに対応するＡＩ開発を行うこと、ＡＩの誤用・悪用に備える開発を行うこと、バイアスや差別、プライバシー侵害を行うことによって人々からの信頼を失うことのないようにすること、などが示されている[31]。

〔**瑞慶山広大**〕

28：White House, Blueprint for an Ai Bill of Rights: Making Automated Systems Work for the American People 5-7 (2022).

29：共同規制については参照、生貝直人『情報社会と共同規制―インターネット政策の国際比較制度研究』（勁草書房・２０１１年）。

30：２０２３年７月に第１弾として７社（Amazon, Anthropic, Google, Inflection, Meta, Microsoft, OpenAI）と、９月に第２弾として８社（Adobe, Cohere, IBM, Nvidia, Palantir, Salesforce, Scale AI, Stability）とそれぞれ任意合意している。White House, *FACT SHEET: Biden-Harris Administration Secures Voluntary Commitments from Leading Artificial Intelligence Companies to Manage the Risks Posed by AI* <https://www.whitehouse.gov/briefing-room/statements-releases/2023/07/21/fact-sheet-biden-harris-administration-secures-voluntary-commitments-from-leading-artificial-intelligence-companies-to-manage-the-risks-posed-by-ai/>; White House, *FACT SHEET: Biden-Harris Administration Secures Voluntary Commitments from Eight Additional Artificial Intelligence Companies to Manage the Risks Posed by AI* <https://www.whitehouse.gov/briefing-room/statements-releases/2023/09/12/fact-sheet-biden-harris-administration-secures-voluntary-commitments-from-eight-additional-artificial-intelligence-companies-to-manage-the-risks-posed-by-ai/>.

31：本節は科研費（23H00753）および末延財団データベース支援事業による成果である。

II 政治過程

1——動きが鈍い連邦政府

(1) 誰も知らない「青写真」

まず、アメリカにおけるデータ保護法制の現状について改めて確認したい。連邦主義の中、アメリカのデータ保護法制は連邦政府（中央政府）と州政府の二重構造があり、連邦政府の方ではなかなかデータ保護法制が進んでいない。連邦政府についていえば欧州や日本のような行政（執行府）主導での動きになっていないほか、連邦議会での審議も進んでいるとはいいがたい。

それでも執行府であるホワイトハウスは、アメリカのデータ保護法制の大まかな方針はこれまでに明らかにしている。本章Ｉ5(2)でも述べたように、バイデン大統領は2022年10月、人工知能（ＡＩ）の開発などにあたり考慮すべき5つの原則をまとめた「ＡＩ権利章典の青写真《ブループリント》」を発表した。5つの原則は「安全かつ効果的なシステム」「アルゴリズムによる差別からの保護」「データプライバシー」「十分な通知と説明」「人間による代替性（問題があったとき、機械ではなく、担当者と相談できること）・熟慮・

離脱」である。

この中の「データプライバシー」については、組込みの保護機能によって乱用的なデータ運用から利用者は保護されるべきであり、利用者は自分に関するデータがどのように使用されるかについて主体性を持つべきであるとしており、今後のデータ保護法制の核となるべき指針がうたわれている[1]。

ただ、この「青写真」の5原則を伝えたアメリカのメディアは業界ニュースのサイトなどを除けば皆無だ。通常のテレビや新聞のニュースとしてはほとんど取り上げられなかったため、一般国民の中でこの「青写真」を知っている人はあまりいない。

(2) 委員すら決まらない連邦取引委員会

この「青写真」については、ホワイトハウスの科学技術政策局（OSTP）が提出したものの、あくまでも科学技術の運用についての提案である。具体的な規制を行うのは公正な取引を監督・監視する独立行政委員会の1つである連邦取引委員会（FTC）となる。

FTCは公正な取引を監督し、独占（トラスト）を監視する連邦政府の機関である。日本でいえば公正取引委員会に相当する。かつては商務省にこの機能があったが、ビジネスを育成・促進する商務省か

1：https://www.whitehouse.gov/ostp/news-updates/2022/10/04/blueprint-for-an-ai-bill-of-rightsa-vision-for-protecting-our-civil-rights-in-the-algorithmic-age/

ら独立させた方がいいという判断で、1914年に設置された。現在は独占監視とともに、産業全体の取引規制に関するルール策定の権限のほか、消費者プライバシー、児童プライバシーといった規制も行っている。その一環として、データ保護についての規制監督を担当している。

FTCは5人の委員で構成されており、大統領が任命し、連邦議会の上院が承認する。FTCに限らず、証券取引委員会（SEC）、連邦通信委員会（FCC）などは独立行政委員会であり、どれも政治からの独立と公平性を強調する。現実的には「共和党側委員」「民主党側委員」が存在する。大統領の所属政党側の委員が1人多くなるのが一般的だ。共和党側委員に欠員があれば、民主党の大統領でも任命する必要性がある。

現在のバイデン政権（民主党）では証券取引委員会（SEC）、連邦通信委員会の場合、共和党委員は前大統領であるトランプ（共和党）が任命した2人がこの原稿を書いている2024年2月上旬の段階では継続している。FTCの場合には、共和党側に1人欠員が出た際、バイデンが共和党委員の任命を行った。この2つの独立行政委員会とは異なり、2024年2月上旬現在、5人のうち、2人の共和党側委員は欠員になっている。

なぜ、バイデン政権になって共和党側委員の任命が困難となっているのか。それはバイデンが鳴り物入りで任命したリナ・カーン（Lina Khan）委員長に対する批判が共和党側から非常に強く、なり手を見つけるのが大変であるためだ。カーン委員長はアマゾンに対する反トラストの必要性を強く訴えてきた研究者・弁護士であり、バイデンが21年の政権発足の時に目玉の1つとして32歳の若さで登用したことで、大きな話題を呼んだ。カーン委員長の下でのＦＴＣはアマゾンを筆頭に、メタ（前フェイスブック）、マイクロソフトなどの独占的とみられる商行為に対して次々に訴訟を起こしている。

プラットフォーマーからの強い要望もあり共和党側はカーン委員長に対して厳しい態度を続けており、委員を送らないという「ボイコット」に近い状態が続いている。カーン委員長のＦＴＣは５人の委員の２人が欠員であることもあって、片肺飛行という状況になっている。

さらにアメリカの場合、裁判の先例に拘束される判例法主義の国であり、デジタル分野についての判例は多くないため、消費者に明らかな損害が実証されないとＦＴＣの目指す厳格な規制が進みにくい。これはデータのプライバシーについても同じである。

ただ、２０２３年９月末、６日、アマゾンが競争を阻害する不公正な独占的慣行を行い、価格を釣り上げていると主張し、反トラスト法に違反しているとして提訴した。17の州も訴訟に参加した。この裁判の行方に大きな注目が集まってはいるが、カーン委員長時代の裁判は連邦取引委員会の負けが続いており、今回もＦＴＣの望む結果が出るかどうかについてはかなり否定的な声もある。

こうしたＦＴＣの状況をみても、日本や欧州のように行政府主導でまずは政策変更を進めるという選択肢は、現状ではかなり厳しいかもしれない。

(3)動きが遅い連邦議会

ただ、アメリカの場合、判例法主義といっても、制定法主義(成文法主義)などと対立しているわけではまったくない。成文法が存在する場合には成文法の規定が優先する。つまり、データ保護法制のカギを握るのは議会となる。

FTCのカーン委員長が何度も裁判を起こしているのも、裁判そのものでの勝利というよりも世論を喚起し、議会を動かそうという狙いがあるとされる。

ただ、議会の場合、後述する政治的分極化の中、データ保護政策はプライバシーや多様性を重視する「リベラル派の政策」というイメージがどうしても強い。共和党側からの反発が大きく、議会での審議は最初から極めて困難である。

さらにいえば、そもそも政治が対応すべきさまざまな社会問題がある中、データ保護政策の重要度は残念ながら決して高くない。民主主義国家のアメリカにおいて、世論は政策を動かすエンジンだ。その世論が動いていない。一般国民からの関心が政策を動かすほどには達していない。

議会の動きの最近の動きをもう少し具体的に検証したい。現在の第118議会(2023年1月から2025年1月)では、2023年10月上旬までの段階で、今のところデータ保護法制をうたった主要な法案としては、マクヘンリー下院議員(共和党)らが2023年2月に提出した「データプライバシー保護法(Data Privacy and Act of 2023:H.R.118-8152)」などがある。この法案は、連邦レベルでの個人情報保護法であり、金融機関は自分のデータがどのような目的で収集され、どのように利用されるかを個人に通知し、データ収集をオプトアウトする機会を個人に与えなければならないことを義務づけている。また、個人は第三者とのデータ共有を停止し、個人データの削除を要求することもできるとしている。ただ、各州が連邦レベルとは異なるプライバシー保護を設けることを禁止しているため、州法の中でデータ保護法制に積極的な一部の州よりもカリフォルニア州のように規制に積極的な州に比べて、緩やかな規制になる可能性があるため、民主党側が反発し、その後の審議はほとんど進んでいない。

アメリカの場合、連邦議会で法案そのものは多数提出されても、その中で実際に立法化されるものはほんの一握りである。前の第117議会（2021年1月から2023年1月）でも複数のデータ保護法制関連の法案が提出されたが、うまく進まなかった。たとえば前述のバイデン大統領の「青写真」について、それに沿った形の法案提出はなかった[2]。

この法案からも窺えるように、連邦レベルではプライバシーの観点からデータ保護を訴える公共利益団体と、企業的なメリットから保護の規制緩和を求める産業界の利益団体が真っ向から対立しているのが2023年の現状である。データ保護法制も保護規制の緩和もそれぞれの法案が議会に出てはいる。ただ、あくまでもそれぞれの議員の「点数稼ぎ」に終わっており、全くと言っていいほど動かない。

2：議会図書館の公式サイトの一部で法案の動向をまとめている「congress.gov」（https://www.congress.gov/）で見当たらなかった。

ここで改めて強調したい点は、賛成が多い場合には一気に立法が進むが、賛否両論がある場合、新しい変化を強く拒む傾向にある点だ。現在、世論が割れている分、なかなか連邦レベルでのデータ保護法制も、逆にいえば保護規制の緩和も進まない。

そのポイントとなるのが「政策の窓が開く」可能性だ。実際に政策が動く際には、どのような流れになるのか。「政策の窓（Window of opportunity）」とはジョン・キングダンが提唱したものであり、政治学では最も代表的な政治過程モデルである。

キングダンによると、「政策課題の認識（争点の流れ：problem stream）」「政策案の形成（政策案の流れ：policy stream）」「政治的決定（政治の流れ：political stream）というそれぞれ異なる3つの「流れ」がある。政策形成はこの3つの流れが「合流」して初めて成立する可能性が出るため、「政策の窓が開く」ことになる[3]。

ただ、実際のところ、より広く開かれた政策過程である分、さまざまな意見が寄せられ、政策は一方の方向に動きにくいのがアメリカの政策過程の特徴でもある。既得権益が地位を維持しているため、「現状維持バイアス」は常にある。ほとんどの法案はまったく動かずに日切れになる。利害関係者が多ければ多いほど、立法化は難しい傾向にある。1934年にラジオの登場とともに立法化された通信法はなかなか改定できず、ようやくインターネットの時代の1996年になって改定された。また、政府主導での公的な保険を提供する仕組みづくりは20世紀初めのセオドア・ルーズベルト大統領の時代から提案されていたが、利益団体の猛反発もあり、結局、本格的な導入までには2013年の医療保険改革（オバマケア）まで100年以上の月日が必要だった。

(4) データ保護関連政策と政治的分極化

さらに近年、アメリカの政策過程は常に停滞し、「政治的グリッドロック」状態が続いている。実際に「政策の窓が開く」ときには、非常に重要な争点が浮上したときや超党派的に合意が取れる争点になっているかどうかがポイントとなる。権力の分立は、そもそもの「大統領対議会」の対立構造において互いを抑制するのではなく、政党対政党のいがみ合いによる均衡状況となっている。この状況を示すのが、政治的分極化（political polarization）という現象だ。国民世論が保守とリベラルという2つのイデオロギーで大きく分かれていく現象が進展してしまっている。

保守層とリベラル層のすみわけができているだけでなく、それぞれの層内での結束（イデオロギー的な凝集性）が次第に強くなっているのもこの現象の特徴でもある。この現象のために、政党支持でいえば保守層はますます共和党支持になり、リベラル層は民主党支持で一枚岩的に結束していく状況となっている。

3：キングダン、ジョン（笠京子訳）『アジェンダ・選択肢・公共政策』（勁草書房・2017年）。

分極化現象はここ40年間で徐々に進み、ここ数年は、ちょうど左右の力で大きく二層に対照的に分かれた均衡状態に至っているため、大統領、政党、連邦議会、官僚、利益団体、シンクタンク、市民団体などのさまざまなアクターが党派性の対立の中におり、政策そのものが動きにくくなっている。かつてない政治的分極化が進んでおり、政党間の対立軸を構成する重要な争点ほど、注目される傾向がある。対立党の強い反発を抑えていかに立法化できるかが重要となる。かつては民主・共和両党ともに中道保守的な傾向があり、両党の間の妥協は比較的容易だったのが、今やおとぎ話のようである。

近年、保守派とリベラル派が数的には拮抗しているのが連邦政府であり、後述する政治的分極化とともに、この拮抗状態の中での厳格な権力の分立が円滑な立法を阻害しているといっても、過言ではない。政策過程が停滞する「政治的グリッドロック（political gridlock）」が常態化している。

前述の通り、データ保護関連政策の多くはリベラル寄りの政策であるとアメリカではとらえられている。所得再分配政策など、政府のリーダーシップで平等を達成しようというのがリベラル政策の根本にある。その延長線上にあるのがデータ保護関連政策である。そうすると、先述の通り、データ保護関連政策の立法化の目安が見出せないまま、議会は停滞する傾向にある

利益団体も分極化の中にある。プラットフォーマーにしろ、プライバシー保護を主張する市民団体にしろ、実際のロビイングについては、専門に請け負う法律事務所がワシントンには数多く存在する。規制に準拠するべくそれぞれがロビイング登録をし、議員や省庁と折衝する。

ただ、利益団体のロビーの対象が議会や官僚向けだけでなくまずは世論である点は、特筆しておきたい。アメリカが民主主義である分、この世論の影響力は無視できない。そして、その世論の先には各議員への投票がある。

ただ、この世論も利益団体も政治的分極化の中で拮抗しているのが現状であり、データ保護関連政策は進めにくくなっている。

(5) データ保護関連の「政策の窓が開く」萌芽

それでも現在の議会においてデータ保護関連の「政策の窓が開く」可能性を予見する動きもみえないわけではない。第117議会と第118議会での例を1つずつ、挙げてみたい。

第117議会の中で、比較的動向が注目されたのが2022年6月に提出された「米国データプライバシー保護法（American Data Privacy and Protection Act：H.R.117-8152）」である（本章I 5 (1)参照）。この法案はデータの収集、使用、共有のための境界線を提供し、個人に関連づけられる情報に対して、より強い規制をかけるものである。この背景としては、EUのGDPR（一般データ保護規則）にあたるものとして、FTCの強いリーダーシップでプライバシー保護を求めていたことがあった。さらにデータ保護を強く主張するカリフォルニア州の動向も意識していた。

法案はまずは小委員会と委員会で審議され、それが本会議に上っていくのは、アメリカも他の国も大きくは変わらない。この法案は２０２２年7月20日、下院エネルギー・商業委員会まで上がり、委員会の投票では53対2で可決されたが第１１７議会が終わり、日切れとなってしまった。

ただ、この法案が注目されたのは、別の理由がある。それは２０２２年6月の、妊娠中絶の禁止を州が決定できるように戻した最高裁判決の影響が色濃い。連邦最高裁は１９７３年、女性が人工妊娠中絶を受ける権利は憲法で保障されるプライバシー権の一部であるとし、アメリカ全州で中絶が合法化されることになった画期的な「ロウ対ウェイド判決」が下された。それから49年後の２０２２年6月にこの判決を覆し、州による人工妊娠中絶禁止を合憲としたのが「ダブス判決」である。中絶規制が認められた州では公安当局が州内で中絶を試みる女性の捜査のために、各種の女性のオンラインデータを取得するのではないかという不安が高まった。これがこの法案が注目された理由である。

中絶が行われる場所への訪問と訪問時間を明らかにする地理位置データ、月経周期の中断を示す「フェムテック」関連のアプリやデバイスのデータ、中絶サービスやヘルプに関するウェブ検索、中絶を受けることについて提供者や家族とのデータやコミュニケーション、中絶サービスや薬剤の購入を反映した支払いデータなど、多くのデジタルデータの証拠を州の公安当局やプロライフ（妊娠中絶禁止）運動家の手に渡らないようにすべきという声が、リベラル派から急速に高まった。

消費者保護団体、プロチョイス（妊娠中絶容認）運動家、女性団体、それを支援する民主党側の議員が連携し、データプライバシー保護の重要性を訴えた結果がこの法案だった。さらに、ウォーレン上院議員とワイデン上院議員は、データブローカーが健康データと位置情報を売るのを防ぐ法案（Health and Location Data Protection Act of 2022：S.117-4408）を提出し、ジェイコブス下院議員は個人の性的健康情報に対するプライバシー保護を確立する法案（My Body, My Data Act：H.R.117-8111）を提出するなど、民主党側からこの法案と合わせてより強固な女性のデータ保護を狙う動きもあった。世論が少しでも動くことで「政策の窓が開く」可能性も少しみえた。

ただ、共和党側からは「民主党の中間選挙対策」と強く非難があったほか、当時のペロシ下院議長（民主党、カリフォルニア州選出）も「カリフォルニア州のデータ保護州法に比べて女性の個人的なデータ保護としては十分でない」と発言し、２０２２年9月には採決を見送る発言もあった。さらに、カリフォルニア州側もこの法案が優越することに強く反発したほか、厳格化は避けたいという大手プラットフォーマーなど法案の影響を受ける利害関係者が非常に多く、反対が続いた。一方で、一般の国民にとってこの法案についての認知度は高いとはいえず、争点化が難しかった。

第１１８議会でデータ保護関連の政策が少しずつ動いていく気運をみせたのは、動画配信アプリＴｉｋＴｏｋの顔認識データが海外（中国）に流出する懸念であった。アメリカ国民に差し迫った安全保障上の危機が生じているためＴｉｋＴｏｋに対するさまざまな規制が州レベルや連邦政府機関で導入されている中、連邦議会での立法も少しずつ進みつつある。これはプライバシーというより経済安保の動きに近いかもしれない。

アメリカの利用者の中国本土への情報流出について、当初はＴｉｋＴｏｋ側が否定していたが、２０２２年夏に「実際に流出している」という複数の報道があったことから、連邦議会上院では同年12月、ＴｉｋＴｏｋの個人端末での使用を禁止する「ＴｉｋＴｏｋ規制法」(No TikTok on Government Devices Act：S.118-1143）という法案を通過させた（連呼投票なし。全会一致）している。この法案については、ＴｉｋＴｏｋの顔認識データの流出不安を背景に、安全保障関連のシンクタンクなどの指摘を共和党ホーリーらタカ派議員が採用し、法案を提出した。そして、上院では超党派の支持を受けた。ただ、すでに多くの利用者がいることから、本節執筆時点である２０２４年2月の段階では下院では採決は行われていない。一方、下院では２０２３年3月にアメリカ国内におけるＴｉｋＴｏｋの利用を全面禁止する法案である法案（ＤＡＴＡ法：Deterring America's Technology Adversaries Act：H.R.118-1153）を外交委員会レベルであるが、可決している。

いずれにしろ、「政策の窓が開く」には、世論がどのように問題をみているかという点が極めて重要なポイントとなる。

2――州レベルの対応

停滞する連邦政府に比べて、各州の政治風土は少し異なっている。

近年、州ごとに民主党支持者が多いリベラル、共和党支持者が多い保守の色分けが明確になっており、保守派とリベラル派が拮抗するのは50州のうち、10以下の数の州しかない。また、州裁判所の判事の選挙や任用もその州の党派的な偏りがあれば、よりすんなり決まっていく。

そのため、州によって大きくデータ保護政策に対する対応が異なっている。世論について、州レベルではプライバシーの観点からデータ保護を守ることを求める声も高まっているところもあり、カリフォルニア州など一部の州が熱心にデータ保護法制の策定を検討している。

これに対して、データ保護法制がまったく議論に上っていない州も数多い。このことは、データ保護の観点からは問題かもしれないが、むしろ、それぞれの州の状況に適合した対応ともいえるかもしれない。複雑なのは他国の場合、国単位、あるいは欧州のように超国家レベルで規制が進む中、アメリカは州レベルでの法制度というのは、単位として同じではないという議論もあろう。ただ、州の経済規模は大きく、その意味で大きな変化を生む。州の中でも最も大きなカリフォルニア州のGDPは世界6位のイギリスよりも大きい4。2番目に大きいテキサス州、3番目のニューヨーク州のGDPはカナダ並みである。その大きな州の法制度の変更による影響力の大きさはいうまでもない。

2024年3月現在、包括的なデータプライバシー法を制定しているのは、カリフォルニア、バージニア、コネチカット、コロラド、ユタ、アイオワ、インディアナ、テネシー、オレゴン、モンタナ、テ

4：カリフォルニア州の人口は6000万人のイギリスよりも2000万人ほど少ないが、GDPは上回っている。

キサス、デラウェア、ニュージャージー、テネシーの14州である5。また、経済安保の観点からＴｉｋＴｏｋへの不信もあり、アメリカでは２０２３年2月末、連邦政府職員の公用端末でのＴｉｋＴｏｋ使用が禁止された。さらにモンタナ州では4月、ジアンフォルテ知事がＴｉｋＴｏｋの個人端末での使用を禁止する州法案に署名した。アメリカでＴｉｋＴｏｋの個人端末での使用を禁止するのは同州が初めてとなり、２０２４年1月1日から施行されている。

ただ、各州が求めているプライバシー保護のレベルは少しずつ異なっている。カリフォルニア州やバージニア州の場合、厳格な消費者データプライバシー法を制定している。ＥＵのＧＤＰＲのような国際的なデータ規制と同等であり、国際的な競争力を維持する意味でもプライバシー法制をさらに積極的に進めることになるとみられている。

このうち、カリフォルニア州は全米で初めての消費者データ保護州法である「カリフォルニア州消費者プライバシー法（California Consumer Privacy Act）」を２０１８年に制定し、２０２０年1月1日に施行させている6。

同法は、企業が収集する個人情報に対する消費者のコントロールを強化し、同州の消費者に「企業が収集した個人情報、およびその使用方法と共有方法について知る権利」「収集した個人情報を削除する権利」「個人情報の販売または共有をオプトアウトする権利」「同法の権利を行使することによって差別を受けない権利」という、4つの新しいプライバシーの権利を保障するものである。

さらに同法は２０２０年11月に改訂され「カリフォルニア州プライバシー権法（California Privacy Rights Act：CPRA）」へと名を変え、「企業が保有する不正確な個人情報を訂正する権利」「自分について収集された機微な個人情報の使用と開示を制限する権利」も追加された。この州法はデータブローカーを含む多くの企業に適用され、権利行使を求める消費者の要求に応じたり、プライバシー慣行を説明する一定の通知を消費者に行うなど、責任を負う。

カリフォルニア州に続いたのが、バージニア州であり、バージニア消費者データ保護法（Virginia Consumer Data Privacy Act）を制定し、包括的なデータプライバシー法を可決した２番目の州となった[7]。この法律は２０２３年1月1日に施行され、州民は企業に対して、実際に個人データを処理しているかどうかを調べるために自分のデータにアクセスし、企業に対して個人情報の削除や修正を要求する権利が与えられる。また、ターゲット広告のための個人データ処理において、データ保護アセスメントを実施することを企業に義務づけている。

カリフォルニア州、バージニア州に続き、コロラド州でも「コロラド州プライバシー法（Colorado Consumer Privacy Act）が、２０２３年7月1日から施行されている[8]。同法では「アクセスする権利」

5：https://pro.bloomberglaw.com/brief/state-privacy-legislation-tracker/。本章Ⅰの注22も参照。
6：https://oag.ca.gov/privacy/ccpa
7：https://www.oag.state.va.us/consumer-protection/files/tips-and-info/Virginia-Consumer-Data-Protection-Act-Summary-2-2-23.pdf
8：https://www.consumerprivacyact.com/colorado-privacy-act-cpa/

「訂正する権利」「削除する権利」「データポータビリティの権利」「オプトアウトの権利」の5つを基本に構成されている。このうち、データポータビリティの権利については、州の消費者は持ち運び可能で、技術的に可能な限り、容易に使用可能な形式で個人データを入手する権利を有することが規定されている。また、オプトアウトの権利については、州の消費者は「ターゲット広告」「個人データの販売」「消費者に関する法的または類似の重大な影響をもたらす決定を促進するためのプロファイリング」などからオプトアウトできる。

このほか、ユタ州、コネチカット州、アイオワ州もデータプライバシーの州法を導入している。ただ、やはり差はある。アイオワ州の場合、包括的なデータ保護を法制化した6番目の州であるアイオワ州消費者データ保護法（Iowa Consumer Data Privacy Act）は、第三者が収集したデータを削除・修正する権利を消費者に認めていないなど、比較的産業界寄りの州法になっている9。

このように、なかなか進んでいない連邦政府とはまったく異なり、一部の州ではアメリカのデータ保護法制をめぐり、積極的な州法規制が活発に議論されている。ただ、繰り返すが、このような州とデータ保護に積極的でない州とでは明らかに差が出ている。データプライバシー法制をまとめていない州の方が数的には圧倒的に多い。

また、メイン州のように、比較的厳格な「データプライバシー保護法（Data Privacy and Protection Act）」が2020年7月から施行予定だったが、業界団体や企業が法律の発効を阻止するために訴訟を起こしているため、新規制は宙に浮いた状態となっている[10]。

各州間や州と連邦政府の方向性の齟齬も生まれる。その場合にはどうするのか。連邦法は州法に優越はする。しかし、もし連邦と州が対立した場合、州と連邦の係争案件として連邦裁判所（連邦地裁、連邦高裁、連邦最高裁）で法廷闘争となることが一般的だ。今後、データ保護法制がアメリカで本格化してきたときには、最終的には司法での争いとなるだろう。

〔**前嶋和弘**〕

9：https://iapp.org/news/a/iowa-becomes-sixth-us-state-to-enact-comprehensive-consumer-privacy-legislation/
10：https://www.security.org/resources/digital-privacy-legislation-by-state/

第6章

カナダ：データ保護の隠れたパイオニア

データ保護法の比較法的検討では、ＥＵおよびＥＵ加盟国のドイツやフランスのほか、アメリカ合衆国が注目されている。こうした国と比べると日本でのカナダのデータ保護法への注目度は低い。しかしグローバルには、データ保護・プライバシー保護の先進国の１つとして知られるカナダのデータ保護法の特色は、日本の個人情報保護法制のあり方を考える上で示唆的である。

本章Ⅰでは、データ保護法を「準憲法的法律」と位置づけ、憲法的価値とデータ保護法の関係が強く意識されているカナダのデータ保護法を紹介・検討する。

本章Ⅱでは、基本的な統治制度、立法過程、ロビー活動の規律について紹介したのち、２００８～２０２２年にかけてのロビー活動に関するオープンデータの分析および２０１５年のデジタルプライバシー法に関する議事録の読解を通じて、データ保護法に関する政策形成過程で多様なアクターが活躍していることを明らかにする。

以上の紹介・検討から、カナダにおけるデータ保護法の特色および背後にある事情、あるいはカナダの重視する憲法的原理・価値などを浮かび上がらせることが本章の目的である。

I 法制度

本章Iでは、まず、カナダにおけるデータ保護法と憲法の関係を整理する（1）。ここでは、カナダにおいてデータ保護法が準憲法的法律という特殊な法的地位に位置づけられていることの意味、そして準憲法的法律であるデータ保護法と憲法上のプライバシーの関係に焦点をあてる。次に、カナダにおけるデータ保護法の現状を鳥瞰的に整理した上で、今後の展望にとって重要なデジタル憲章プロジェクトについても紹介する（2）。

なお、カナダのデータ保護に関する各法律の名称は2で行う整理に準拠する。これらの法律に総体として言及する場合に「データ保護法」という言葉を使う。

1――憲法的価値とデータ保護法

(1) 憲法上の権限配分

データ保護法と憲法の関係を考えるとき、連邦制を採用するカナダにおいては、データ保護法を制定する権限が憲法上どのように各主体に配分されているかが出発点となる。結論からいうと、カナダの憲法にはデータ保護法を制定する権限主体を明文で定めた条項はなく、統治構造について規定する1867年憲法（Constitution Act 1867）の条項を手掛かりに、連邦・州のどちらもがデータ保護法を制定する権限を有すると解されている。

連邦権限の根拠となるのが、「取引および通商」に関する事項を「連邦議会の排他的立法権限」の1つとして挙げている1867年憲法91条2項である。州権限の根拠となっているのが、「州内における財産および民事的権利」に関する事項を州の立法者の「排他的立法権限」として規定する1867年憲法92条13項である。

また、カナダではデータ保護に関する包括的立法が公的部門を対象とするものと民間部門を対象とするものに分かれている。公的部門の保有する個人情報に関する法律については、連邦法が連邦政府機関のみを対象とするため、連邦法と州法の棲み分けがわかりやすい。しかし、民間部門のデータ保護については連邦法と州法の関係の整理が必要となっている。詳しくは後述するが、民間部門については、連邦法が各州にも適用される仕組みとなっており、各州が連邦法と実質的に同等な州法を制定している場合にのみ、当該州内では州法が適用される。民間部門については形式的に連邦法が最低限のベースラインを形成しているといえる。

この連邦法と州法の共存がカナダの特徴の1つであり、そのことがデータ保護やプライバシーの発展に寄与している部分もある。なお、世界的にも注目されるプライバシー・バイ・デザインの考え方を提唱したアン・カブキアンはオンタリオ州のデータ保護法の執行を監督するコミッショナーであった[1]。

(2) 準憲法的法律としてのデータ保護法

カナダにおいてデータ保護法は「準憲法的（quasi-constitutional）」法律という特殊な法的地位にある[2]。準憲法的法律とはカナダ最高裁判所（以下、単に「最高裁」という）の判例によって生み出されたカテゴリーであり、データ保護法のほかにも人権法や情報アクセス法などが準憲法的法律に位置づけられている。準憲法的法律は、１９８２年憲法（Canada Act 1982）52条がいう「カナダの憲法」の一部に含まれるわけではない。最高裁は、準憲法的法律は「我々の社会の特定の基本的な目標」を反映したものであり、「その根底にある広範な政策的考慮を促進するように」解釈されなければならない、という[3]。準憲法的法律と位置づけることの効果は、「その特別な特性を認識」し[4]、通常は憲法上の権利の解釈に用いられる広く寛大な目的論的解釈を行うことを正当化するというものである[5]。たとえば、

1：プライバシー・バイ・デザインについては、新保史生「プライバシー・バイ・デザイン」論究ジュリスト18号（２０１６年）16頁以下などを参照。この理念の認知度は高いが、カナダの法実務でどれほど実装されているかは不明確である。その一方でEUなどではこの考え方が法制度に取り込まれている。本書第９章Ⅰを参照。
2：準憲法的法律というコンセプト自体がとても興味を惹かれる研究対象であるが、本章Ⅰでは最低限の説明をするに留め、詳細は別稿で扱いたい。
3：*Thibodeau v. Air Canada*, [2014] 3 S.C.R.340 at para. 12.
4：*Lavigne v. Canada (Office of the Commissioner of Official Languages)*, [2002] 2 S.C.R.773 at para. 24.

後述のように連邦のプライバシー法は「個人情報」を「識別可能な個人に関する情報」と規定しているが、Dagg判決で最高裁は、プライバシー法の「個人情報」は広く拡張的に定義されなければならないとした[6]。最高裁はどのような特徴を持つ法律が準憲法的法律になるかについて明確な基準を打ち出してはいないが、「憲法が定める価値や権利と密接に結びついている」ことを準憲法的法律とすることの根拠として指摘しており[7]、学説では「憲法上の要請を実施するための法律」（以下「憲法実施法律」という）と理解すべきだとの整理がなされている[8]。

最高裁は以下の判決でデータ保護法が準憲法的法律であると認定している。まず、Lavigne判決において、連邦のプライバシー法が準憲法的法律であるとした[9]。次に、UFCW Local 401判決では、民間部門を対象とする連邦法（ＰＩＰＥＤ法）と実質的に同等されるアルバータ州の個人情報保護法（Personal Information Protection Act, S.A. 2003）を準憲法的法律と認定した[10]。この判決によって、連邦のＰＩＰＥＤ法も間接的に準憲法的法律と位置づけられたことになる。さらに、ブリティッシュコロンビア州（以下「ＢＣ州」という）のプライバシー法（Privacy Act, R.S.B.C. 1996）[11]を準憲法的法律とした Douez判決の法廷意見では、「プライバシー立法」が準憲法的地位にあるとされており[12]、これは「すべてのプライバシー保護立法」が準憲法的法律であると述べたものだと理解する見解もある[13]。

（3）準憲法的法律の重み——Douez判決を例に

最高裁によれば、準憲法的法律であることはそう認定された法律の解釈を行う上で考慮される要素である[14]。しかし、近年ではそれだけにとどまらない意義を見出すことができる。たとえば、Douez判決では、データ保護法が準憲法的法律という地位にあることが国際裁判管轄に関する判断を左右する考慮要素となっている。この点を簡単にみておこう。

Douez判決では、フェイスブックの利用規約が紛争解決をカリフォルニア州のみで行うとしていることが問題となった。Douez氏は２００７年からフェイスブックのユーザーであり当該利用規約に同意している。事の発端は、２０１１年にフェイスブックがスポンサード・ストーリーズと呼ばれる広告商品を導入したことにある。この広告商品は商品やサービスに「いいね！」を押したフェイスブックユー

5：Vanessa MacDonnell, "A Theory of Quasi-Constitutional Legislation" (2016) 53Osgoode Hall L. J. 508 at 510.
6：*Dagg v. Canada (Minister of Finance)*, [1997] 2 S.C.R. 403, para. 68.
7：*Lavigne, supra* note 4, at para. 25.
8：MacDonnell, *supra* note 5, at 510-511.
9：*Lavigne*, *supra* note 4, at paras. 24-25.
10：*Alberta (Information and Privacy Commissioner) v. United Food and Commercial Workers, Local 401*, [2013] 3 S.C.R. 733 at para. 19.
11：この法律はいわゆる個人情報保護法ではなく特定のプライバシー侵害行為を不法行為であるとする法律である。
12：*Douez v. Facebook, Inc.*, [2017] 1 S. C. R. 751 at para. 59.
13：Andrea Slane, “There Is a There There: Forum Selection Clauses, Consumer Protection and the Quasi- Constitutional Right to Privacy in Douez v. Facebook” (2019) 88 S.C.L.R. (2d) 87 at 99.
14：*Lavigne, supra* note 4, at para. 25.

ザーの名前と写真を当事者が知らないうちに「友達」のニュースフィードに自身の「いいね！」とともに広告として表示するというものである。Douez氏は自身の名前と写真が無断で利用されていることに気がつき、同意なく広告目的で他人の氏名または肖像を使用することを不法行為とするBC州プライバシー法3条などに違反するとして訴訟を提起した。これに対して、フェイスブック側は利用規約の国際裁判管轄条項（forum selection clause）を理由に当該訴訟を停止することを求めた。

最高裁の多数意見は、国際裁判管轄条項を設けることが本質的に公序良俗に違反するものではないとしたが、国際裁判管轄条項に関するコモンロー上のテストに基づき、当該国際裁判管轄条項は執行できないと判断した。その理由は、主に消費者契約における不対等な交渉力、および憲法上あるいは準憲法上の権利に関する申立てを裁定するという現地の裁判所の利益、であった。多数意見によれば、準憲法上の権利は憲法上の権利と同様、「自由で民主的な社会において不可欠な役割を果たし、カナダの重要な価値を体現している」のであり、カナダの裁判所がこの権利を裁定することは重要な公益となる[15]。

(4) 憲法上のプライバシーの価値

続いて、憲法上のプライバシーの権利について概観しよう。憲法上の権利を規定する1982年のカナダの権利及び自由の憲章（Canadian Charter of Rights and Freedoms, 1982）は、明文でプライバシーの権利を規定していない。プライバシーの権利は、主に不合理な捜索および押収からの保護を保障する憲章8条によって保障されるとされてきた[16]。憲章8条は、すべての政府機関に適用されるが[17]、明らかに警察などの法執行機関を念頭においており、現状、憲法上のプライバシーの権利の対象は限定的である。

前記の準憲法的法律としてのデータ保護法との関係では、次の点に留意しておくことが重要である。①準憲法的法律は憲章8条が保障する権利の実施・具体化ではなく[18]、その背後にあるプライバシーに関する憲法的価値の具体化であること、②それゆえ、憲法上の権利としての具体化と、準憲法的法律・準憲法上の権利としての具体化が分岐していると整理できることである。

まずは最高裁がプライバシーの憲法的価値として何を想定しているのか確認しておこう。最高裁はさまざまな判決の中でプライバシーの憲法的価値を語っている。そこで語られる価値は相互に関連しているが、便宜的に、㋐民主主義に関連する価値と、㋑個人の自律に関連する価値に分けて理解することができる。まず、Dagg判決のラフォレスト裁判官の反対意見（この点については多数意見を形成）で、アメリカの憲法学者ウェスティンの著作[19]などを引用しつつ、「プライバシーの保護が現代の民主的国家

15：*Douez, supra* note 12, at para. 58.

16：表現の自由（憲章2条ⓑ）、民主的権利（憲章3条）、生命、自由および身体の安全の権利（憲章7条）もプライバシーに関わるが本節では詳述しない。

17：Barbara von Tigerstrom, *Information & Privacy Law in Canada* (Irwin Law, 2020) at 18.

18：ただし、厳密にいえば、公的部門を対象とする準憲法的法律は部分的には憲章8条の具体化として捉える余地もある。

19：Alan F. Westin, *Privacy and Freedom* (Atheneum, 1970).

にとって基本的価値であること」(ア)、「プライバシーは、身体的および道徳的な自律性、すなわち自分自身の考え、行動、決定に関わる自由に基盤を持つこと」(イ)が述べられている[20]。Lavigne判決はこの反対意見を引用し、これらの価値を再確認している(para. 25)。さらに、UFCW Local 401判決は、「活力ある民主主義の下でのプライバシー保護の重要性は、いくら強調してもしすぎることはない」(ア)とし(para. 22)、プライバシー法の専門家であるハントの次のような見解を引用している。「民主主義は、型にはまらない意見を自由に述べ、表現することができる自律的で自己実現的な市民に依存している。プライバシーの侵害が個性を阻害し、迎合性(conformity)を生み出すのであれば、民主主義そのものが苦しくなる」[21]。また、同判決は「個人が自分の個人情報をコントロールする能力は、個人の自律性、尊厳、プライバシーと密接に関係している。これらは民主主義の根幹をなす基本的価値である」(ア・イ)ともいう(para. 19)。

次に、憲章8条の解釈論について紹介するが、憲章8条は不合理な捜索および押収からの保護を目的とするため、その解釈論の詳細を紹介することは本書の目的から逸れる。ここでは、最高裁が憲章8条のプライバシーをどのような利益と考えているのかを説明するに留める。

最高裁によれば、憲章8条は、「個人情報の核心(biographical core of personal information)」を保護し、ここには、個人のライフスタイルやプライベートな選択に関する詳細な情報が含まれる[22]。これは、後述するデータ保護法が保護する個人情報の定義よりも狭い。ここでも憲章上の権利と準憲法的法律の分岐を読み取ることができる。

憲章8条はこのような意味でのプライバシーに対する合理的な期待を保護する。したがって、捜索および押収の対象となる情報にプライバシーの合理的期待があるかが問われる。憲章8条の判断枠組みをある程度構造化しているSpencer判決[23]によれば、この判断は次の4つの要素を目安に「全体的状況」を考慮して行われる。ⓐ捜索または押収の対象物が何か、ⓑ対象物に対する対象者の利益、ⓒ対象物に対する対象者の主観的なプライバシーへの期待、ⓓ主観的なプライバシーへの期待が客観的に妥当なものか。特にⓑを判断する中で最高裁は憲章8条が保護するプライバシーの利益を整理している。最高裁自身、この整理は分析ツールであって、厳密なカテゴリーではなく相互排他的なものでもないと述べているが、最高裁が憲章8条のプライバシーを複合的な利益と捉えていることを理解する上で役に立つ（次頁表1を参照）。とりわけ、情報プライバシーについてはコントロールとしてのプライバシーが重視されてきたが、それだけにとどまらないとしてさらに3つの側面に細分されている。

20：*Dagg, supra* note 6, paras. 65-66.

21：Chris D. L. Hunt, "Conceptualizing Privacy and Elucidating its Importance: Foundational Considerations for the Development of Canada's Fledgling Privacy Tort" (2011), 37 Queen's L.J. 167, at 217.

22：*See, R v Plant*, [1993] 3 S.C.R. 281 at 293.

23：*R. v. Spencer*, [2014] 2 S.C.R. 212.

(5) まとめと示唆

カナダの特徴は何よりもデータ保護法を準憲法的法律として位置づけている点である。個人情報保護法と憲法の関係性が希薄とされる日本と比べたとき[24]、カナダ最高裁がプライバシーの憲法的価値やその準憲法的法律との関連性、そして、準憲法的法律の重要な役割を明示し、プライバシーの保護を拡充している点は示唆的である。特にデータ保護法がもともと憲法実施法として制定されたわけではなく、事後的に裁判所によって憲法的価値と関連性を持つ準憲法的法律として認められていった道程は、日本における個人情報保護法と憲法のこれからの関係を考える上で参考になる[25]。

また、最高裁が民間部門を対象とするデータ保護法も準憲法的法律としている点も重要である。この傾向は、私人間でのデータ保護を憲法的価値の下で行っていく方向性を示しているといえるだろう。

このほか、カナダではコントロールとしてのプライバシーが重

表1　憲章8条の保護するプライバシーの利益

身体的プライバシー	自分の体、体液、そこから得られた物質、場合によっては所持品にも及ぶ	
領域的プライバシー	私的な活動を行う場所に関するもので、最も中心的なものは住居だが、自家用車、職場、ホテルの部屋のような一時的な私的空間にも及びうる	
情報プライバシー	秘密としてのプライバシー	医師と患者の間など、信頼および信用関係の中で情報が共有されている場合に関連する
	コントロールとしてのプライバシー	自分に関する情報がいつ、どのように、どの程度他者に伝達されるかを自ら決定する個人、集団、または機関の主張に関連する
	匿名としてのプライバシー	個人が、公共の場やオンライン上で他者から観察される可能性のある情報を共有したり活動を行ったりする際に、その活動を行った主体が誰かを特定されることなく活動できることを保護

視されつつも、プライバシーの利益が複合的なものであると整理されていることも興味深い。これは単一のプライバシー構想ではなく、さまざまなプライバシー構想の共存あるいは相補的な関係を認める方向性を示唆する。

2――データ保護法の現状と未来

(1) 全体像

それでは、カナダの各データ保護法の概要を確認していくことにしたい[26]。冒頭で述べた通り、カナダではデータ保護法に関する連邦法と州法があり、公的部門・民間部門を対象とする包括的立法がそれぞれ制定されている。次頁の表2はその全体像の概略である。

24：第1章、第9章Ⅰを参照。

25：異なるアプローチではあるが、實原隆志「個人情報保護法制と憲法」情報法制研究12号（2022年）38頁以下も参照。あるいは国家目標の具体化という観点からカナダの試みを再構成することもできるかもしれない。石塚壮太郎「社会国家・社会国家原理・社会法」法政論究101号（2014年）197頁以下参照。

26：カナダのデータ保護法の詳細については以下の文献も参照してほしい。石井夏生利「カナダのプライバシー・個人情報保護法」情報法制研究1号（2017年）11頁以下、消費者庁「諸外国等における個人情報保護制度の監督機関に関する検討委員会・報告書」（2011年3月）（河井理穂子執筆部分）、消費者庁「諸外国等における個人情報保護制度の実態調査に関する検討委員会・報告書」（2009年3月）（佐藤信行執筆部分）等。また、筆者によるより詳細な紹介として、山本龍彦編集代表「Comparative Law Research on the Personal Data Protection Law in Various Countries」KGRI Working Papers No.3（2023年11月）（山本健人執筆部分）。英語での概説書としては、Tigerstrom, *supra* note 17 が詳しい。

この表2[27]は網羅的なものではないが、カナダのデータ保護法の全体像を大まかに把握するのに役立つだろう。本章Iですべての法律について紹介することはできないため、以下では特に重要な連邦法であるプライバシー法とPIPED法に絞ってその特徴を紹介することにしたい。紙幅の都合もあるが、連邦法と州法に相違はあるものの連邦法が標準形となっているからでもある。

(2) プライバシー法

プライバシー法は1983年に制定された法律であり、連邦政府機関が保有する個人情報の保護——収集、利用、開示のそれぞれの場面を規律——と、個人に当該個人情報へのアクセス権を付与することを目的とする。同法が保護する「個人情報」はあらゆる形態で記録された個人を識別可能な情報である(3条)[28]。適用対象は連邦政府機関である[29]。なお、後述するOPCによれば、政党、

表2　カナダのデータ保護法の概略

	連邦法	州法
公的部門	●プライバシー法 (Privacy Act, R.S.C. 1985) ●情報アクセス法 (Access to Information Act, R.S.C. 1985)	●州政府保有の個人情報の取扱いに関する法律(全州)
民間部門	●個人情報保護及び電子文書法 (Personal Information Protection and Electronic Documents Act, S.C. 2000:以下「PIPED法」という) ●消費者プライバシー保護法案 ●個人情報及びデータ保護審判所法案	●PIPED法と実質的に類似すると認定された法律(アルバータ州、BC州、ケベック州) ●健康情報についてPIPED法と実質的に類似すると認定された法律(オンタリオ州、ニューブラウンズウィック州、ノバスコシア州、ニューファンドランド・ラブラドール州)
その他特別領域	●連邦銀行法(Bank Act, S.C. 1991) ●刑法(Criminal Code, R.S.C. 1985) ー私生活を侵害する罪を規定 ●スパム対策法(S.C. 2010) ●AIデータ法案	●プライバシー侵害を不法行為として、損害賠償などを認める法律(BC州など) ●従業員の個人情報に関する法律

政治家、裁判所、民間組織には同法が適用されない[30]。

同法は収集局面について、政府機関の活動に直接関係する個人情報のみ収集が可能であること、可能な限り直接本人から情報を収集すること、原則収集目的を本人に通知すること、を規定する（4条、5条）。利用局面については、本人の同意がない限り、他の法律に基づく情報開示について定める同法8条2項の例外を除いて、収集された目的またその目的と矛盾しない利用のみを許している（7条）。また、同法は情報の保管と情報の正確性の維持についても規律する（6条）。この点、同法は「個人情報バンク（personal information banks）」という仕組みを導入している。これは、各政府機関の長に対して、当該政府機関が管理する個人情報のうち、㋐行政目的のために利用された、利用されている、または利用することができるもの、㋑個人の名前、個人に割り当てられた識別番号、符号、その他の特定の方法で整理され、検索できるようにされているものについて、すべて個人情報バンクに登録させ、バンクの概要（当該情報を取り扱う趣旨、目的、情報の種類など）を一般公開する仕組みである。これは日本の個人情報保護法の個人情報ファイルの仕組みに近い。開示局面については、第三者への開示には原則本人の

27：表中の「スパム対策法」の正式名称は非常に長いため割愛する。
28：同条ⓐ～ⓘで、対象となる多くの情報が列挙されているが、前記の通り「個人情報」は列挙事項にかかわらず広く解釈される。また、同条ⓘ～ⓜで、同法の「個人情報」に含まれない情報が挙げられる。
29：連邦や州が所有する企業で、形式的に所有者が国王となっているクラウン・コーポレーションも含まれる。
30：OPC, "The Privacy Act in brief" (August 2019).

同意が必要である（8条）。他方で情報主体である個人は自己情報の開示、訂正を請求することができる（12条）。

同法はその執行を監督する機関として、プライバシー・コミッショナーを任命し、コミッショナーを長とするOPC（Office of the Privacy Commissioner）を設置する。コミッショナーは、個人情報の不適切な利用、個人情報へのアクセス拒否などの苦情を受け付け、調査を行う権限などを有する。調査は職権によって行うこともできる。政府機関への立入調査を行う権限なども付与されており、調査結果や勧告を政府機関の長に報告するが、その判断に拘束力はない（29条～35条）。個人情報の開示拒否の場合は、調査結果の報告後、当該個人およびコミッショナー自身も個人の同意に基づき、連邦裁判所への提訴が可能である（41条、42条）。OPCは以下でみる民間部門の監督機関でもあり、幅広く活躍しているが、プライバシーの重要性が増すに伴いその権限強化の必要性が指摘されている。

(3) PIPED法

PIPED法は2000年に制定された連邦法であり、民間組織が商業活動の過程で取り扱う個人情報の収集、使用、開示に関するルールを確立することを目的としている（3条）。同法は2015年のデジタルプライバシー法（Digital Privacy Act, S.C. 2015）で多岐にわたり改正されているが、基本的な枠組みは変更されていない。同法は個人情報保護に関する前半部分と、電子文書に関する後半部分に分かれる（以下、前半部分のみに焦点をあてる）。同法の適用対象は、商業的目的で個人情報を扱うカナダ全土のすべての組織であるが、ＰＩＰＥＤ法と「実質的に類似する法律」を州が制定している場合は、当該州における個人情報の収集、利用、開示に関してＰＩＰＥＤ法が適用されない（26条(2)(b)）。表2の通り、アルバータ州、ＢＣ州、ケベック州でＰＩＰＥＤ法と実質的に類似する法律が制定されている。なお、オンタリオ州のように健康情報についてのみ実質的に類似する法律を有する州もある。同法が保護する「個人情報」は、個人を識別可能な情報である（2条）31。プライバシー法とは異なり、ＰＩＰＥＤ法では個人情報バンクの仕組みは導入されていない。また、同法の監督もプライバシー・コミッショナーおよびＯＰＣによって行われる。コミッショナーはプライバシー法の場合と同様の権限を持ち、ＰＩＰＥＤ法違反に対して制裁金や損害賠償を命じる権限はない。コミッショナーによる調査ののち、個人は連邦裁判所に審理を求めることが可能であり、コミッショナーも個人を代理してこれを行うことができる（14条、15条）。連邦裁判所は、ＰＩＰＥＤ法に適合するように組織の慣行を是正するよう命じることや、組織に損害賠償を命じることなどを含む救済を与えることができる（16条）。

ＰＩＰＥＤ法は別表1で定める10の原則――①答責性（Accountability）、②目的の特定、③同意、④制限的収集、⑤制限的利用・開示・保持、⑥正確性、⑦情報の安全性の確保、⑧（ポリシー等の）公開、

31：ＯＰＣの説明によれば、ＰＩＰＥＤ法の保護する「個人情報」は、Ｃｏｏｋｉｅ情報も含まれており、その範囲は広い。また、プライバシー法とは異なり、記録された情報か否かにかかわりなく、保護の対象となる。詳しくは、OPC, "PIPEDA in brief" (May 2019).

⑨個人のアクセス、⑩順守事項違反に対する異議申立て――を順守することを求め、本体ではその例外を規定するという形をとっている。この10原則は1980年のOECD8原則に対応する形で作られたものである。ここでは、③同意についてやや詳しくみておこう。まず、大原則として個人情報の収集、利用、開示には同意が必要であり、この同意のために、個人情報の利用目的、使用・開示のされ方について合理的に理解できるような通知がなされなければならない。また、同意の撤回も認められている。同意の方法としてはさまざまな方式が許容されているが、センシティブ情報については明示的な同意が必要だとされる。ただし、同法は医療記録や所得記録はほとんどの場合センシティブ情報に該当しうるとしつつも、個別具体的には文脈に依存するとしており、何がセンシティブ情報になるかについて明確な規定を置いていない。この点に関し、OPCは2021年のある調査報告書で、①生体情報はあらゆる場面でセンシティブ情報に該当し、②顔の生体データ（顔特徴量データ）はとりわけセンシティブであるとしている[32]。

PIPED法の5条3項は「合理的な人が状況に応じて適切であると考える目的のためにのみ、個人情報を収集、使用、開示することができる」と規定しており、この条件に該当しない場合、同意を得たとしても情報の収集、利用、開示が許されない。これは、立入禁止区域（No-go zones）とも呼ばれる。たとえば、前記報告書でOPCは、民間企業が、商業活動の過程でSNSから無差別に大量のセンシティブ情報――ここでは顔特徴量データ――を取得し、監視することを「合理的な人」が適切な目的と認めるとは思えない、としている[33]。他方、同法4条と7条は個人情報の収集、利用、開示に通知と同意が必要ない場合を規定する。

（4）デジタル憲章プロジェクト

最後に、カナダのデータ保護法の今後の展望について紹介しておきたい。この取組みとして注目されるのが、２０１６年から開始されたデジタル憲章（Digital Charter）プロジェクトである[34]。このプロジェクトは、デジタル時代において、データの収集、管理、利用を進めるには、市民、企業、政府間の信頼と透明性という強固な基盤を築かれなければならないとの考えの下、カナダのデジタル戦略をアップデートするものである。２０１９年には、デジタル憲章として10個のカナダのデジタル戦略の中核的原理が公表されている。それは、①ユニバーサルアクセス、②安心・安全、③コントロールと同意、④透明性、ポータビリティ、相互運用性、⑤開かれた現代のデジタル政府、⑥公平な競争環境、⑦データとデジタルの善い利用、⑧強い民主主義、⑨過激なヘイトおよび暴力からの自由、⑩強力な執行と真のアカウンタビリティ、である。この原理——デジタル憲章それ自体——に法的拘束力があるわけではないが、カ

32：OPC, "PIPEDA Report of Findings #2021-001" (February 2021).
33：*Ibid.*
34：Innovation, Science and Economic Development Canada, "Canada's Digital Charter in Action: A Plan by Canadians, for Canadians" (October 2019).

ナダ政府がデジタル戦略としていかなる原理を重視するかを表明しているといえる。

そして、この原理の一部を実定法化するための法案としてデジタル憲章実施法案（Digital Charter Implementation Act, 2022）が提案されている。同法案は２０２０年に一度提案され、ＰＩＰＥＤ法の個人情報保護に関する部分に代わる消費者プライバシー保護法（Consumer Privacy Protection Act）と、個人情報およびデータ保護審判所法（Personal Information and Data Tribunal Act）を制定することを目指していた。２０２０年の法案は審議が進まず、２０２２年に再提案されている。２０２２年の法案は、右に加えてＡＩデータ法（Artificial Intelligence and Data Act）をも制定する法案として提案され、現在連邦下院の第2読会を通過している[35]。

この法案が成立すればカナダのデータ保護法は大きな転換を迎えることになる。とりわけ、ＰＩＰＥＤ法はデータ駆動型社会の現実に追い付いておらず、現在のモデルでは信頼の構築につながらないなどといわれており[36]、消費者プライバシー保護法の導入はカナダの民間部門のデータ保護にとって重要といえよう。同法提案の狙いは、情報コントロールの強化や責任あるイノベーションの実現をサポートすることなどである[37]。同法の主な特徴は、①同意原則の見直し、②答責性・透明性の強化、③データポータビリティ権の規定、④プライバシー・コミッショナーの権限強化、である。①については、個人情報の収集、利用、開示について原則明示的な同意を求める枠組みを採用しつつも、同意が不要な場合などの例外を認め、匿名加工情報の取扱いなどを含む例外を広範に例示することで、自己情報コントロールと利便性のバランスを図っている。②については、一般的な個人情報の利用ポリシーの公開だけでなく、AIなどを用いた自動意思決定システムの利用に関する説明義務も規定している。また、民間組織に対して、プライバシー管理プログラムの実施（担当者の設置含む）を義務づける。④については、依然としてコミッショナー自身が制裁金などを課すことはできないが、新たに設置されるデータ保護審判所に制裁金を課すよう勧告することができるようになる点は注目される。

個人情報およびデータ保護審判所法に基づき設置される審判所は、消費者プライバシー保護法に基づく申立て、同法に基づく制裁金の賦課について管轄権を有する。審判所は3～6名の構成員からなり、最大任期は5年である（ただし再任は可能）。構成員は同法の担当を指名された大臣の推薦に基づき、総督によって任命される[38]。構成員のうち少なくとも3名は情報・プライバシー法の分野での経験を有する者でなければならない。

AIデータ法提案の狙いは、カナダの価値に沿う信頼できるAI規制の枠組みを提示すると同時に、政府が責任あるイノベーションを阻害したり、AIの開発者、研究者、投資家、起業家を不必要に排除

35：連邦法の制定過程については本章Ⅱを参照。
36：Innovation, Science and Economic Development Canada, "Strengthening Privacy for the Digital Age" (May 2019).
37：Innovation, Science and Economic Development Canada, "Consumer Privacy Protection Act" (March 2023).
38：総督などの統治制度については本章Ⅱを参照。

したりすることのないアジャイルなアプローチをとろうとするものである[39]。同法の目的は、ＡＩシステムの設計、開発、使用について、カナダ全土に適用される共通の要件を定めることにより、ＡＩシステムの国際的および州間の商業活動を規律すること、およびＡＩシステムに関連して、個人または個人の利益に重大な損害を与えるおそれのある特定の行為を禁止すること、である。同法は連邦政府機関には適用されない。同法はＥＵのＡＩ法と同じくリスクベースアプローチを採用している[40]。同法の仕組みは、ＡＩシステムを利用する企業に対して、当該ＡＩシステムが高影響システム（high-impact system）かどうかを評価させ、これに該当する場合には、設計、開発、使用可能にすること、または当該システムの管理について追加的な義務を課すというものである。何が高影響システムであるかは、別途規則で定める要素との適合性から判断され、その要素は、健康・安全に対するリスクと人権に対するリスクの観点から設定される。さらに、①ＡＩ開発のために不法に取得したデータを用いること、②深刻な身体的または心理的危害を与える可能性のあるＡＩシステムを利用可能にし、当該ＡＩシステムによって損害が引き起こされた場合、③公衆を騙すあるいは個人に実質的な経済的損失を与える意図を持ってＡＩシステムを使用することなど、に対して刑事罰を科しており、法人の場合は最高で１０００万ドルもしくは前会計年度の世界収益の３％のいずれか大きい額の罰金となる。また、同法の監督などのためにＡＩデータコミッショナーが設置される。

（5）まとめと示唆

現行のカナダのデータ保護法はやや古くなっているが同意をベースとするデータ保護法モデルの1つといえるだろう。近年では、同意の例外の範囲を適切に設定することで、同意の有効性を担保することを試みており、「同意疲れ」への対応策として参考になりうる。このほかに、日本との比較で示唆がありうるのは、プライバシー・コミッショナーの位置づけである。プライバシー・コミッショナーは「『プライバシーと他の法益の衝突に直面した場合には、プライバシーの保護を優先させる』という一般的傾向性」を持つと指摘されている[41]。前記の顔特徴量データに関するOPCの調査報告書もその具体例の1つといえる。日本の個人情報保護法の監督機関である個人情報保護員会が「個人情報の有用性に配慮しつつ、個人の権利利益を保護するため、個人情報の適正な取扱いの確保を図ること」を任務とし（131条）、有用性とのバランスを図っているのとは異なり、まさに「プライバシーの擁護者」たる存在となっている。データ保護法の監督機関のあり方として——賛否がありうると思われるが——1つのモデルを示している[42]。

39：Innovation, Science and Economic Development Canada, "The Artificial Intelligence and Data Act (AIDA) – Companion document" (March 2023).
40：本書第9章Ⅰを参照。
41：消費者庁・前掲注（26）181頁〔佐藤執筆部分〕。
42：個人情報保護委員会も「個人の権利利益の保護を最重要の任務」とすべきだとするものとして、宇賀克也『新・個人情報保護法の逐条解説』（有斐閣・2021年）740頁。

また、デジタル憲章プロジェクトは憲法学の観点からも興味深い。前記の通り、この取組みはカナダのデジタル戦略が重視する原理のパッケージを提示し、その実施を図るものである。デジタル憲章は憲法的価値とのみ密接に関わるわけではないが、その名称や掲げられている10の原理から憲法的価値との連関を読み取ることができる。急速に変化するデジタル環境に対して、弥縫的な対応を行わざるを得ない部分もあるが、そうした対応を行いつつも、重視する原理や価値を憲法の観点を踏まえつつ定め、その実現に取り組む方向性を示唆しているといえよう43。こうした原理や価値の実定法化の第一歩は現在進行中であるが、カナダの試みは注目すべきものである。

〔山本健人〕

43：こうした方向性は主にEUを中心に発展しているデジタル立憲主義の考え方とも親和的である。山本健人「デジタル立憲主義と憲法学」情報法制研究13号（2023年）56頁以下。

Ⅱ　政治過程

1――連邦制

本節では、カナダにおけるデータ保護、とりわけ個人情報・プライバシー保護に関する政治・政策過程について検討する。カナダは、連邦制国家であるが、本節では紙幅の関係から、その焦点を連邦にあてることにする。以下ではまず、カナダ的連邦制のあり方を概観するところから始めたい。

カナダの連邦制度は、約80年早く連邦制国家として建国したアメリカが、州に権限を強く残したことから多くの課題を抱えたことをみて、中央集権的色彩の強いものとして設計された。1867年憲法は、連邦議会の立法権を91条に、州議会の立法権を92条に規定しているが、91条は、「本法律によってもっぱら州議会に委ねられた事項の諸類型に該当しない全ての事項」を連邦議会の管轄としていることはその現れである。しかしながら、現実には、連邦議会の権限を狭く解釈する運用が行われてきており、現在では地方分権が進んでいる国家の1つといえる。

カナダは、イギリスの自治領として発展した経緯から、イギリス国王を国家元首とする立憲君主制を採用している[1]。ただし、実際には国王は勅許状によって、総督（Governor）にその権限の代理を委ねている（10条）。総督は、連邦首相の助言に基づき、国王が任命するが、事実上、国王に裁量はなく、儀礼的な手続にとどまる。また州には、副総督（Lieutenant Governor）が任命され、州における国王の権限を代理する。副総督という名称ではあるが、総督を補佐するものではなく、州における総督の役割を担っている。国王・総督の権限は、連邦首相、上院議員、副総督や州の上級裁判所の裁判官等の任命権（24条、96条、58条）や下院の召集・解散権（38条、50条）等があるが、立法過程においては、法律案に裁可を与える権限（55条）が重要である。

2――立法過程

立憲君主制のカナダでは、連邦法が成立するためには、法案が上院と下院の両院で可決された後に、国王の裁可が必要となる。上院（Senate）は、定員１０５名の任命制であり、連邦首相の助言に基づき総督が任命する。１９６５年以前は終身制であったが、現在では75歳定年制である。下院（House of Commons）は、定員３３８名で、単純小選挙区の選挙で選出される。憲法上の任期は5年であるが、政府による恣意的な解散権行使抑制を主たる目的として、２００７年の選挙法の改正によって、原則として4年ごとに総選挙が行われることとなった。

法案は上下両院いずれにも提出できる[2]。上院で提出された法案にはSの文字と番号が付けられ（例：

Bill S-15)、下院で提出された法案にはCの文字と番号が付けられる（例：Bill C-202）。すべての法案は、国会の各会期内で法案が提出された順に、時系列で番号が付けられる。法案審議の過程は以下の通りである。（1）まず、第1読会において、法案を提出する議員が、その法案の紹介を行う。ここでは審議・採決は行われない。（2）続いて、第2読会において法案の概要について審議を行い、法案を継続的に審議するかどうかを採決する。可決された場合には、次に委員会審議へ送られる。（3）委員会では、参考人を呼んで質疑を行い、詳細な審議を行う。法案の修正を提案することもでき、法案が採決されると、委員長は報告書を議院に提出する。（4）そして、報告書の審議を議院の本会議にて行う。委員会から提案された変更を含め、再度審議される。さらに追加の変更を提案することも可能で、さらなる修正案が審議されることもある。採決が可決されると第3読会にかけられる。（5）第3読会では、確定した法案を審議し、可決された場合はもう一方の議院へ送付する。否決された場合もしくは採決に至らずに国会会期終了した場合は、法案は廃案となる。（6）他方の議院へ送付された場合、再度（1）～（5）の過程を経る。（7）両院において、採決が可決されると、法案は国王の裁可を得るために総督に提出される。法案が国王の裁可を得ると、正式に法律となる[3]。

1：現在の国王は、チャールズ3世。
2：歳入・歳出に関する法案は、下院にしか提出できない（1867年憲法53条）。
3：これまでに、連邦法案が国王裁可を拒否されたことは一度もない。

こうした法案審議過程に関与するのは、議員と政府機関であるが、それ以外にも企業、市民団体、研究者等の多くの利害関係者がアクターとして存在しており、それらと議員・政府機関を媒介するのがロビイストである。カナダでは、ロビイストによるロビー活動は、法律の枠内で認められた正当な活動であり、データ保護に係る政策形成についても例外ではない。そこで以下においては、ロビー活動に関する制度とその運用について紹介する。

3――カナダにおけるロビー活動の規定（1）：ロビイスト登録法

カナダにおいて連邦レベルでのロビー活動の規制は、1989年に施行されたロビイスト登録法によって始まっている[4]。1960年代以降、政治スキャンダルに対する批判に対し、ロビイストの規制を目的とする議員立法がいくつか提出されてきたが、本法がロビー活動を規律するために制定された初めての連邦法である。ロビイスト登録法では、職業ロビイストに対して登録を義務づけ、登録簿を開示することにより一定の情報公開が行われた。また、ロビイスト登録官（the Registrar of Lobbyists）が設置され、同法の情報開示や登録簿の維持・管理の責任を担っていた。本法は、政府へのアクセスを妨げることなく、ロビー活動を透明化しようと試みるものであり、カナダで政府の政策に影響を与えようとしているのが誰なのかを知る国民の権利を確保することにより、ロビー活動に対する憶測や批判を払拭することを目的としていた。しかしながら、ロビイスト登録法は、有償でロビー活動を行おうとする者に登録を求めるのみで、その資格要件やロビー活動の方法を規制するものではなかったため、さらなる透明性が求められ、数次にわたる改正が行われた後、ロビー活動法に引き継がれた。

4――カナダにおけるロビー活動の規定（2）：ロビイスト活動法

2006年12月に成立した連邦説明責任法は5、ロビイスト登録法の内容を大幅に改正した上で、その名称をロビー活動法に変更した6。

(1)原則

ロビー活動法はその前文で、(1)政府への自由で開かれたアクセスは公共の利益に関わる重要な事項である、(2)公職者へのロビー活動は正当な活動である、(3)公職者と国民は、誰がロビー活動に従事しているかを知ることができることが望ましい、(4)職業ロビイストの登録制度は、政府への自由で開かれたアクセスを妨げるべきではない、と4つの基本原則を述べており、ロビー活動の禁止を目的としているのではなく、ロビイスト登録法と同様、その透明化を目的とすることを明確にしている。

4：The Lobbyists Registration Act, R.S.C., 1985, c. 44 (4th Supp.).
5：Federal Accountability Act, S.C. 2006, c. 9.
6：施行は2008年7月2日である。Lobbying Act, R.S.C., 1985, c. 44 (4th Supp.).

（2）コミッショナー

ロビー活動法は、ロビイスト登録官に代えて、ロビー活動コミッショナー（Commissioner of Lobbying）という役職を設けた。コミッショナーには、ロビイストとその依頼主および公職者に対する教育と一部制裁の執行の任務と、広範な調査権限が与えられている。調査は非公開で行われ、コミッショナーは調査結果を議会に報告しなければならない。コミッショナーはまた、本法の運営に関する年次報告書を国会に提出することが義務づけられている。さらに、コミッショナーの職務権限に属する重要事項については、特別報告書を作成することができる。

（3）公職者および指定公職者

2条においてロビー活動法の対象となる公職者を（a）上下院の議員およびその職員、（b）裁判官および州総督を除く、総督または大臣によって任命される役職者、（c）連邦の審議会や委員会、連邦裁判所法に規定される審判所の理事または職員、（d）カナダ軍の軍人、（e）カナダ王立騎馬警察隊員と定義している。また政府内の主要な意思決定者を指定公職者として定義しており、（a）国務大臣や行政長官およびそれらの上級スタッフ、（b）上級公務員（副大臣や副大臣補佐官等）、（c）その他規則で指定された役職（軍の高官等）がそれに該当する。2010年からは上下院議員、野党院内リーダーのスタッフが追加されている7。

(4) コンサルタント・ロビイストおよび企業内ロビイスト

本法は、クライアントより有償で依頼を受けて公職者と接触を試みるロビイストに適用されるが、そのロビイストは2つの種類がある。まず、5条に規定されるコンサルタント・ロビイストである。クライアントに変わってロビー活動を行う個人は、コンサルタント・ロビイストとして登録しなければならない。次に、7条に規定される企業や団体に雇用される企業内ロビイストである。企業は、ロビー活動を担当する従業員の職務の重要な部分を占める場合（閾値20％）[8]、企業内ロビイストとして登録しなければならない。なお、国会議員等の指定公職者は、退任後5年間はロビー活動を法律で禁止されている（10条、11条）。この規定に違反した者は、5万ドル以下の罰金に処せられる。またコミッショナーは、本条に基づき、違反者の氏名および違反行為を公表する権限を有する[9]。

(5) 登録

ロビー活動法は、ロビイスト登録法と同様、ロビイストに対して、公職者とのいかなる接触であっても、まず初めに登録することを義務づけている。登録情報には、依頼主または雇用主の名前、ロビー活

7：Designated Public Office Holder Regulations, SOR/2008-117, as amended by SOR/2010-192, s. 1.
8：Office of the Commissioner of Lobbying of Canada, A significant part of duties ("The 20% rule").
9：一時的な指定公職者であった場合や学生であった場合などには、コミッショナーに対し、5年間の禁止期間の免除を申請することができる。Office of the Commissioner of Lobbying of Canada, Exemptions granted under the Lobbying Act.

動の対象者と組織、ロビー活動の方法、ロビイストが以前（指定）公職者であったか否か、公職に就いていた場合は離任日の登録が含まれる。また初回登録義務に加え、ロビイストが指定公職者とで交流触した場合、月次報告を義務づけられる。月次報告書には、当該月に行われた指定公職者との各交流について、日時、交流したすべての指定公職者の名前と役職、ロビー活動の目的を明示し、翌月15日までにコミッショナーに提出しなければならない（5条、7条）。コミッショナーは、本法に基づき委員に提出されたすべての申告書やその他記録を保管する登録簿を作成し、保持する（9条）。報告書は登録簿に掲載される前に、コミッショナー事務局により検証され、必要な際にはロビイストは情報の正確性を証明しなければならない。なお、私人や無償での活動はロビイスト登録の必要はない。

(6) 刑罰

ロビー活動法では、ロビイストが必要な報告を行わなかった場合、または提出された報告書やその他の書類、もしくは、指定公職者に対して行われた情報提供依頼に際して、故意に虚偽や誤解を招くような陳述を行った場合、略式起訴での有罪判決では、最高5万ドルの罰金、または6か月以下の拘禁刑、もしくはその両方が科される。正式起訴手続による有罪判決では、最高20万ドルの罰金、または2年以下の拘禁刑、もしくはその両方が科される[10]。その他の違反に対しても、略式起訴による有罪判決で、最高5万ドルの罰金が科される。本法に基づく違反に関する手続は、コミッショナーが違反事実を知った日から5年以内であれば可能である。ただし、違反が行われた日から10年以内でなければならない。

さらに、コミッショナーは、本法違反で有罪判決を受けた者に対し、違反の重大性や本法に基づく前科の有無を考慮し、公共の利益ために必要であれば、最大2年間ロビー活動を禁止することができる。また、違反者の氏名、違反の内容、科せられた刑罰、コミッショナーが科したロビー活動の禁止命令などの情報を一般に公開する権限を有する。

(7) 再検討

14.1条は、本法の5年ごとに議会による再検討を義務づけている。この規定は、ロビー活動法への移行に先駆けて追加され、2005年に施行されている[11]。

5——ロビイスト行動規範

1995年にロビイスト登録法が改正され、コミッショナーに対し[12]、ロビイストの行動規範の作成を義務づけた(10.2条)[13]。ロビイスト行動規範は、制定法の形式を採らず、ロビー活動法を補完する

10：ロビイスト登録法の罰金は、それぞれ2・5万ドルと10万ドルであった。
11：Privy Council Office, PC Number: 2005-0919, 17 May 2005.
12：施行当初は、ロビイスト登録官が担っていた。
13：1995, c. 12, s. 5.

ものであり、透明で倫理的なロビー活動を促進することを目的としている。コミッショナーはロビイスト行動規範の作成にあたり、登録ロビイストや国会議員、ジャーナリスト、学者等、広範な関係者と協議することとされ、作成した行動規範は、下院の委員会による審査を経て、官報に掲載される14。この行動規範は、連邦政府職員がロビイストと接触する際に守るべき倫理制度と対をなして機能しており、特定の状況における行動の詳細な規則を定めている。ロビイスト行動規範を管理する権限は、コミッショナーにあり、行動規範の違反が疑われる場合に調査を行い、調査結果は議会へ報告される場合がある。ただし、ロビー活動法は、規範違反に対する罰則を定めておらず、規範違反が議会へ報告された場合に議会がどのように対応するかも定めてはいない。

6——カナダにおける政策形成における多様なアクター（1）：ロビー活動

（1）分析の手法

前述したように、カナダにおける政策形成においては、政府機関および議員のみならず、企業、市民団体、研究者等の多くの利害関係者がアクターとして登場する。その関与の形は極めて多様であり、その全体像を明らかにすることは困難な作業であるが、以下では、ロビー活動と議会における証人招致という2つの重要な場面に着目して検討を加えることとしたい。

まず、ロビー活動法に基づくロビー活動の実態分析である。前述したように、カナダでは、ロビー活動法に基づくロビー活動が認められており、実際に極めて活発な動きがみられるが、同法に基づいてロビイストが指定公務員に対して行ったロビー活動については、月次報告書にまとめられ、オープンデータとしてコミッショナー・オフィスのウェブサイトで公開されている[15]。そこで、以下においては、まずこのデータを用いて、２００８年から２０２２年の間にデータ保護やプライバシーに関連して、どのようなロビー活動が行われたかを検討する。

(2) 公開情報からみるロビー活動

まず、登録ロビイストが指定公務員と接触した場合、ロビー活動・コミッショナーに対してロビー活動月次報告書を提出することが義務づけられているが、この提出された報告書は、オープンデータとして、インターネット上に公開されている。この制度は、２００８年度に開始され、現在なお継続中であるが、今回は２００８年から２０２２年（いずれも暦年）のデータを取得し、これを解析した。

データは、３つのファイルセットで構成されており、整理番号で相互関係を確認することができる。まず、１つめのファイルである"Communication_PrimaryExport.csv"に２００８年７月２日から２０２２年12月23日のコミュニケーションとして報告されたのは、24万８３９９件（行）であり、これ

14：Office of the Commissioner of Lobbying of Canada, The Lobbyists' Code of Conduct.
15：https://lobbycanada.gc.ca/en/open-data/

がロビー活動報告書総数となる。一度のロビー活動で複数の指定公務員とコミュニケーションをすることがあるが、ファイル1ではそれを1とカウントしている。2つめのファイル"Communication_DpohExport.csv"では、コミュニケーションした相手として37万2267件が記録されている。よって、平均的な相手人数は約1・5人であることになる。3つめのファイル"CommunicationSubjectMattersExport.csv"には、どのような主題（subject）をもってロビイストと指定公務員の間にコミュニケーションが行われたかが記録されている。そこで今回は、主分類項目または副分類項目に"privacy"という用語が含まれているデータを抽出した。その結果、報告書数（コミュニケーション数）では1378件、コミュニーションの相手方数では1963件のデータが得られた。

表1は、2008年から2022年の報告総数1378件に表れたロビー活動先機関のうち、報告書数上位7件について、年度ごとの報告書数をまとめたものである。ロビー活動先機関総数は49であるが、上位7件で1101報告書と全体の約80％を占めている。

表2は、同期間中のロビー活動依頼主のうち報告書数が10以上のものの一覧である。同期間中のロビー活動依頼元は168で、そのうち10件以上の報告書を提出したものは41、報告書数は1020件で、全体の75％を占めている。

これらからみえるプライバシー・データ保護領域におけるロビー活動の特徴は、次のようなものである。

第一に、ロビー活動の主体であるが、個別企業や業界団体によって行われることが多い。たとえば、同期間に報告書を提出した上位10者は、非営利のマーケティング分野の業界団体であるカナダマーケティング協会、カナダ商工会議所、電子認証サービス企業であるセキュアキー・テクノロジーズ、クラウドプラットフォーム企業であるアマゾン・ウェブ・サービス、カナダ銀行家協会、カナダ版全米ライフル協会といわれることもあるカナダ銃火器権利連合、グーグル・カナダ、カナダ自動

表1　2008年～2022年のロビー活動月次報告書対象上位７機関

暦年	報告書数	下院 (House of Commons)	カナダイノベーション、科学及び経済発展省 (Innovation, Science and Economic Development Canada)	プライバシー及び情報コミッショナー (Information / Privacy Commissioner)	カナダ産業省 (Industry Canada)	カナダ財務省 (Finance Canada)	国家財政委員会事務局 (Treasury Board of Canada Secretariat)	上院 (Senate)
2008	5	0	0	4	0	0	0	0
2009	14	0	0	3	3	0	0	0
2010	20	6	0	2	5	1	0	1
2011	17	2	0	5	8	0	0	0
2012	33	3	0	7	17	0	1	0
2013	37	13	0	2	10	0	0	2
2014	50	16	0	7	20	0	0	4
2015	70	9	1	6	26	7	3	0
2016	31	6	5	2	0	2	3	2
2017	87	32	8	3	0	3	7	2
2018	166	56	20	4	0	3	18	16
2019	157	37	38	16	0	16	9	5
2020	151	49	57	9	0	2	7	2
2021	215	108	52	5	0	8	6	5
2022	325	130	85	23	0	25	8	13
Total	1378	467	266	98	89	67	62	52

表2　2008～2022年のロビー活動報告提出者（10件以上）

カナダマーケティング協会（Canadian Marketing Association）	97
カナダ商工会議所（Canadian Chamber of Commerce）	58
セキュアキー・テクノロジーズ（Secure Key Technologies Inc.）	51
アマゾン・ウェブ・サービス（Amazon Web Services Canada, Inc.）	50
カナダ銀行家協会（Canadian Bankers Association）	48
カナダ銃火器権利連合（Canadian Coalition for Firearm Rights）	42
グーグル・カナダ（Google Canada Corporation）	42
カナダ自動車産業会（Automotive Industries Association of Canada）	38
カナダ広告協会（Association of Canadian Advertisers）	32
ケベックデジャルダン銀行グループ（Federation des Caisses Desjardins du Quebec）	30
アマゾン・カナダ・フルフィルメント・サービス（Amazon Canada Fulfillment Services, ULC）	29
ティックトック・テクノロジーズ・カナダ（TikTok Technology Canada Inc.）	29
オープン・メディア（Open Media Engagement Network）	29
サン・ライフ・ファイナンシャル（Sun Life Financial Inc.）	25
カナダ研究図書館協会（Canadian Association of Research Libraries）	24
世界アンチドーピング機構（World Anti-Doping Agency）	24
アマゾン（Amazon Corporate LLC）	21
カナダ・ロイヤルバンク（Royal Bank of Canada）	20
ハンチントン病協会（Huntington Society of Canada）	19
カナダ・イノベーター協会（Council of Canadian Innovators）	19
カナダ・プライバシー及びイノベーション連盟（Alliance for Privacy and Innovation in Canada）	18
カナダ公認会計士協会（Chartered Professional Accountants of Canada（CPA Canada））	18
ティックトック・カナダ（TikTok Canada）	18
ブラックベリー（BlackBerry Limited）	18
不動産鑑定協会（Appraisal Institute of Canada）	17
マイクロソフト・カナダ（Microsoft Canada Inc.）	17
カナダ・エンターテインメント・ソフトウェア協会（Entertainment Software Association of Canada）	16
シスコ・システムズ・カナダ（Cisco Systems Canada Co.）	16
資金決済業協会（Electronic Transactions Association）	16
ロジャーズ通信会社（Rogers Communications Inc.）	14
国際人権監視団（International Civil Liberties Monitoring Group）	14
セイルポイント・テクノロジーズ（SailPoint Technologies Inc.）	13
金融データ技術協会（Financial Data and Technology Association）	13
カナダ生命保険協会（Canadian Life and Health Insurance Association Inc.）	13
カナダ自動車協会（Canadian Automobile Association）	11
カナダ生命保険会社（The Canada Life Assurance Company）	11
カナダ図書館協会連合（Canadian Federation of Library Associations）	10
カナダフィンテック協会（Fintechs Canada）	10
マスターカード・カナダ（MasterCard Canada, ULC）.	10
デジタル権センター（Centre for Digital Rights）	10
全国情報消去事業者協会（National Association for Information Destruction Canada Inc.（NAID））	10

車産業会、カナダ広告協会、カナダ最大の共同組織金融グループの一員であるケベックデジャルダン銀行グループとなっている。市民団体や学術団体もロビー活動を行ってはいるが、量的には相当少ない。

第二に、ロビー活動の時期については、政府が重要な法改正や新規立法を行おうとする前々年以降に集中する。

第三に、ロビー活動先としては、下院議員が圧倒的に多いが、改正法や新規立法の担当省庁も多く、さらにプライバシーおよび情報公開関係法規を所管するプライバシー・コミッショナーやインフォメーション・コミッショナーも対象となっている。

問題は、プライバシー・データ保護領域におけるロビー活動の実態である。残念ながら、月次報告書にはコミュニケーションの主題しか記載されず、そこからロビー活動の実態を知ることには限界があるが、次のように、右にみた特徴を時系列に落とし込んで検討することにより、「規制を受ける側の企業・業界団体が、政府提出法案の準備の段階で影響を与えることを企図している」との推定を行うことができる。

そもそも、2002年から2022年という期間は、カナダにおけるプライバシーやデジタル・データの保護あるいは規制立法が強化された時期と重なる。カナダでは、1983年に政府部門を規制対象とするプライバシー法（Privacy Act[16]）を施行したが、民間部門は規制対象外であった。そこで、カナ

16：R.S.C., 1985, c. P-21.

ダ連邦議会は、民間部門を規制する個人情報保護及び電子文書法（Personal Information Protection and Electronic Documents Act：ＰＩＰＥＤ法）を２０００年に制定したのである。同法は、段階的施行方式を採用しており、即日に一部施行の上、２００９年までに全体が施行された。また、２０１５年にはデジタル・プライバシー法（Digital Privacy Act[17]）が制定され、同法によってＰＩＰＥＤ法の改正が行われている。また、連邦政府は、２０２０年11月にＰＩＰＥＤ法を大幅に改正して、消費者プライバシー保護法と個人情報及びデータ保護審判所法を制定するＣ－11法案（Digital Charter Implementation Act, 2020）を提出した。同法案は、第43議会第2セッションの閉会により廃案となったが、２０２２年6月、政府は改めて第44議会第1セッションにＣ－27法案（Digital Charter Implementation Act, 2022）を提出しており、２０２３年7月13日現在、下院の第2読会を通過して委員会審議に回付されている。なお、今回の法案は、前回のＣ－11法案をさらに発展させて、消費者プライバシー保護法と個人情報及びデータ保護審判所法に加えて、ＡＩデータ法を制定することを内容としている。

そこで、このような時系列と月次報告書の記録を突合することにより、前述の企図が推認される。すなわち、この期間の月次報告書数は増加基調であるが、２０１４年と２０１５年に急増し、２０１６年にいったん減少する。これは、デジタルプライバシー法制定前後と対応している。また、２０１８年以降、ロビー活動が極めて高い水準で推移するが、これは、デジタル憲章実施法（Digital Charter Implementation Act）の準備期間と重なっている。さらにいえば、前記期間におけるロビー活動の主要対象機関が、下院議員および前記法案の所管庁であることは、前記推定を補強するものである[18]。また、情報／プライバシー・コミッショナーは、しばしば、政府法案に対して勧告（recommendation）という形で意見を述べ[19]、それは強い影響力を有するが、同コミッショナーに対するロビー活動の増加のタイミングは、これに向けた業界の動きとみることもできよう。

7――カナダにおける政策形成における多様なアクター（2）：議会審議における証人招致

（1）分析の手法

最後に、議会における証人招致の実態分析を試みる。カナダ連邦議会における法案審議では、第2読会と第3読会の間に委員会審議が置かれており、ここが法律案に対する実質的な審議の場となっている。そこでは、議員による法案提出者への質疑（多くの場合は、法案提出者たる政府に対する野党議員からの質疑）に加えて、さまざまな利害関係者が証人として招致され、意見を述べる機会を与えられている。もとよりカナダのウェストミンスター型議院内閣制の下では、政府が議会内少数与党に支えられている場合（ハング・パーラメント）を別とすれば、政府提出法案が議会の審議段階で修正を受けることは少ない。し

17：R.S.C., 2015, c.32.
18：2015年までの期間では、カナダ産業省が、2018年以降ではカナダイノベーション、科学及び経済発展省が主要なロビー活動対象機関となっている。
19：たとえば デジタルプライバシー法についての recommendation は、次で確認できる。https://www.priv.gc.ca/en/opc-news/news-and-announcements/2023/recs_c27/

かし、少ない修正の端緒として重要なものが証人の意見陳述であることから、プライバシー・データ保護政策における最新の重要立法である2015年のデジタルプライバシー法の審議過程について、議事録を解読する方法を中心として検討する。

なお、同法案については、第41議会第2セッションの2014年から2015年にかけて審議が行われているが、上院で先議されたことから、一般に法案名は「S－4法案」として知られている。

(2) 招致された証人とその特徴

S－4法案は、上院で先議された。4日間にわたる運輸・通信常任委員会で審議の上、1か所の修正を経て可決され、下院に送付された。下院では9日間にわたる産業・科学・技術常任委員会での審議を経て、一切の修正なく可決成立し、デジタルプライバシー法として公布された[20]。

上院および下院の委員会では、それぞれ証人招致が行われているが、そこで意見を述べたのは表3の機関と個人である。この表から理解されるのは、次のような諸点である。

第一に、証人として招致される最大のカテゴリーは、法規制によって影響を受ける業界団体である。表3では、(1)(3)(4)(9)(14)(15)(16)(17)(19)(20)(21)等がこれに該当する。

第二に、主要な業界団体は、上下両院から招致される（(1)(3)(4)(9)）。

第三に、個人として招致される研究者は、かなり限られている。今回は、この分野の第一人者であるオタワ大学のマイケル・ガイスト（Michael Geist）教授のみが、唯一上下両院に招致されている。下院はもう1名研究者を招致し、上下両院は各1名弁護士を招致しているが、組織を代表せずに専門家としての知見を述べるために招致される者の数が少ないという特徴が看取される。

　第四に、法案所管省庁（今回はIndustry Canada）とプライバシー・データ保護政策

20：この経緯については、次で確認可能である。https://www.parl.ca/LegisInfo/en/bill/41-2/s-4

表3　第41議会第2セッションS-4法案審議に招致された証人一覧

1　上下両院に招致された機関・個人
- (1) カナダ銀行家協会（Canadian Bankers Association）
- (2) カナダ弁護士協会（Canadian Bar Association）
- (3) カナダマーケティング協会（Canadian Marketing Association）
- (4) カナダ・与信カード協会（Credit Union Central of Canada）
- (5) 公益擁護センター（Public Interest Advocacy Centre）
- (6) カナダ産業省（Industry Canada）
- (7) カナダプライバシー・コミッショナー事務局（Office of the Privacy Commissioner of Canada）
- (8) マイケル・ガイスト教授（Michael Geist（Canada Research Chair, Internet and E-commerce Law, University of Ottawa））

2　上院のみに招致された機関・個人
- (9) 市場調査・情報業協会（Marketing Research and Intelligence Association）
- (10) マイケル・クリスタル弁護士（Michael Crystal（Lawyer, Crystal and Associates））

3　下院のみに招致された機関・個人
- (11) ブリティッシュコロンビア情報の自由およびプライバシー協会（B.C. Freedom of Information and Privacy Association）
- (12) ビー・エル・ジー法律事務所（Borden Ladner Gervais LLP）
- (13) ブリティッシュコロンビア人権協会（British Columbia Civil Liberties Association）
- (14) カナダ商工会議所（Canadian Chamber of Commerce）
- (15) カナダ生命及び健康保険業協会（Canadian Life and Health Insurance Association Inc.）
- (16) カナダ薬剤師協会（Canadian Pharmacists Association）
- (17) カナダ損害保険業協会（Insurance Bureau of Canada）
- (18) オープン・メディア（OpenMedia.ca）
- (19) ブリティッシュコロンビア後見機構（Public Guardian and Trustee of British Columbia）
- (20) マニトバ後見機構（Public Guardian and Trustee of Manitoba）
- (21) カナダ小売業協会（Retail Council of Canada）
- (22) カナダにおけるインターネット政策及び公益に関するリーガル・クリニック（Samuelson-Glushko Canadian Internet Policy and Public Interest Clinic）
- (23) フィリッパ・ローソン弁護士（Philippa Lawson, Barrister and Solicitor）
- (24) アヴニール・ルバン准教授（Avner Levin, Associate Professor and Director, Privacy and Cyber Crime Institute, Ryerson University）

に責任を負うプライバシー・コミッショナー事務局は、上下両院に招致されている。

第五に、招致される証人は、上院に比して下院の数が多いのみならず、多様性に富む。

(3) 証人による意見陳述の機能とロビー活動との関係

最初に指摘すべきことは、S－4法案は上下両院で24組織・個人（延べ数では、32組織・個人）を招致して、意見を聴いており、これを背景として上院の委員会報告の段階で、政府提出法案が修正されていることである。

この修正は、個人情報の漏洩が疑われる場合において、流出元情報保有組織から当該個人に対して告知を行うべきところ、捜査機関がセキュリティ保護措置違反の捜査のために、その告知を遅らせることを求められるとの規定（政府原案の10.1条(6)）を削除するというものであって、マイケル・クリスタル（Michael Crystal）弁護士とガイスト教授がその危険性を強く指摘したものであった21。この指摘を受けて、上院運輸・通信委員会は、本会議への報告書において修正を提案し、これが上院案として採択されたのであった。

すでに述べたように、カナダの上院は任命制の組織であるが、下院に比して党派性は低い。また、上院では、一般的に下院の政治的決定に対して専門的見地からの修正を行うことを自らの任務と考える傾向があることが、こうした修正を可能としたとみることができよう。

しかしながら、このような審議段階での法案修正は、決して多くないこともまた事実である。S－4法案も、他の業界団体からの意見・要望については法案修正という形で実現することはなく、とりわけ当時は保守党が単独過半数を得ていた選挙制下院においては、一切の修正が行われないまま、賛成141（保守党140および無所属1）対反対105（野党104および無所属1）で可決されている。S－4法案に対する上記修正は、いわば政府利益と市民的権利の調整という「大義」が可視化されたものであったが、業界からの意見・要望の多くは、政策コストに係る利害調整という面が強いことが多いのも、法案段階での修正が少ない理由の1つである。

もちろん、2023年7月現在のようにハング・パーラメント状態である際には、下院での法案修正も十分にありうるが、ステークホルダーとしては、それはいわば「最後のチャンス」であって、可能な限り法案提出前に利害調整を図ることが望ましいといえる。

そもそもカナダにおけるプライバシー・データ保護については、多くの国と同じく、個人情報を含むさまざまなデータの利活用を図りつつ、プライバシーや企業秘密等の実体的権利利益を保護するために、データそれ自体の保護をも図るという基本的な考え方が採用されているが、この考え方自体は、国民、ひいては主要政党に相当程度共有されているといってよい。

21：この意見陳述の記録は、次から全文の閲覧が可能である。https://sencanada.ca/en/Content/Sen/Committee/412/TRCM/07EV-51492-E

他方で、その具体的な規律のあり方については、ステークホルダー間に相当な温度差が生じることは否定できないから、各ステークホルダーによる政策決定過程への関与が極めて重要となる。この点におけるカナダ的特徴は、ロビイストを通じたステークホルダーの政策過程への関与を公的に承認するというロビー活動法上の枠組みが活用されていることである。もちろんカナダでも、議会制民主主義や議会主権原理を背景とする、議会による政策形成という「建前」は維持されているが、それとは相対的に区別される政策形成への関与ルートであるロビー活動について、議会プロセスより前の段階で利用できるものとして法律上制度化し、かつ、それがよく利用されていることは、極めて複雑な利害関係調整が必要となることが多いこの分野の政策決定手法として、日本でも参考とすべき点が多いといえよう。

〔**佐藤信行＝本田隆浩**〕

第7章

ドイツ：議会法による法整備・比例原則

第7章では、ドイツのデータ保護を扱う。歴史的にデータ保護に重きを置き、政治・経済の両面でEU牽引の一翼を担うドイツは、グローバル社会におけるビジネスをはじめとした私たちの生活に影響を与える重要な存在であり、今後を占う試金石にもなる。

ドイツのデータ保護における最大の特徴は、議会による精緻な法律の制定と、その制定法の憲法適合性を担保することができる連邦憲法裁判所の違憲審査である。

Iの*1*～*3*は、ドイツの法制度について、核となる憲法上の価値を軸に、EU法との関係も含めて解説し、その特徴と仕組みを概観する。さらに、AIガバナンスに向けられた要請の最先端の議論から、将来を展望する。

なおIの*4*では、個人情報保護法と刑事の捜査情報の関係について、刑事訴訟法学の視点から概説している。ドイツの警察領域におけるデータ保護とその監督について概観しつつ、日本の現状にも示唆を得たい。

IIでは、ドイツのデータ保護をめぐる政治過程・立法過程について、ドイツの政策形成過程とそのアクター、さらにはロビイング規制を描き出す。そしてドイツの政治過程において特徴的に立ち現れる基本権や連邦憲法裁判所の役割を析出することで、歴史に基づくデータ保護の物語(ナラティブ)を明らかにする。

Ⅰ 法制度

1——ドイツのデータ保護法制と憲法

本節では、ドイツのデータ保護に関する法制度について概観する。

ドイツにおいては、多数の法律がデータ保護を取り巻いているが、全体の核となる憲法上の価値がある。それは1983年の国勢調査判決[1]において連邦憲法裁判所により導かれた、基本法[2]1条1項と結びついた同2条1項に基づく情報自己決定権（Grundrecht auf informationelle Selbstbestimmung）である。国勢調査判決後、情報自己決定権はドイツのデータ保護法制において守るべき中核的な権利として立ち現れ、ここから同意原則／目的拘束の原則／比例原則といった現在のドイツの個人情報の考え方の基礎が発展していくこととなる。

1：BVerfGE 65, 1. なお国勢調査判決以前、初期のデータ保護の議論を刻印づけた先駆的判決として、BVerfGE 27, 1（小規模人口調査決定／1969年7月16日）、BVerfGE 27, 344（離婚手続決定／1970年1月15日）が挙げられることもある。

2：ドイツの憲法にあたるものは、基本法（GG、Grundgesetz）という。東西ドイツ統合以前の歴史的経緯により、憲法（Verfassung）という名称は採用されていない（初宿正典『日独比較憲法学研究の論点』（成文堂・2015年）5頁）。

ドイツのデータ保護の背景には、第二次世界大戦時の経験、特にユダヤ人差別に関連する問題がある。この点は欧州全体のデータ保護にとって共通の始点として、わが国においても共有されている認識であるが[3]、ドイツにおいては、さらに特色をもって語られるべき事柄がある。それはナチスによるユダヤ人迫害を支える国内の諸法令が、内容上は法実証主義の下で[4]、形成過程においては国法学の体系の中で形成されたことに対する反省である。この反省から、ドイツにおけるデータ保護法制は、EU法の要請を範囲・密度の両者で大きく上回る立法と、各法の憲法適合性を担保する違憲審査によって支えられている。

2――ドイツにおけるデータ保護法制の仕組みと構造

ドイツにおけるデータ保護法制の最大の特徴は、憲法上の価値を保障するために整備される多層的な議会法による統制である。本項では、ドイツのデータ保護法制の特徴を整理した上で、データ保護法制発展の経緯を踏まえ、その仕組みと構造を簡潔に示す。

(1)ドイツのデータ保護法制の特徴

ドイツのデータ保護法制の特徴は、主に4つある。

第一に、個人データを保護するという点である。ドイツでは、社会的に意味のある狭義の「情報」の前提となる個人データの取扱いが定められている[5]。ドイツのデータ保護法制の中核をなす連邦データ保護法（Bundesdatenschutzgesetz）1条1項は、「個人データの処理のために（für die Verarbeitung personenbezogener Daten）」本法が適用されることを明示する。現在の連邦データ保護法は、EUのGDPR[6]の下に位置づけられるが、GDPR4条1項は「個人データ（personal data/personenbezogene Daten）とは、識別されたまたは識別可能な自然人（データ主体）に関するすべての情報」をいうと規定しており[7]、日本の個人情報保護法よりも対象の射程が広い。

第二の特徴は、2001年9月11日のアメリカ同時多発テロ前後で個人データの取扱いに関する明確な変化がなく、情報自己決定権の尊重という態度が一貫している点である。これはアメリカとの大きな

3：近年のGDPRに関する邦語概説書では、「EUの中でも常に個人データ保護の権利を主導してきたドイツでは、かつてナチスがパンチカードを用いて、身体的特徴や家系等の個人情報を取得し、ユダヤ人を見つけ出して大量殺戮を行った歴史と東ドイツにおけるシュタージによる監視活動の反省がある」（宮下紘『EU一般データ保護規則』（勁草書房・2018年）3頁）、「欧州は、厳格な個人情報保護制度を持つことで知られている。その背景として、第二次世界大戦時にナチスドイツによるユダヤ人への迫害があったことなどがよく挙げられる（小向太郎＝石井夏生利『概説GDPR』（NTT出版・2019年）14頁）といった言及がなされる。ただしユダヤ人差別は、第二次世界大戦固有の事象ではなくヨーロッパの歴史に根深く潜んでいる点には、注意が必要である（原剛「ヨーロッパ文化における人種差別観の変遷とアボリジニに対する英国政府の変化」城西大学大学院研究年報16巻1号（1999年）28頁以下参照）。

4：ラートブルフ（田中耕太郎訳）『ラートブルフ著作集　第一巻　法哲学』（東京大学出版会・1961年）105頁以下、*Robert Alexy*, A Defence of Radbruch's Formula, in : *M.D.A. Freeman*, Lloyd's Introduction to Jurisprudence, 8. Aufl., 2008, pp. 427, ロベルト・アレクシー（講演）（足立英彦訳）「包摂的非実証主義」法律時報87巻3号（2015年）69頁以下参照。

5：小西葉子「テロリズムに対抗するためのデータに関する立法と立法評価」一橋法学18巻1号（2019年）177頁以下、高橋和広「情報自己決定権論に関する一理論的考察」六甲大論集60巻2号（2014年）116頁以下参照。

6：GDPRは、ドイツでは（ドイツ語の本規則の頭文字をとって）DSGVOと呼ばれるが、日本での通例に従い、本節では英語表記の略称を用いる。

7：GDPRの条文訳については、宮下・前掲注（3）30頁に拠った。

違いである。ただし、連邦憲法裁判所のイニシアチブにより情報自己決定権の尊重を堅持しつつも、立法上はテロ対策のための国家（警察および諜報機関）の情報収集の権限は拡大してきた8。ドイツの諜報機関法ハンドブックは、9・11のショックの下で「テロ防御の警察および諜報機関の権限と関連法規の強化について、ドイツ連邦議会における多数派のコンセンサスが形成された」とする9。

第三に、EU域内外に影響を与える先駆的な立法・判例を継続的に形成している点である。ドイツは、立法・行政の面およびAI開発などの実務面の両者において、EUへの強い影響力を有している。この点は本節3で示す。

第四に、多くの第三者機関が積極的に稼働している点である。この点は本項（4）において触れる。

（2）ドイツにおけるデータ保護法制の発展

冒頭に国勢調査判決について述べたが、ドイツにおけるデータ保護法制の形成は、国勢調査判決が下される前から始まっている。1970年代以降、各ラント（州）の法律においてデータ保護法が成立し10、1977年2月1日に連邦データ保護法が公布された（施行は1979年1月1日）。後述する通り、連邦データ保護法は改正を重ね、現在もドイツのデータ保護法制の中心的な法律として機能している。

連邦データ保護法施行後に下された国勢調査判決は、基本法1条1項と結びついた2条1項により保護される一般的人格権として、「自己決定の思想から引き出される、個人的生活実態をいつ、どこまで公開するかを、基本的に自身で決定する個人の権能」である情報自己決定権[11]を位置づけた初めての連邦憲法裁判所判決である[12]。情報自己決定権保障の趣旨は、「人格の自由な発展は現代のデータ処理の状況においては個人データの無限定な収集・保存・利用・転送に対して個人を保護することを前提としている」という点にある[13]。

本判決に対する応答として、1990年12月20日に連邦データ保護法が改正された[14]。改正までに期間があるのは、多くの争点について、さまざまな会派や政府が改正案を提出したからである。1990年の改正連邦データ保護法では、特に、官民両方の領域におけるデータ保護水準の相互発達を強化し、また両領域の違いをデータ保護義務や統制秩序の形成に関して明確化した点が特徴であった[15]。本改正

8：三宅弘『監視社会と公文書管理』（花伝社・2018年）90頁参照。

9：*Jan-Hendrik Dietrich/Sven-R. Eiffler* (Hrsg.), Handbuch des Rechts der Nachrichtendienste, 2017, S. 72.

10：HEDSG（ヘッセン州、1970年）、RPDSG（ラインラント・プファルツ州、1974年）などが代表的。ヘッセン州のデータ保護法は世界最古の個人データ保護法である（宮下・前掲注（3）3頁）。これはコンピュータの使用に焦点をあて、データ保護を定めたラント立法の例である（*Laura Schulte*, Vom quantitativen zum qualitativen Datenschutz, 2017, S.36 f.）。日本においても、地方行政における個人情報保護的規定が制定され、その後国レベルでの法整備が成立したという点では類似する（日本では、徳島県徳島市（1973年電子計算組織運営審議会条例）、東京都国立市（1975年電子計算組織の運営に関する条例）などが初期（曽我部真裕＝林秀弥＝栗田昌裕『情報法概説〔第2版〕』（弘文堂・2019年）213頁）。その後1988年に旧行政機関個人情報保護法が制定される）。データ保護法制（あるいはデータ保護的規定を含む法令）の地方先行傾向については、コンピュータによる業務効率化の必要性が高く規模が小さい（コンピュータ導入が必要かつ容易な）地方から推進されていったことが一要因と思われる。

11：鈴木秀美＝三宅雄彦編『ガイドブック　ドイツの憲法判例』（信山社・2021年）75頁〔西土彰一郎執筆部分〕。

12：BVerfGE 65, 1.

13：實原隆志『情報自己決定権と制約法理』（信山社・2019年）22頁。Vgl. BVerfGE 65,1(41 ff.)

14：BGBl. I (1990), S. 2954 ff.

15：Schulte, Fn.10, S. 109 f.

では、後述するデータ保護のための第三者機関である連邦データ保護監察官（Bundesbeauftragte für den Datenschutz und die Informationsfreiheit：ＢｆＤＩ）の権限やラントの統制機関のルールについても定めが置かれた[16]。

１９９５年10月24日、後述するＧＤＰＲにつながるＥＵデータ保護指令が公布[17]されたことに伴い、２００１年５月18日には同指令に対応する形で、再度連邦データ保護法が改正された[18]。並行して、２０００年12月７日に公布された欧州基本権憲章（The Charter of Fundamental Rights of the European Union）には、その８条に個人データの保護が定められたが、２００９年12月１日のリスボン条約施行により、同憲章が各国国内において法的拘束力を持つことになった。

２０１６年４月14日、ＧＤＰＲ（一般データ保護規則）が公布される（施行は２０１８年５月４日）。ＧＤＰＲはＥＵ法上の「規則（Regulation/Verordnung）」として、直接国内法として効力を有するが、ＧＤＰＲが規定していない範囲や、より詳細な規定は国内のデータ保護法制によることになる。そこで、２０１７年６月30日、ＧＤＰＲ施行に先駆け、連邦データ保護法が改正された[19]。

ＧＤＰＲと同時に制定されたＬＥＤ（刑事司法指令）は、刑事法領域のデータ保護法制についてＥＵ域内共通のルールを定めている。ただしその形式は「指令（Directive/Richtlinie）」であり、ＧＤＰＲのように直接法的効力を持つのではなく、このルールに従った国内法の制定を求めるものである。ただしドイツの場合は、ＧＤＰＲへの対応は連邦データ保護法の第１編と第２編で、ＬＥＤへの対応は同法の

第1編と第3編で、それぞれ行っている。ドイツにおける個人データ保護と刑事捜査の関係については、**4**で改めて詳述する。

（3）ドイツにおける現在のデータ保護法制の構造と原則

次に、EU法（GDPR）とドイツ国内のデータ保護法の関係を手掛かりに、ドイツ国内法の構造を確認しよう（次頁図1）。ドイツ国内法上の最上位の法、日本における日本国憲法にあたるのは、基本法（GG）である。この下に、データ保護の一般法である連邦データ保護法や、各州（ラント）ごとのデータ保護法があり、さらに分野固有のデータ保護法が存在する。なお各法は目的を異にするが、規制領域によっては、その対象が重複する部分がある。

分野固有のデータ保護に関連する法としては、電気通信法（TKG）やテレコミュニケーション・テ

16：*Spiros Simitis/Gerrit Hornung/Indra Spiecker* (Hrsg.), Datenschutzrecht, 1. Aufl., 2019, S. 175.
17：The European Union, 95/46/EC of 24 October 1995 on the protection of individuals with regard to the processing of personal data and on the free movement of such data.
18：BGBl. I (2001), S. 904 ff.
19：BGBl. I (2017), S. 2097 ff.

図1　ドイツの個人データ保護法制の概略

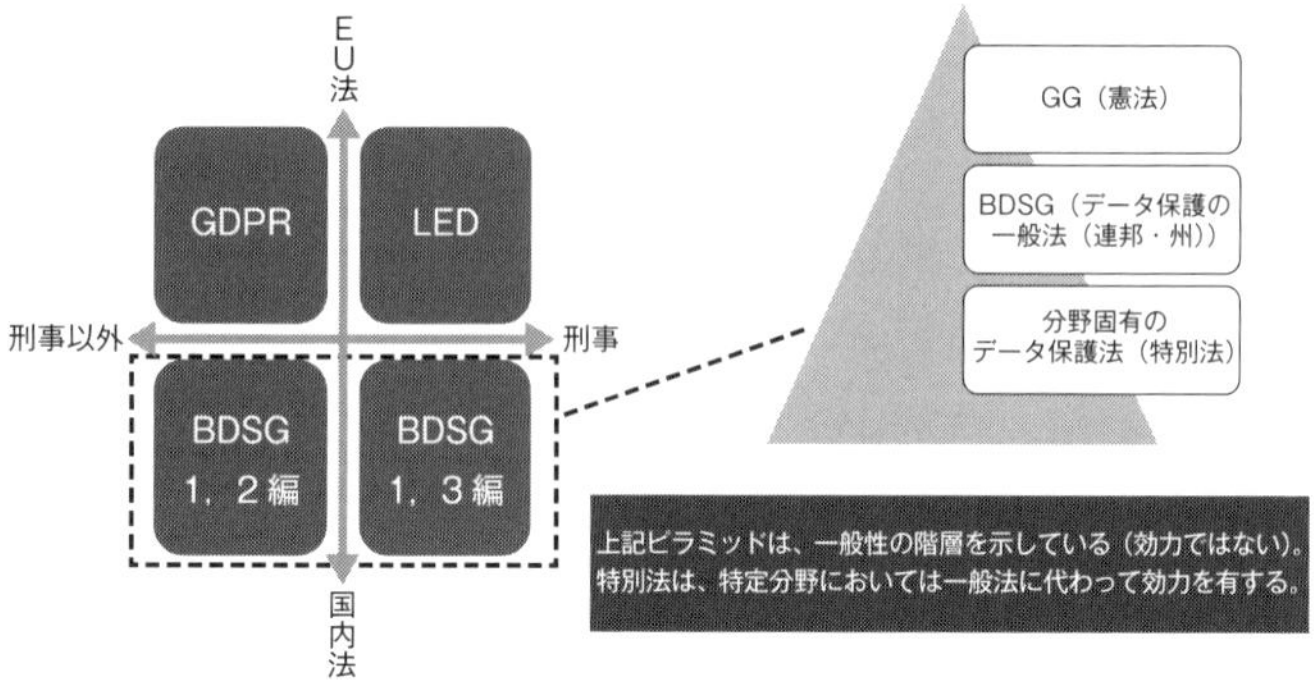

レメディアデータ保護法（ＴＴＤＳＧ）がある[20]。本法の名宛人は、いわゆる電気通信事業者等であり（同1条3項1文参照）、電気通信の秘密や電気通信サービスやテレメディアの利用に際しての個人データの保護などについて規定する（同1条1項）。

ここから、現在のドイツにおけるデータ保護法制全体を司る重要な原則として、ここではデータ保護法コンメンタールに挙げられた3つの原則を取り上げる。

第一に、目的拘束の原則（Zweckbindungsgrundsatz）である。この原則は、「それぞれの治安当局に与えられているデータ収集・処理権限は、それぞれの官庁に固有の任務の範囲に限定される。したがって、データは、憲法上、目的拘束を受け、容易にはその他の官庁に転送されえない」ことを内容とする[21]。法律上は、ＧＤＰＲ5条1項ｂおよび連邦データ保護法47条2号が根拠となり、その要求は目的決定の原則および（狭義の）目的拘束の原則に分けられる[22]。

第二は、データ最小化の原則（Grundsatz der Datenminimierung）

である。この原則は、「必要なデータだけを、その目的に照らして必要な量だけ処理する」ことを要求するものであり[23]、GDPR5条1項cおよび連邦データ保護法47条3号を法律上の根拠とする。

第三は、責任あるデータ取扱いの原則（Grundsatz des verantwortlichen Datenumgangs）である。この原則は、透明性の原則、信義則（Treu und Glauben）に従ったデータ処理の原則、データの正確性・完全性の原則および説明義務といった多岐に渡る要求を包摂する[24]。

（4）さまざまな第三者機関

ドイツのデータ保護法制においては、さまざまなレベルで第三者機関が登場する。データを取り扱う機関だけではデータ保護は実現しないという認識が、多層的な第三者機関の設置・運用を促している。第三者機関についてはGDPRにも規定があるが、GDPRで求められているもの以上の種類・権限を持った第三者機関が置かれている点がドイツの特徴である。

20：Der Bundesbeauftragte für den Datenschutz und die Informationsfreiheit, Datenschutz und Telekommunikation, 2023, S.12. なおTTDSGは、改正前TKG（の一部）および廃止前テレメディア法（TMG）を統合したものである（2021年12月1日施行）。なお廃止前TMGは、2004年に廃止前のテレサービス利用法（TDG）・テレサービスデータ保護法（TDDSG）・デジタル署名法（SigG）の3法律を「一本化し」て制定された経緯がある（寺田麻佑『EUとドイツの情報通信法制』（勁草書房・2017年）148頁以下）。

21：入井凡乃「情報機関・警察の情報共有と情報自己決定権」ドイツ憲法判例研究会編『ドイツの憲法判例Ⅳ』（信山社・2018年）47頁。

22：*Heinrich Amadeus Wolff/ Stefan Brink* (Hrsg.), Datenschutzrecht, 2. Aufl., 2022, S. 6.

23：Ibid., S. 10.

24：Ibid., S. 14.

ＧＤＰＲ第6章で設置を求められている独立監督機関（Independent supervisory authorities/Unabhängige Aufsichtsbehörden）にあたるドイツの機関は、前述した連邦データ保護監察官である（連邦データ保護法8条〜16条）。ただし連邦データ保護監察官は、ＧＤＰＲで求められている最低限の機能を果たしているのみならず、たとえば後述するＡＩガバナンスに関わる問題に関して、業界団体との円卓会議（Runder Tisch zu KI-Datenschutzfragen）を実施するなど、広域的な活動を行う。またその他の機関、たとえば連邦ネットワーク庁（ＢＮｅｔｚＡ）や連邦情報セキュリティ機関（ＢＳＩ）なども、連邦データ保護監察官と並行して、法令遵守の状況を監督している[25]。

国に属するその他の第三者機関としては、行政の電子化を監督する国家法規監理委員会（ＮＫＲ）や[26]、諜報機関の情報収集を統制する基本法10条審査会（G10-Kommission）などがある。

3——AIガバナンスに向けられた憲法上の課題

本項ではドイツにおけるＡＩガバナンスについて、基本法上の問題

表1　AIのアルゴリズムに関わるドイツ基本法上の問題

No.		問題意識	問題となる基本法の条文
1		民主主義および法治国家原理	
	①	国民の統治権と国家権力の間接的な行使にとっての正統性の拘束	20条２項１文
	②	法的安定性の保障（法秩序の信頼性、明確性原則の法律上の形成、理由づけの必要性の法律上の形成）	20条３項
	③	アルゴリズムに関連する法的紛争の可能性	—
2		情報自己決定権	１条１項と結びついた２条１項
3		平等原則（行政の拘束等）	3条1項

を中心に取り上げる。ＡＩのアルゴリズムに関わるドイツ基本法上の問題は、表１の通り整理できる[27]。

(1)デジタル主権とAIガバナンス

表１で示した問題意識のうち、まず「民主主義および法治国家原理　①国民の統治権と国家権力の間接的な行使にとっての正統性の拘束」に関わる重要な取組みとして、デジタル主権保全の取組みに注目したい。

ここでいうドイツの「デジタル主権」とは、ＥＵ域外国により、自国が求めるデータ保護およびデータ保全が脅かされる（＝主権が脅かされる）ことを避ける目的で、自国のイニシアチブでデジタル環境を構築することを指す。デジタル化の下で主権そのものの概念が変容していることを指し示す概念ではない点には、注意が必要である。

２０１８年11月15日に、ドイツ連邦政府はＡＩ戦略を公表した。このプロジェクト「Ｇａｉａ－Ｘ」では、「ＡＩ　メイド・イン・ドイツ」をスローガンとして、ＡＩ分野への多額の投資や大学教授ポスト

25：Fn. 20., S.10.
26：渡辺富久子「ドイツにおけるオンライン・アクセス法—行政サービスの電子化とポータルネットワーク」外国の立法292号（2022年）21頁以下参照。
27：表1は、*Martin Kment/Sophie Borchert*, Künstliche Intelligenz und Algorithmen in der Rechtsanwendung, 2022, S. 46 ff. を参考として、筆者が作成した。

の手配、研究機関の設置などの実利的な側面について整備を行うこととなった28。この戦略においては、連邦経済・気候保護省（ＢＭＷＫ）および連邦教育・研究省（ＢＭＢＦ）が主導する産学官連携により「安全で革新的なデータ基盤（sichere und innovative Dateninfrastruktur）：Ｇａｉａ－Ｘ」が、「デジタル主権に沿った最高次の要求を充足する（die höchsten Anforderungen an die digitale Souveränität erfüllt）」ヨーロッパ全体を視野に入れたプログラムとして開発されている。データ保護を実現するための次の段階として、デジタル主権の実装に向けて舵が切られているといえよう29。

(2) EUのAI法案とドイツ国内の議論

次に、表1で示した問題意識のうち、「民主主義および法治国家原理　③アルゴリズムに関連する法的紛争の可能性」および「情報自己決定権」に関わる最新の動向として、２０２３年6月14日に欧州議会が同意、同年12月9日に欧州理事会と欧州議会が暫定合意に達し、２０２４年3月13日に欧州議会で可決されたＥＵのＡＩ法案（EU AI Act）について、ドイツの視点から言及したい。

ＡＩ法案は、本書第9章でも取り上げられている通り、ＡＩをそれぞれが持つリスクの程度で区分し、リスクの程度に応じて規制を変えること、ＡＩシステムに対する透明性の要請を明確化することが特徴的である。

本規制案とドイツ国内の動向について継続的に情報提供・分析を行うエコノミスト兼ジャーナリスト

のSteffen Stierleは、２０２２年12月の欧州理事会（Europäischen Rat）におけるＡＩ法案の共同合意にあたり、ドイツ代表が他の加盟国やアクターとともに意見を提出したこと[30]、この文書中において高リスク領域の計画的弱体化（vorgesehene Abschwächung）とＡＩの定義の限定（Verengung）に対する危惧が示されていることに注目する[31]。というのも、ドイツ国内においては、この見解に反対する政党の意見も顕在化しているからである。たとえば自由民主党（ＦＤＰ）は、過剰規制や開発者の立場上の不利益を懸念する見解を表明している[32]。

本節では、ドイツのデータ保護に関する法制度について、憲法上の価値という視点から、具体的な法制度とその構造、ＡＩガバナンスに対する最新の動向を概観した。ドイツの法制度を支える個人データ

28：Ｇａｉａ‐Ｘプロジェクトに関し、研究プロジェクトの公募を行うＢＭＢＦの告示（BMBF, Bekanntmachung（1. Juli. 2021））をみると、プロジェクトごとの最大助成額は２０００万ユーロと非常に高額であるが（資金調達ガイドラインの2. 参照）、研究計画の成果は、ドイツ・ＥＥＡ諸国およびスイスに限定されている。なおＧａｉａ‐Ｘは独仏の共同で構想され、ベルギーに非営利財団Ｇａｉａ‐Ｘ ＡＩＳＢＬを置いている（市岡利康「欧州で急速に進む技術主権・デジタル主権確立の議論」産学官連携ジャーナル２０２１年3月（２０２１年）21頁参照）。

29：連邦政府のＡＩ戦略に関するＨＰ参照。なおＧａｉａ‐Ｘについて、畑一成「ドイツの接触跡付アプリCorona-Warn-Appの成立過程とデジタル主権の行方」エコ・フィロソフィ研究15巻（２０２１年）１６０頁は、ＥＵの「域外国によって、勝手にＥＵ市民に識別子が与えられ、データが収集され、紐づけられ、検索可能にされるのを防ぎ、ＥＵが提唱するデータ保全とプライバシー保護を実現される企画」であると説明し、「ドイツは国家プロジェクトとして、ＥＵを巻き込みながらGAIA-Xといったデジタル主権獲得の運動を拡大させようとしている」と評価する。

30：See, *Emre Kazim, Osman Güçlütürk, Denise Almeida, Charles Kerrigan, Elizabeth Lomas, Adriano Koshiyama, Airlie Hilliard and Markus Trengove*, Proposed EU AI Act—Presidency compromise text: select overview and comment on the changes to the proposed regulation, AI and Ethics 3 (2023) pp. 381-387.

31：*Steffen Stierle*, KI-Regulierung: Verspäteter Zoff in der Bundesregierung（17. Januar. 2023）.

32：FDP, KI technologie- und innovationsfreundlich regulieren（14. Juni. 2023）参照。

の保護という軸は、ドイツの歴史的背景に支えられた価値観に基づき、今後のＡＩへの対応にも結び付く。

〔小西葉子〕

4——個人情報保護法と刑事捜査情報

(1) ドイツ警察領域における個人情報保護法制

(a) GDPRとLED

ＥＵ域内において行われる個人情報の取扱いは、原則としてＧＤＰＲの規制を受けることになる[33]。しかしながら、ＧＤＰＲは刑事司法領域を適用外としており、ここでは2でも触れたＬＥＤ（ＥＵ刑事司法指令）が重要となる。同指令は、その前文1で個人情報の保護が基本的権利であることを宣言する。刑事捜査・訴追目的の達成と個人情報保護、両者のバランスを図りつつ、ＬＥＤの内容に沿った個人情報の取扱いが行われなければならない。ＥＵ加盟国には、刑事捜査・訴追における個人情報の取扱いについて、ＬＥＤに則った立法および法解釈、運用を行う義務が課せられるが、ＬＥＤよりも厳格なデータ保護基準を設けることもできる（ＬＥＤ1条3項）。ＬＥＤは刑事司法領域における個人情報保護のミニマムスタンダードであり、ＥＵ加盟国はＬＥＤに沿った法整備を行わなければならない[34]。

(b) LEDの規定内容

LEDは、EU域内における警察および司法当局間で犯罪予防、捜査、訴追等に関わる情報共有および当該情報に関係する個人の基本的権利の保護を目的とする（LED1条1項）。民間機関およびその他の目的で行われるデータの取扱いは、GDPRが適用されなければならないが（LED9条2項）、両者は互いに密接に関係し、相互補完的な関係にある。LEDは、GDPRの刑事司法領域版であり、その基本的な内容、解釈は同一である。

LED4条1項が、個人情報処理の一般的許容要件について以下のように求める。LEDは、個人情報処理について、具体的場面を想定した要件を定めるものではないが、EU加盟国の立法および法解釈、運用の指針を示す。とりわけ、①個人情報の取得・処理に際して比例原則の適用がされること、②個人情報の取得・処理の必要性が認められること、③目的外利用の原則禁止、④目的外利用の許容性判断について必要性および比例性を考慮した規定が設けられることが求められる（LED4条2項）。さらに、特別な種類の個人情報（センシティブ情報）について、厳格な必要性の審査を要求し、かつ当該情報取扱いの運用には高い安全性が求められるとしている（LED8条、9条）。特別な種類の個人情報は、GDPR9条1項が列挙しており、遺伝子情報、生体認証情報のほか、人種的情報、政治的信条に関わる

33：日本とドイツでは、個人情報と個人データの定義が異なる。本項では混乱を避けるため、両者を含む語として「個人情報」を用いる。
34：*Johannes/Weinhold*, Das neue Datenschutzrecht bei Polizei und Justiz, 2018, S. 27 ff.

情報などさまざまである。

このほかにも、ＥＵ加盟国は個人情報処理および、情報保存期間および保存の必要性についての監視、監督機関を設置しなければならない（ＬＥＤ５条）。さらに、被疑者、有罪判決を受けた者、被害者、証人といった属性ごとに分類し、個人情報の取扱いについてそれぞれ個別のルールが作られなければならない。また、誤った個人情報が移転された場合、受信者は直ちにこれを通告し、削除の手続が行われなければならない。当該手続についてもＥＵ加盟国は適切な規定を設けなければならないとされた。

以上のように、刑事司法の領域ではＬＥＤが重要となるが、その具体化についてはＥＵ加盟国の立法に委ねられる部分が多い。とはいえ、ＥＵの求める個人情報保護の基準は決して低いものではなく、ＥＵ加盟国は各国のデータ保護機関と連携し、刑事法指令の内容を適切に国内法制化しなければならない。ＬＥＤを受けて、ドイツでは連邦データ保護法および警察における個人情報・データ処理関係法の改正が行われた。また、刑事訴訟法の解釈、運用についてもＬＥＤの内容を踏まえたものでなければならない。

ＬＥＤの内容が遵守されているかについて、ＥＵデータ保護監察官とＥＵ加盟国のデータ保護監督機関が協同して監視、監督していくことが求められており（ＬＥＤ51条、ＧＤＰＲ68条）、ドイツでは後述する連邦データ保護監察官および各州のデータ保護監察官がその役割を担うことになる[35]。

(c) 捜査・訴追における個人情報保護

ドイツで認められている情報自己決定権は、個人に関わる情報の取扱いは、原則として個人に委ねられるということを前提としている。そのため対象者の同意なく捜査目的で個人情報が取得、処理される場合には、情報自己決定権を侵害していることになる。個人情報保護の観点から、警察捜査による個人情報の取扱いが正当化される要件を定めた規定が必要となり、捜査のためといえども法的根拠がない個人情報の取得は認められていない。

警察捜査での個人情報保護にとって、まず刑事訴訟法が重要となる。刑事訴訟法は、裁判所による捜査機関をコントロールするための基準を示す。ドイツ刑事訴訟法160条4項は、ドイツ連邦法および州法に適合しない捜査手法を用いることは許されないと規定し、これは個人情報を用いた捜査手法統制に関する一般規定となる。本条がいうドイツ連邦、州法には、個人情報保護に関する一般的規定であるドイツ連邦データ保護法等も含まれる。同法の内容は当然にEU法に反してはならないため、ドイツ刑事司法上の個人情報の取扱いは、EU法の要請に沿ったものでなければならない。具体的には、GDPR、LEDの内容に沿った立法、法解釈、運用が行われなければならない。

刑事手続における個人情報の取得、処理の具体的条件について、ドイツ刑事訴訟法474条以下が定

35：*Johannes/Weinhold* (Anm. 34), S. 36 ff.

める。これらの規定は、ドイツ連邦データ保護法および州データ保護法に対して特別法的な性格を有するが、捜査・訴追における事案処理の際にデータ保護法の内容を参照することが排除されるわけではない。そのため、ドイツ連邦保護監察官の監督権限も刑事手続上のデータ保護関係規定の解釈、運用等にまで及ぶことになる（ドイツ連邦データ保護法9条1項）36。

ドイツ刑事訴訟法におけるデータ保護規定において、現在行われている捜査目的でのデータ取得・処理（ドイツ刑事訴訟法483条）とデータベースなど事後的な利用を目的とするデータ保存・運用（ドイツ刑事訴訟法484条）とが厳密に区別されている。また、個人情報が取得された当初の目的以外での利用が原則的に禁止されていること（目的外利用の禁止）も重要である（ドイツ刑事訴訟法487条）。以上のように警察による個人情報の処理は、捜査目的を達成するために必要な範囲に限ってではあるが、ドイツ刑事訴訟法の規定を根拠に認められている。しかしながら、生体認証情報の処理に関して個別規定による統制が求められる可能性が高い。近年の動向として、ＡＩによる人の生体認証情報の処理、特に顔識別、顔認証技術を用いた捜査手法のあり方が問題とされてきたように思う。ドイツにおいてテクノロジーの進歩に伴う新しい捜査手法の採用が行われた場合、当該捜査手法の基本的権利に対する侵害の種類、程度などが議論され、比較的速やかに適切なコントロールを行うための刑事関連立法が行われてきた歴史がある（ＤＮＡ型鑑定、データベースなど）。２０２３年９月現在、ドイツ刑事訴訟法は当該技術に関係する明確な規定を定めていない。ただＥＵ委員会の示すＡＩ法案等をみると、顔識別、顔認証技術は高リスクなＡＩ利用に位置づけられており、近い将来において具体的な刑事訴訟法の根拠規定が設けられることは間違いない。ＡＩを用いた個人情報、特に生体認証情報の侵害を伴う捜査手法に対しても同様の態度が見て取れる。

(d) 警察組織内における個人情報保護

犯罪の捜査・訴追、ならびに危険防止を目的とする警察の活動を実施するため、さまざまな属性の個人に関わる情報を取得、処理することが必要となる。ＬＥＤにより、ＥＵはＥＵ域内の司法・警察当局による個人情報の処理に関するミニマムスタンダードを示した。ＬＥＤの内容は、ドイツ国内では刑事訴訟法に加え、連邦データ保護法の第３部および連邦刑事庁法などにおいて、国内法に移管、法整備が進められている。

　犯罪予防目的や将来の捜査に用いるためのデータベース運用等、警察による個人情報の処理は、連邦レベルではＧＤＰＲとドイツ連邦データ保護法、州レベルでは警察のデータ処理に関する州法に基づいて行われている。連邦刑事庁との協力関係において、州警察も連邦刑事庁法に基づき個人情報を処理しており、個人情報の処理が許可される対象、保存期間、消去義務などについて、具体的な規定に基づき運用されている。連邦刑事庁法９条が個人情報の処理一般について規定しており、警察活動としての犯

36：ドイツ刑事訴訟法におけるデータ保護の一般規定について、*Meyer-Großner/Schmitt,* Kommentar zur StPO, 2021 § 474 Rn1-3.

罪予防、捜査、訴追目的での個人情報の処理を正当化する。さらに、個人情報取得の目的が同一であること、つまり同種の犯罪の捜査・訴追を目的とすること、同種の犯罪の発生を防止することを目的とする場合に限られるという制限は設けつつも、取得した個人情報のデータベース利用等による再処理についても認められている（連邦刑事庁法12条、16条）。また、刑事手続の終了が即座に個人情報の削除義務に結びつくものではないとしながら、手続が打ち切られた場合、無罪判決が確定した場合には捜査途上で取得された個人情報が即刻削除されなければならないとされるなど（連邦刑事庁法18条5項）、個人情報の削除要件に関する明確な規定も設けられている。しかしながら、保存される個人情報について決まった削除期間はなく、定期的に保存に関する再審査が行われるとされるにとどまる。期間は成人（18歳以上）10年、青年（14歳以上24歳未満）5年、児童（14歳未満）2年である（連邦刑事庁法77条1項）。

（e）警察データベース：警察情報システムの運用

ドイツ連邦刑事庁が管理するデータベースの中で、最も重要なのが警察情報システム（Polizeiliches Informationssystem-INPOL）である。警察情報システム37は、連邦政府と州を結ぶネットワーク化されたデータベースである。このデータベースは連邦刑事庁が管理、運用を行っているが、連邦と州のすべての警察がデータの保存と検索を行うことを可能としている。このデータベースを用いることで、犯罪記録、人名検索、物品の検索、逮捕記録、識別サービス、ＤＮＡ型鑑定記録などの相互検索、保存、運用が可能となる。連邦刑事庁が運営する警察情報システムは、ドイツの警察業務に欠かせないもので、このシステムの中核をなすのは、人物と物に関する情報、データである。ここに保存された情報は、入力後数秒で関係するすべての警察当局に提供され、連邦刑事庁のほか、州警察署、連邦警察、税関当局がこのシステムにアクセスできる。２０２２年7月1日現在、警察情報システムの指名手配者データベースには27万４８９４件の個人情報および、居住地に関する42万６９６２件の情報が登録されている。さらに、警察情報システムの物品検索システムには、犯罪に関連する可能性がある約１６００万点の物品が記録されている[38]。

警察情報システムにおける個人情報の取扱いは先にみた連邦刑事庁法の規定に基づいて行われる。たとえば、削除について逮捕のためにその個人情報が検索、処理、公表された人物が警察に逮捕された場合、関連する指名手配者警報は削除されなければならない。また警察は、被疑者・被告人が裁判所の判決により無罪となった場合、または捜査・訴追段階でも嫌疑なしで手続が打ち切られた場合、警察情報システムから対象者の個人情報を削除しなければならない。

また警察は、保有する情報の対象者から申出があった場合、処理の対象となる個人情報について通知しなければならない。とりわけ、当該個人情報の取得を行った者・方法・場所等について、さらに情報

37：警察情報システムについて、連邦刑事庁のホームページ参照。https://www.bfdi.bund.de/DE/Buerger/Inhalte/Polizei-Strafjustiz/National/DasPolizeilicheInformationssystem-INPOL.html

38：https://www.bka.de/DE/UnsereAufgaben/Ermittlungsunterstuetzung/ElektronischeFahndungsInformationssysteme/polizeilicheInformationssysteme_node.html

処理の目的およびその法的根拠、情報が移転・共有された受領者または受領者の属性、保管期間、またはその期間を決定する基準、管理者による情報の修正・消去または処理制限の権利の存在について知らされなければならない。また、これら個人情報の処理に関して、ドイツ連邦データ保護監察官に不服を申し立てる権利（ドイツ連邦データ保護法60条）が認められることが、対象者に対して告知されなければならない。

ドイツ連邦警察による個人情報の収集・処理・事後的利用について、ドイツ連邦データ保護監察官が、州警察については、州データ保護監察官がその監視および苦情受付などを担う。ドイツ連邦データ保護監察官は、ドイツ連邦データ保護法が適切に運用されているかに加え、LEDがドイツ国内で確実に法制化されているかについても監視、監督する義務を負う。また、州レベルの警察関係法における個人情報の保護がLEDを十分に踏まえたものとなっているかについて、各州のデータ保護監察官が監督権限を有する。連邦データ保護監察官と州データ保護監察官の地位、権限に優劣はなく、それぞれが法律にのみ基づき独立してデータ保護観察業務を行うことになっている。

（f）データ保護監察官の権限に対する懸念

犯罪捜査、訴追、予防等の性格を考えると警察は、捜査対象以外の人間でも、言ってみれば警察が関係したすべての人間の個人情報を収集、処理、保存している可能性がある。さらに、AIが実装されたシステムを用いて警察保有情報と他の政府機関等が保有する情報が共有され相互処理が行われた場合、情報主体である個人に対する影響はこれまでになく深刻なものとなるかもしれない。このような事態を避けるために、憲法上の権利である情報自己決定権保障の観点から連邦、州データ保護監察官の果たす役割は重要である。

データ保護監察官の権限と警察などの捜査機関に認められる権限とが衝突し、犯罪捜査の遅延などが生ずる危険性も指摘されている[39]。実際に捜査・訴追目的のためにデータ保護法の要請に抵抗する動きがみられ、これに対してEUがLEDの十分な国内法移管が行われていないことを理由に条約違反訴訟を提起しようとしたことがあった[40]。警察が関係した個人情報保護をめぐる問題として、たとえばベルリン警察が警察情報システムの利用に際して利用申請を適切に処理していなかった事例、ハンブルク警察がサミット警備の際に大量の個人情報を違法に取得していた事例などが報告されている[41]。一見、強固な個人情報保護の体制が整備されているようにみえるドイツにおいても、警察での個人情報に対する不当な侵害が行われた事例が散見される。現在、ドイツはEUからの要請を概ね受け入れ、立法等を含

39：警察捜査の遅延、阻害等に対する懸念について、*Gisch*, Datenschutzaufsicht im strafprozessualen Ermittlungsverfahren K-iPoZ 2020, S. 335.

40：連邦データ保護監察官であるウルリッヒ・ケルバーは、この条約違反訴訟が提起される危険性を指摘していた。https://netzpolitik.org/2021/eu-datenschutzrichtlinie-fuer-strafverfolgung-deutschland-hat-die-frist-laengst-ueberschritten/

41：ベルリンの事例について、https://netzpolitik.org/2022/eklatant-rechtswidrig-doppelte-ruege-der-datenschutzbeauftragten-fuer-die-berliner-polizei/、ハンブルクの事例についてNVwZ 2020, 852 ff.

めた是正措置が行われた[42]。とはいえすべての問題が解決されたわけではなく、個人情報へのリスク、侵害を伴う犯罪捜査・訴追、予防等の活動を、個人情報保護の実践とどのようにして調和させるかが問われ続けることに変わりはない。EU法とドイツ国内法のせめぎあいの中で、ドイツ刑事司法における個人情報保護がどのような発展をみせるのかが注目される。

(2) 日本における警察保有情報の保護をめぐる問題

以上、ドイツの状況を概観した。これを踏まえた上で、日本の刑事司法におけるデータ保護のあり方について、最後に考えてみたい。

(a) 警察による個人情報の取得、処理、運用をめぐる問題点

DNA型および顔特徴量データなど多くの生体認証情報が裁判所による審査を経ずに警察に取得されている実態がある。この点について、いわゆる「京都府学連事件」判決は[43]、憲法13条を引用し、個人に対して「みだりに容ぼう等を撮影されない自由」があることを認めつつ、一方で警察等国家活動にとって必要な範囲で、当該自由が制約されることがあることが明言されている。近年では、街頭カメラ等の設置数が劇的に増加しており、継続的な映像撮影に関する問題が顕在化しているが、日本では、画像、映像データに含まれる顔特徴量データなどの生体認証情報を取得する場合でも、必ずしも明確な根拠規定、裁判所の事前審査を経る必要はないとされている。以上の点について、東京高裁Nシステム判

決[44]で示された基準が参考となる。ここでは、Nシステムが記録するのは個人の容ぼうではなく、ナンバープレートに限られるという技術的な前提をとりつつ、個人の情報を収集し管理する目的は、犯罪予防の観点、および捜査目的から正当なものであるとする。さらに、ナンバープレートの性質および情報収集の場所が公道上であることから、取得される個人情報は公権力に対して秘匿されるべき情報ではないとされる。また、防犯カメラ決定は[45]、捜査目的を達成するためであれば、不特定多数人が出入りする場所に設置された防犯カメラに記録された対象者の容ぼうを用いて画像解析を行うことについて、裁判所による事前の許可がなくとも許されることがあるとした。ただし本決定において、捜査目的による防犯カメラ映像の取得、処理等が許されるための十分かつ明確な基準が示されたわけではない。

取得された個人情報の保存、事後的利用について、データベース運用にも明確な法的根拠が欠けるとの指摘があり、保存された情報の目的外利用の禁止、保存期間、削除などの法に基づく統一的なルールは存在しない。もちろん、警察は自主的規制としての内部ルールを定めてはいるが、裁判所をはじめとする外部機関による検証が行われる仕組みは今日に至るまで設けられてはいない。この点につき、警察

42：ＥＵ委員会の見解について、https://germany.representation.ec.europa.eu/news/bericht-eu-datenregeln-fur-justiz-und-polizei-verbessern-opfer-schutz-2022-07-25_de
43：最高裁昭和44年12月24日大法廷判決（刑集23巻12号１６２５頁）。
44：東京高裁平成21年１月29日判決（ＬＥＸ【文献番号】２５４５０９８６）。
45：最高裁平成20年４月15日第二小法廷決定（刑集62巻５号１３９８頁）。

のＤＮＡ型データベースにおける個人情報の削除要件の不備が争われた裁判において、少なくとも刑事手続における無罪判決が確定した場合には捜査途上で取得されたＤＮＡ型記録を削除しなければならない旨の判決が出されたことは注目に値する[46]。とはいえ、無罪確定者のＤＮＡ型を抹消しなければならないとするドイツの制度が引き合いに出され、日本とドイツが自由主義を重んじる国であるという共通点を認めてＤＮＡ型の抹消を命じてはいるものの、ＤＮＡ型抹消を命じる法理論的根拠について必ずしも明確な判断はされていない。このように日本の裁判所がする刑事司法の領域での個人情報保護に関する判断の基準には不明確な部分が多いように思われる。

(b) 日本の警察領域における個人情報保護のあるべき方向性

日本においてもＡＩ（人工知能）、ビッグデータなどの技術革新および情報のグローバル化などに対応するために個人情報保護法が改正され個人情報保護に対する意識が高まっている。これにより行政機関の保有する個人情報の保護に関する法律（いわゆる行個法）が廃止、個人情報保護法へと一元化され、警察保有情報に関する権限も個人情報保護委員会に認められることになる。

個人情報保護委員会は、独立性の担保された独立行政委員会として考えることができる。個人情報保護委員会には、資料提出や実地調査の権限に加え、指導や勧告を行うことが認められている（個人情報保護法１５６条～１６０条）。しかしながら、一般行政機関に対してはともかく、警察などの機関に対しては、警察活動の密行性や扱う情報の秘匿性等を考慮した場合、十分な監督業務を実施できない可能性がある。個人情報保護の観点からは、立入り権限の強化のほか、指導や勧告にとどまらない強制力を持つ是正命令の発出等、個人情報保護委員会による警察に対する監視権限の拡大、強化が必要となる。また、個人情報保護委員会の監視の実効性を担保する手段も必要となる。

そのためにも裁判所の判断における個人情報保護に関する明確な基準が示されることが期待され、警察等、捜査機関の行う個人情報の収集・処理についてのコントロールの強化が求められよう。さらに、個人情報を対象とするデータベースの運用についても根拠規定を設けることが求められる。

刑事司法領域における個人情報保護体制の構築・強化は、捜査遅延など警察活動を停滞させる可能性を生じさせるかもしれない。しかしながら日本では、警察の個人情報の処理に関する具体的な根拠規定が曖昧で、情報処理対象者の権利についても明らかではない。警察活動と個人情報保護とのバランスを考えた立法的措置等、早期の対策が求められる。

〔水野陽一〕

46：名古屋地裁令和4年1月18日判決（LEX【文献番号】25591643）。

II 政治過程

1――はじめに

ドイツのデータ保護の歴史を語るとき、ヘッセン州データ保護法（1970年）→連邦データ保護法（1977年）→国勢調査判決（1983年）→欧州化（1990年代）、という流れは、データ保護を語る上での、お決まりのものとなっている[1]。ここには、いわゆる「『下』から『上』への発展というナラティブ」[2]がある。本節でもこの整理に沿って解説することで、ドイツのデータ保護の特徴を政治過程の面から示すことにしたい。さらに、EUとドイツの関係についても取り上げ、データ保護の母国であるドイツの現在の立ち位置を明らかにする。

2――データ保護の歴史の始まり

(1)電子的データ処理の登場

ドイツにおいてデータ保護が強く意識される転機となったのは、電子的データ処理の登場である。

１９５０年代半ば以降、コンピュータを用いて個人に関する大量のデータ収集・処理を行い、データベース化することが、現実の問題となっていった。電子的データ処理は効率化をもたらすとともに、国家による包括的な監視という懸念を呼んだ。電子的データ処理の利点と危険をめぐる論争については、アメリカでは１９６０年代から、欧州でもそれに5年ほど遅れて議論がなされてきたといわれる[3]。国家の統合的データベースの中で、データが包括的に収集、保存、処理、結合されることにより、人間が「金魚鉢のなかの金魚」[4]となってしまうことへの危惧、つまり、餌を与えられ、観察され、刺激によって特定の行動をとるよう仕向けられるような存在へ堕してしまうことへの恐れから、包括的なデータ保護立法が模索されていた。

(2) 一般的人格権による私的領域の保護

この当時、電子的データ処理に関わると考えられたのは、私的領域の保護であった。私的領域の保護

1：ただし、この図式では捉えきれていない側面もある。*Kai von Lewinski*, Geschichte des Datenschutzrechts von 1600 bis 1977, in: Felix Arndt u. a. (Hrsg.), Freiheit-Sicherheit-Öffentlichkeit, 2009, S. 196 (196) は、電子的データ処理以前の歴史がいまだ記述されていないだけであると指摘している。

2：*Jan Henrik Klement*, Öffentliches Interesse an Privatheit, JZ 2017, 161 (161 ff.). ただし、同論文自体はデータ保護法の発展を下から上への一方向的なものとは捉えておらず、むしろ、異なる規範段階が相互に作用し、場合によっては「下」へも刺激を与えるという、いわば「揺れ動き」の中で発展を続けるものと解している。

3：ホルスト・ビーバー「データ保護」北川善太郎＝ハンス・ペーター・ブル編『社会とコンピュータ』（日本評論社・１９８３年）13頁（13頁）を参照。

4：*Wolfgang Zeh*, Der Mitmensch als Datensatz, in: Ulrich Seidel u. a., Datenschutz, 1979, S. 77 (77 f.).

は、（たとえば、日本におけるプライバシー保護と同様に）ドイツの憲法（基本法）上、明文で規定されたものではない。人格に関わるが個別具体的な人格権にまで至っていない保護法益を、一般的人格権の一内容として包括的に保護できるかは、第二次大戦前からドイツにおいて議論のあるところであった。この一般的人格権は、戦後に裁判を通じて承認された。つまり、民事・刑事の最高裁判所である連邦通常裁判所は、1954年の裁判において、ドイツの憲法たる基本法1条（人間の尊厳）、2条（人格の自由な発展の権利）を根拠に一般的人格権を承認し、これを名誉権や私的領域の保護のような個別的人格権や、その他の人格的利益の保護の根源とする考え方が定着していった（基本法につき本章Iを参照）。

(3) データ保護へ

しかし、一般的人格権と、その一部である私的領域の保護が、国家による電子データ処理との関係でいかなる効力を発揮できるかは未知数であった。

このころ、私的領域は「領域理論」との関係で把握することが支配的であった。つまり、人間の人格を核心とし、不可侵たる内密領域（核心領域）、私生活に関わる私的領域、社会との関連性を有する社会領域を同心円状に配置し、外縁に向かうほど保護の程度が低くなるとする理解である。

1960年代末以降にデータ保護の議論が本格化していく中で、私的領域の保護が依拠する領域理論の不十分さが指摘されるようになった。データベース社会において、領域理論に基づきデータの秘匿性を軸にデータの濫用に対抗しようとすると、秘密ないし私生活に関わる事項のように内密ないし私的領域に属するデータはまだしも、職業上の経歴データのように社会領域との関連を示すデータについて、不合理な帰結を招きかねないためである。データベース上で個人に関するデータの一元的な管理・結合・利用が可能となっているにもかかわらず、取得されるデータの秘匿性によって保護の程度が左右される領域理論に依拠するべきであるか否かが問われていた。

この時期は、ループレヒト・カムラー『プライバシーの権利――新たな技術発展を念頭に置きつつアメリカから見た一般的人格権』（1969年）などにより、アメリカの議論もドイツ語で紹介されていた。ウルリヒ・ザイデルも『データベースと人格権――アメリカのコンピュータ・プライバシーを中心として』（1972年）を公刊した。ザイデルは、領域理論的思考の限界を自覚しつつ、アメリカの議論も参照しながら、データベースに対抗するための人格権論を検討した。ザイデルは、現在の意味におけるデータ保護をも開拓した点で注目される。1970年代には急速に「データ保護」というキーワードが論じられるようになったが、その内実は定まったものとはいえなかった。当初は、データ保護の名の下に、データの安全（セキュリティ）が念頭に置かれていた。他方でザイデルは、データ保護（Datenschutz）は、データのみだりな伝達や使用から個人を直接に守るものであるとし、データ保全（Datensicherung）は、データそのものを保護し、それによって人格権を間接的に保護するものであるとして、これらを区別・定式化した[5]。さらにザイデルは、データの特定、収集、保存、処理および伝達が法的に許容される条件に関わるものを実体的データ保護法と呼んだ。ここに、現在において一般的なデータ保護の概念が創始されたといわれている。

以上のように、ドイツではまず、電子的データ処理やデータベースをはじめとする技術発展を、一般的人格権という土台においてどのように受け入れるかが問題とされ、そして、その内実として、私的領域の保護やデータ保護が、多様に論じられていた。こうした中で、個人に関連するデータ処理一般に関わる「データ保護」の議論は、立法によっても具体化されていく。

3——1970年代におけるデータ保護立法

(1)世界で最初のデータ保護法：1970年ヘッセン州データ保護法の成立

ドイツは連邦国家であり、立法権限も連邦と16のラント(州)で分有する。基本法70条1項は「ラントは、この基本法が連邦に立法の権限を付与していない限度において、立法権を有する」と定める。

1970年10月7日に公布されたヘッセン州データ保護法(以下「HDSG」という：GVBl. I 1970, S. 625)は「世界で最初のデータ保護法律」[6]といわれる。ヘッセン州でいちはやくデータ保護立法が行われた背景には、①ヘッセン州で中道左派の社会民主党(SPD)が強かったこと、②公行政分野で電子データ処理が取り入れられたこと、③データ保護に通じた人材がいたことなど、複数の要因があった[7]。直接のきっかけは、1969年6月10日の『フランクフルター・アルゲマイネ』紙上に掲載された「コンピュータの陥穽」と題する論説[8]であったとされる[9]。これは、法学の素養を備えたジャーナリストの手によるもので、国家行政へコンピュータが大規模導入されることに伏在する危険と、それに対する対処の必要性を説いていた。この論説を受けて、当時のヘッセン州首相ゲオルク＝アウグスト・ツィンは、その日のうちに、こうした危険を防ぐための法案を2週間以内に提出するよう指示したという。

ＨＤＳＧは、第1章のタイトルに「データ保護」を掲げた。もっとも、当初のＨＤＳＧの対象は、公的部門のみであり（同法1条）、非公的部門への適用は予定していなかった。「データ保護」を掲げているが、実際には、データ保全の色合いが濃かったようである[10]。

ＨＤＳＧでは、データ保護監察官という仕組みが導入されたことが、ドイツのデータ保護法にとって「おそらく最も重要な刷新」[11]であったと評価されている。データ保護監察官は、州政府の提案に基づき、

5：*Ulrich Seidel*, Datenbanken und Persönlichkeitsrecht, 1972, S. 130; *ders.*, Persönlichkeitsrechtliche Probleme der elektronischen Speicherung privater Daten, NJW 1970, 1581 (1583). データ保護については、高木浩光「個人情報保護から個人データ保護へ（6）」情報法制研究12号（2022年）49頁（69頁以下）も参照。

6：*Spiros Simitis*, in: ders. (Hrsg.), Bundesdatenschutzgesetz, 8. Aufl. 2014, Einl. Rn. 1.

7：太田知行「西ドイツ ヘッセン州における情報保護の現状（1）」判例タイムズ349号（1977年）37頁（40頁）を参照。

8：*Hanno Kühnert*, Tücken der Computer, FAZ vom 10. 6. 1969, S. 1.

9：以下も含め、*Spiros Simitis*, in: Kartmann/Ronellenfitsch (Hrsg.), 40 Jahre Datenschutz in Hessen, 2012, S. 17 ff. を参照。

10：Vgl. Hessischer Landtag Drucks. Nr. 3065, S. 9.

11：*Spiros Simitis*, Chancen und Gefahren der elektronischen Datenverarbeitung, NJW 1971, 673 (678).

州議会によって選出される。その任務は、独立した地位の下、①同法違反がないか監視し、違反があった場合には監督官庁に報告し、改善措置を提案すること、②機械によるデータ処理の導入が、ラントの憲法機関間、地方自治機関間、および国家と地方の自治間の権力分立に変化をもたらすか観察すること、③その年の活動結果に関する報告書を州首相に提出し、州首相は、州政府の意見とともに報告書を州議会に提出すること、であった。

データ保護法違反に関する観察・監督のみならず、必要に応じて法改正を指示する役割をデータ保護監察官に担わせるという仕組みは、のちにヘッセン以外の各州や、連邦レベルにまで整備され、現在に至るまで、ドイツのデータ保護分野に多大な影響を及ぼし続けている。

(2) 連邦データ保護法の制定の前史：シュタインミュラーの鑑定書

HDSGの立法作業と並行して、連邦データ保護法（以下、原則としてドイツでの略称であるBDSGと表記する）の立法作業も進められていた。その中心人物はヴィルヘルム・シュタインミュラー（1934～2013年）で、レーゲンスブルク大学で1969年に法情報学を創設した人物である。シュタインミュラーは、1970年の冬に、親類の伝手をつかってボンの官庁にいる担当者のところへアポを取り付け、データ保護に関する鑑定書の依頼を求める「売り込み」を行った[12]。これが功を奏して依頼を獲得し、4万マルクという大金が支出されることになったものの、鑑定書は半年以内に完成させなければならなかった。シュタインミュラーは急ぎ「データ保護作業部会」を立ち上げ、他の5名のメンバーと、自身の講座スタッフを動員して、1971年1〜6月に鑑定書の作成にあたった。これが『データ保護の基本問題——連邦内務省の依頼による鑑定書』（1971年7月）[13]に結実する。およそ200頁弱の、鑑定書としては大部のものである。

この鑑定書にはいくつもの興味深い記述がみられるが[14]、ここでは、データ処理の「裏面」としてのデータ保護の概念と、データ保護立法の出発点として私的領域（≒プライバシー）が退けられたことに限って、取り上げておきたい。

まず、鑑定書におけるデータ保護の概念を確認しておこう。鑑定書は、データ保護をデータ処理の「裏側」として位置づけ、公的部門に限られない、経済や学問におけるデータ処理もデータ保護の対象であると位置づけた。また、鑑定書がいうデータ保護とは、「情報処理の望ましくない結果を防ぐための予防措置の集合」であるとされる。ここでいう「望ましくない情報処理」であるかは、ドイツ社会の目標に反しているかに左右され、この目標は、究極的には基本法（憲法）の基本決定に求められている。

12：*Wilhelm Steinmüller*, Das informationelle Selbstbestimmungsrecht — Wie es entstand und was man daraus lernen kann, RDV 2007, 158 (158 ff.).
13：*Wilhelm Steinmüller* u. a., Grundfragen des Datenschutzes: Gutachten im Auftrag des Bundesministeriums des Innern, 1971. 1972年9月7日の連邦議会印刷物（BT-Drucks. VI/3826）の附録1として収録されている。なお、附録2として、前述のカムラーによる鑑定書がある。
14：のちの連邦憲法裁判所の判断にも一定の影響を与えたとされる、「情報的自己決定権（informationelle Selbstbestimmungsrecht）」を提示したことなどである。

次に、鑑定書は、データ保護立法の出発点としては、「私的領域（≠プライバシー）」[15]が役に立たないという見解を提示している。その理由は以下の通りである。私的領域の理解は、時間や場所、さらにはその主体によっても相対的なものであるとされる。ある人にとっては私的領域に属することでも、他の人にとってはそうではないかもしれない。ＡがＣに打ち明けたいことを、ＢはＣに対して秘密にしたいかもしれないし、その逆かもしれない。誰に対する私的領域であるかという点で私的領域には相対性があり、私的領域に何が含まれるかも、各人の理解に依存する。私的領域は、その内容を（立法の出発点としうるレベルで）定義することは不可能ということになる。

私的領域をデータ保護立法の出発点から除外することに対しては、批判も少なくなかったものの、ＢＤＳＧの立法過程に一定の影響を与えた。１９７７年に公布されたＢＤＳＧの１条（データ保護の任務と対象）は、１項にて「データ保護の任務は、個人関連データを、その保存、伝達、変更及び消去（データ処理）における濫用から保護することによって、対象者の保護に値する利益の侵害を阻止することである」としたが、ここで「私的領域」が直接に言及されることはなかった。ＢＤＳＧ草案の提案理由は、「私的領域の相対性」を考慮して、「保護に値する個人的利益は直接に保護されるのではなく、個人関連データの（濫用からの）保護を通じて間接的に守られる」のであると説明している[16]。

4――連邦データ保護法の立法過程

では、ＢＤＳＧはどのようなやりとりの中で成立したのだろうか。

(1)ドイツの立法過程の概要

まずは、ドイツの（連邦レベルの）立法過程を簡単に確認しておきたい[17]。法案の提出権については、基本法76条1項が「法律案は、連邦政府、連邦議会の議員団、又は連邦参議会を通じて、連邦議会にこれを提出する」と規定する。法案の提出者に応じて、その後の立法過程が異なる。成立する法律案の多くは、連邦政府提出法案である（以下では、連邦政府提出法案の立法過程に限定して話を進める）。連邦省庁で法案が起草されることになるため、ロビイストは、こうした初期段階で影響を与えようとする[18]。連邦法律は、連邦議会によって議決されることになっており（基本法77条1項）、ラント政府の代表から

15：鑑定書では、プライバシーの領域を「私的領域」と呼ぶとしているが、ただしそれは単なる名称にすぎず、私的領域に関する従来の一般的な意味合いとは異なるとされている。
16：BT-Drucks. 7/1027, S. 22.
17：以下の記述も含め、連邦データ保護法の制定過程につき詳しくは、*Herbert Auernhammer*, Bundesdatenschutzgesetz, 2. Aufl. 1981, Einführung, Rn. 17 ff.; *Hans Peter Bull*, Datenschutz oder Die Angst vor dem Computer, 1984, S. 104 ff. のほか、行政管理庁行政管理局監修、行政管理研究センター編『世界のプライバシー法〔改訂版〕』（ぎょうせい・１９８２年）１４７頁以下などを参照。ドイツの統治機構・立法過程については、小林公夫「ドイツの議会制度」調査と情報１０５５号（２０１９年）１頁、片桐直人「ドイツにおける政府提出法案の起草過程とその規律」川﨑政司＝大沢秀介編『現代統治構造の動態と展望』（尚学社・２０１６年）１８６頁、櫻井智章「ドイツ」初宿正典編『レクチャー比較憲法』（法律文化社・２０１４年）94頁などを参照。
18：Vgl. *LobbyControl*, Lobbyreport 2021, 2021, S. 20.

なる連邦参議会を通じて、各ラントも連邦の立法に協力し（基本法50条）、連邦参議会は、連邦法律の成立にも関与する（基本法78条）。このように、連邦法律の制定には、連邦政府、連邦議会、連邦参議会が関わっている。また、外部専門家も関与することがある[19]。

（2）連邦データ保護法の立法過程

ＢＤＳＧは政府提出法案であり、その準備は１９７０年には開始されていた。１９７２年7月には前述のシュタインミュラーらによる鑑定書が公刊されていたほか、11月には内務省による最初の公聴会も開催され、ヘッセン州のデータ保護監察官も参加している。早くも経済界や行政分野の代表者から、データ保護法に対する反対の声が寄せられていたという。

こうした動きの中で、長きにわたる立法作業が開始された。政府提出法案は、まず連邦参議会に送付される（基本法76条2項1文）。ＢＤＳＧの場合、１９７３年5月23日に連邦参議会へ送付された。法執行に関わるラントの意見を、連邦参議会を通じて、立法過程の早期で反映できるようになっている。連邦参議会は法案に対する意見を表明する権限があり、この連邦参議会の意見に対して、連邦政府は「応答意見」を作成する。以上を経て、連邦政府の法律案と提案理由、それに対する連邦参議院の意見表明、連邦参議院の意見に対する連邦政府の応答意見の3点が、連邦政府により、連邦議会に提出される。ＢＤＳＧの場合、１９７３年9月20日に、連邦政府提出法案＋連邦参議会の意見＋連邦政府の応答意見が、連邦議会へ提出された[20]。

ＢＤＳＧ案は、１９７３年11月29日に連邦議会の第一読会にて討論が行われ、複数の委員会に付託されることとなった。実際に（異例なほど）多くの委員会で審議がなされたほか、１９７４年５月６日と１９７６年３月31日には公聴会も開催され、多くの専門家が意見を述べた[21]。連邦議会の審議は、１９７６年６月２日の内務委員会の報告と動議をもって終了したが、動議には数多くの修正提案が含まれている[22]。この動議が６月10日の連邦議会の第二・第三読会で採択されている。

連邦議会で採択された法律は、連邦議会議長を通じて、遅滞なく、連邦参議会に送付される（基本法77条１項２文）。連邦政府提出法案については、連邦参議会にて２回目の審議が行われることになる。各州の利害に関わる法律が成立するためには連邦参議会の同意を得なければならない（基本法78条）。同意の可否に先立ち、連邦参議会は、１９７６年６月25日に（連邦議会と連邦参議会の構成員からなる）合同協議会の招集を要求すること（基本法77条２項）と、法案にいくつかの修正を求めることを議決した。招集された合同協議会は、１９７６年７月２日の会議で修正案の動議を議決し、１９７６年11月10日に

19：片桐・前掲注（17）１９３～１９４頁を参照。
20：BT-Drucks. 7/1027.
21：前者の公聴会の記録として、*Presse- und Informationszentrum des Deutschen Bundestages* (Hrsg.), Datenschutz/Meldegesetz. Zur Sache 5/1974を参照。シュタイン＝ミュラー、ジミティスのほか、データ保護の専門家らが意見を述べている。
22：BT-Drucks. 7/5277, insb. S. 12 ff.

は連邦議会の、同12日には連邦参議会の同意を得たことにより、成立した。その後、1977年1月27日に連邦大統領により認証され、同年2月1日にBDSG（データ処理における個人関連データの濫用から保護するための法律：BGBl. I 1977, S. 201）が公布、一部を除き1978年1月1日に施行された（内容については、本章Iを参照）。公的機関だけでなく、非公的機関のデータ処理も対象としている。データ処理の条件や対象者の権利について規定されたほか、連邦データ保護監察官の任命や任務についても規定された（初代の連邦データ保護監察官には、ハンブルク大学教授であったハンス・ペーター・ブルが任命されている）。現在でも、連邦データ保護・情報自由監察官（以下「BfDI」という）と名称を変え、積極的な活動を行っている。これについては本章Iのほか、本節においても後述する。

(3) データ保護法の政策過程と主要アクター

ドイツでは、1970年のヘッセン州データ保護監察官に始まる、データ保護の監督・助言機関の伝統が根づいている。データ保護分野で技術発展の速度が著しいことは当初より意識されていたため、独立した監督・助言機関を設けることで、時代に即応したデータ保護立法を行おうとしてきた。現在では、BfDIと、各ラントのデータ保護・情報自由監察官（州により細かい名称は異なる）が、データ保護の監督にあたっている。

これらのアクターが一堂に会する場として、連邦および諸ラントの独立データ保護官庁会議がある。

1978年以来、原則として年に2回の会議が開催されており、相互の情報交換や、法解釈の統一化の促進を図っている。会議をもとに、決議等の形で成果がまとめられるが、法的拘束力はない。もっとも、その伝統と権威から、データ保護の問題に関して事実上の影響を及ぼすものといわれている。

BfDIは、GDPR51条1項にいう監督機関に相当する。2019年からは、元連邦議会議員のウルリヒ・ケルバーが務めている。GDPRに規定された任務に加え、BDSGやその他のデータ保護に関する諸規定の適用を監視・執行するほか（BDSG14条1項1文1号）、個人データの処理に関して、自然人の権利と自由を保護するための立法上および行政上の措置について、ドイツ連邦議会および連邦参議会、連邦政府、ならびにその他の組織および委員会に助言することとなっている（BDSG14条1項1文3号）。この任務を遂行するために、自発的に、または照会に応じて意見表明を行うことが可能である（BDSG14条2項）。この意見表明はデータ保護に関して広く行われており、連邦憲法裁判所のデータ保護に関する判決に意見表明を行うこともあれば[23]、連邦議会における公聴会の場にて、法案に関する意見表明、時には批判さえも行っている[24]。さらに、BfDIは、GDPR59条およびBDSG15条に基づき、活動報告を毎年発行している。以上のように、ドイツにおけるデータ保護に関する多く

23：たとえば、https://www.bfdi.bund.de/SharedDocs/Pressemitteilungen/DE/2023/04_BVerfG-Urteil-Datenanalyse.html.
24：たとえば、https://www.bfdi.bund.de/SharedDocs/Downloads/DE/DokumenteBfDI/Stellungnahmen/2023/StgN_risikobasierte-Arbeitsweise-FIU.pdf?__blob=publicationFile&v=3.

の事項に関連してプレゼンスを発揮しており、データ保護に関する政治過程で、先導的な役割を果たすアクターであるといえる。

(4) ドイツにおけるロビー活動規制

データ保護の議論は、その初期に、特にＢＤＳＧの立法過程では、経済界からの激しい抵抗に晒された。たとえば、内務委員会にてＢＤＳＧの作成に参与していた議員も、ロビーによる激しい圧力を受けて、保護の程度が弱められてしまったと述べたという[25]。このころのドイツでは、ロビー活動を包括的に規制する規定はみられなかった。

もっとも、連邦議会の１９７２年9月21日の決議（BGBl. I 1972 S. 2066）により、連邦議会議事規則に附属書１ａ（団体およびその代表者の登録）が挿入されていた（１９８０年以降、附属書２へ移動）。これに基づき、連邦議会または連邦政府に対して利益を代表する団体の情報が登録される、公開のリストが設置された。利益団体の代表者が公聴会に出席するには、このリストへの登録と、必要事項の提供が条件となった。とはいえ、こうした定めは、議会が自ら定めたルールに従って、議会の領域（とりわけ委員会における公聴会）へのアクセスが可能となっていることを示すという点で、法的というよりは、象徴的な意味合いのものであるといわれていた[26]。

２０００年代には、立法過程における透明性向上のため、ロビー活動の法規制を求める声が強まったものの、長きにわたって立法化は進まなかった。しかし、２０１７～２０２１年の第19選挙期[27]において、社会民主党（ＳＰＤ）との連立政権を担う中道右派のキリスト教民主同盟（ＣＤＵ）／社会同盟（ＣＳＵ：バイエルン州のみで活動するＣＤＵの姉妹政党）の議員に、ロビー活動関連の不祥事が相次いで明らかとなり、ロビー規制に反対してきたＣＤＵ／ＣＳＵも態度を変更せざるを得なくなった。

こうして、ロビー登録簿法（BGBl. I 2021 S. 818）[28]が、２０２１年３月末に連邦議会で可決、２０２２年1月1日に施行された。同法1条によれば、連邦議会や連邦政府（および省庁における部長レベル以上の官僚機構）に対して利益代表を行う場合、登録簿に登録が必要となる。登録簿といっても電子的なものであり、ウェブ上から閲覧や登録、登録されている利益代表者の検索が可能である。利益代表の分野において実際に発生した財政支出（人件費なども含む）も登録が求められている。年に一度は情報を更新する必要があり、情報が誤っている場合の罰則もある。

もっとも、それでもなお不十分であると指摘されている。ドイツでは、財政支出によるロビー活動よりも、「情報的ロビー活動」、つまり、「情報、観点、研究、背景的議論などを通じて立法府や行政府の

25：１977年の週刊誌報道による。これについては、*Herbert Meister*, Bundesdatenschutzgesetz oder Datenerhebungs-Ermächtigungsgesetz?, ZRP 1979, 129 (129, Fn. 2) を参照。
26：Vgl. *Julian Krüper*, Das Wissen des Parlaments, in: Morlok/Schliesky/Wiefelspütz (Hrsg.), Parlamentsrecht, 2016, § 38, Rn. 66.
27：ドイツの連邦議会は会期制をとらず、連邦議会議員の４年の任期がひとつの選挙期（立法期とも言われる）を構成する（基本法39条１項）。
28：正式名称は「ドイツ連邦議会および連邦政府に対する利益代表のためのロビー登録簿の導入のための法律」である。

決定の担い手に影響を及ぼす」手法が中心的な役割を果たしているとの指摘されているだけに29、ロビー登録簿法によっても、登録されたロビイストが立法過程において具体的にどのような影響を与えたかという痕跡は明らかにはならないことが問題視されており、さらなる規制が必要といわれているが、今後の課題として残っている。

5――連邦データ保護法とその改正：データ保護法の転機

1978年に施行されたBDSGは、その後に幾度も改正されたが、1990年と2017年には全面改正が行われている。刺激を与えるアクターになったのは、連邦憲法裁判所と、EUである。

(1) 国勢調査判決とその立法への影響

ドイツにおいてデータ保護を決定的に刻印づけたのは、連邦憲法裁判所が1983年に下した国勢調査判決（BVerfGE 65,1）である。基本法1条1項と結びついた2条1項により保護された一般的人格権は、データ処理という現代的前提条件の下では、個人データの無制限の捕捉、保存、利用および伝達に対する個人の保護を提供するとし、ここに「情報自己決定権」が確立した（詳しくは、本章Ⅰを参照）。

こうした情報自己決定権の要請は、立法者に対しても態度の変容を迫るものであったといえる。シュピロス・ジミティスは、「連邦とラントの立法者が、原則として単一の法律でやっていけると考えていた時代は、遅くとも国勢調査判決によって終わりを告げた」[30]という。情報自己決定権の要請に従えば、法律上の根拠は「明確かつ市民にとって認識可能」でなければならないため、ＢＤＳＧのような一般的・横断的な規律と並んで、「分野別に固有の規律」も必要となった。実際に、国勢調査判決で提示されたデータ処理の条件に適合させるため、ＢＤＳＧやラントのデータ保護法は改正を迫られた。１９９０年12月20日の「データ処理及びデータ保護のさらなる発展のための法律」（BGBl. I 1990 S. 2954）は、複数の法律を一度に制定する条項法律であるが、その第1条項によって、新たなＢＤＳＧが制定され（全面的に置き換えられ）、１９９１年６月１日に施行された（これに伴い、１９７７年のＢＤＳＧは１９９１年５月31日に失効した）。

いずれにせよ、国勢調査判決によって、一般的人格権の特別な具体化としての情報自己決定権という位置づけが明らかにされたことにより、データ保護の問題は、同じく一般的人格権によって保護される私的領域の保護と並んで、一般的人格権の中で別の位置づけが与えられることとなった[31]。

29：*Andreas Polk*, Lobbyismus in Deutschland, in: ders./Mause (Hrsg.), Handbuch Lobbyismus, 2023, S. 501 (502 ff.).
30：*Simitis* (Anm. 6), Einl. Rn. 48.
31：一般的人格権の多様な保障内容については、石塚壮太郎「人格の自由な発展の権利」鈴木秀美＝三宅雄彦編『ガイドブック ドイツの憲法判例』（信山社・２０２１年）62頁（67頁以下）を参照。

(2) データ保護法の「欧州化（Europäisierung）」

１９９０年代は、データ保護法の「欧州化」が進んだ。１９９５年のＥＵ一般データ保護指令（95/46/EC）は、加盟国が規律によって国内実施すべき目標を設定した。「指令」であるため、加盟国での国内実施が必要となる。このため、先の１９９０年版のＢＤＳＧも、ＥＵ指令の実施のために、２００１年5月18日の法律（BGBl. I 2001 S. 904）によって改正がなされた。

リスボン条約が２００９年に発効し、ＥＵ基本権憲章がＥＵの一次法となった（ＥＵ条約6条1項1段）。これにより、ＥＵは、データ保護に関する基本権を、ＥＵ基本権憲章8条（およびＥＵ機能条約16条1項）によって保障することとなった。ＥＵレベルで独自のデータ保護基本権が保障されたことは、１９７０年代にドイツをはじめとする各国のレベルから始まり、その後に欧州のレベルへと進んだ「欧州の法発展の暫定的な終止符」[32]であるともいわれる。この憲法上の保障は――その後に採択されたＧＤＰＲの検討理由（前文）１でも前記のデータ保護基本権が言及されていることに象徴されるように――ＥＵの立法者にとって、新たな出発点ともなっている。

(3) ＥＵへの抵抗

データ保護法の欧州化が進む中、本章Ｉで解説されたように、ＥＵにおけるデータ保護のさらなる調和を求めて、ＧＤＰＲの制定や、それに伴うＢＤＳＧの改正（２０１７年）が行われた。

政治過程の観点から興味深いのは、そうした動きに対して、現職（当時）の連邦憲法裁判所裁判官から反発がみられたことである。2012年1月9日に、ヨハネス・マージング（連邦憲法裁判所裁判官）による「基本権との決別」[33]と題する記事が、南ドイツ新聞に掲載された。マージング裁判官は2008年から2020年まで連邦憲法裁判所で（主に基本権の問題について扱う）第一法廷の裁判官を務め、データ保護法や表現の自由なども担当していた。先述の記事は、欧州委員会が2012年1月25日に新たなデータ保護規則案を公表するのに先立ち掲載されたものであった。この記事においてマージング裁判官は、ドイツの基本権が骨抜きにされることを危惧している。とりわけ、指令（EU機能条約288条3段）から規則（EU機能条約288条2段）となり、あらゆる分野へ直接適用されることによって（なお、警察・司法分野は別の指令により規律される）、各国の基本権が適用されなくなることへの懸念をあらわにした。こうした懸念には、ドイツ（および連邦憲法裁判所）がデータ保護について蓄積を有することが背景にある。マージング裁判官は、国勢調査判決以来の30年にわたるデータ保護判例や、意見表明の自由・一般的人格権の保護に関する判例も、紙くずになるか、少なくとも歴史的なエピソードになってしまう、とさえ述べている。

こうした見方はマージング裁判官個人によるものであるし、ドイツにおいてもやや極端であると受け

32：*Nikolaus Marsch*, Das europäische Datenschutzgrundrecht, 2018, S. 1.
33：*Johannes Masing*, Der Abschied von den Grundrechten, SZ v. 9.1. 2012, S. 10.

止められはしたものの[34]、データ保護の「母国」としてのドイツの矜持の一端を示すとともに、EU（EU司法裁判所も含む）に対するドイツ連邦憲法裁判所の政治的なアピールを見て取ることができる。

データ保護法の大家であるアレクサンダー・ロスナーゲル（彼は2021年からヘッセン州データ保護監察官を務めている）も、2012年の時点で、GDPRに対する懸念を示していた[35]。すなわち、欧州委員会が「規則」を選択し、データ保護法の立法権限を独占することで、加盟国におけるデータ保護の議論は枯渇し、ブリュッセルにおけるロビー活動に取って代わられる事態を招くというのである。

結局のところ、GDPRは多くの開放条項を備え、加盟国に規律の余地を残したことから、「規則の衣をまとった指令」[36]であるともいわれるし、「データ保護法の欧州化は、ドイツのデータ保護法の実質にはほとんど影響を与えてこなかった」[37]とも評価される。他方で、ロスナーゲルの懸念のうち、ブリュッセルでのロビー活動が欧州におけるデータ保護にとって大きな影響を与えるであろうという部分については、現実のものとなっている[38]。

(4) ビッグテックとロビイング

データ保護と関わりの強いビッグテックのロビー活動は、EU（ブリュッセル）へと向けられている（詳しくは、第9章Ⅱを参照）。データ保護の文脈、とりわけGDPRに関していえば、「規則」の法形式をとっていたことが、ロビー活動にも影響を与えていたと考えられる。仮に「規則」ではなく「指令」であったならば、国内実施の際に、各国の立法過程においてロビー活動が改めて影響を与えることが可能であるが、規則であれば、欧州レベルで採択された内容が直接に効力を有するため、欧州の立法過程に対するロビイング等の働きかけが活発化することになる[39]。

6——おわりに

データ保護の母国たるドイツでは、研究者ないし専門家が早くからデータ保護の問題に関与してきたことが1つの特徴をなしている。シュタインミュラーらによる鑑定書や、データ保護監察官による報告書や発言なども、立法に向けた情報的ロビー活動の一環だったたといえよう。立法への刺激という点では、連邦憲法裁判所の役割も大きなものであった。確かに、データ保護に関する立法の起点はＥＵへと移ってはいる。とはいえ、データ保護の伝統や、基本権に対して並々ならぬこだわりのあるドイツにあっては、こうした諸アクターが手綱を緩める気配はなく、今後もＥＵとの間で相互作用が続いていくものと考えられる。

〔新井貴大〕

34：Vgl. etwa, *Jürgen Kühling*, Die Europäisierung des Datenschutzrechts, 2014, S. 19 ff.
35：*Alexander Roßnagel*, Datenschutzgesetzgebung - Monopol oder Vielfalt?, DuD 2012, 553 (553).
36：*Jürgen Kühling/Mario Martini*, Die Datenschutz-Grundverordnung, EuZW 2016, 448 (448).
37：*Klement* (Anm. 2), 163.
38：詳しくは、内田聖子「ロビイストから民主主義を取り戻す」世界955号（2022年）166頁以下を参照。
39：Vgl. *Martin Selmayr/Eugen Ehmann*, in: Ehmann/Selmayr (Hrsg.), DS-GVO, 2. Aufl. 2018, Einführung, Rn. 46.

第8章
フランス：市民社会による参加と受容

フランスは、ＥＵ加盟国の中でも比較的早い段階から、国のデータ保護機関ＣＮＩＬを創設し、中央集権型の個人データ保護を図ってきた。法律中心主義の伝統が色濃く残るフランスでは、法律に対する市民の関心は高く、法律が保護する権利の侵害に対しても、市民社会は、訴訟やデモといった手段を用いて非常に敏感な反応を示す。法律による権利保障の充実は、すなわち、民間企業にダイレクトに適用される規定の多さを意味するが、立法活動が活発なフランスでは、法律の制定改廃のサイクルが目まぐるしいため、その動向をフォローするのは容易ではない。本章の目的は、現行法のルールを叙述するだけでなく、規範相互の関係、立法プロセスの上流における諸アクターの動きとその動機を示すことで、データ保護をめぐる今後の展望を予測するための着眼点を提示することにある。

Ⅰでは、フランスにおけるデータ保護法の体系を、ＥＵ法や憲法との関係も明らかにしながら、構造的に示すとともに、昨今、利活用のニーズが高まっている健康データに関するフランスの法制度を概観する。Ⅱでは、フランスの立法過程に関する基本情報を確認した上で、その特徴の１つとして、法制定に関与するアクターの多様さと、市民社会の関与のあり方を、いくつかの事例を用いて紹介する。

I 法制度

1――法律中心主義の伝統と変化

(1) 人権の保障者としての議会

フランスのデータ保護法の裏側をみるにあたって、プライバシー権にとどまらず一般的に人権保障がどのように実現されているかについてまずみていこう。そこには、日本とは異なる伝統や特色があることに注意しなければならない。

市民革命を経て近代民主主義を形成したフランスは、法律への信頼が高い国であった。その背景にあるのはジャン・ジャック・ルソーが『社会契約論』などで示した「一般意思（volonté générale）」の概念である。これは、個人の「特殊意思」が討議によって昇華され形成された共同体の意思であり、常に正しいものとされている。それを受けて、1789年の人および市民の権利宣言（以下「人権宣言」という）6条は「法律は一般意思の表明である」と明文で定めている。

この考え方はフランスにおいて法律中心主義（légicentrisme）を形成していくことになる。そして、法律に対する信頼は、長きにわたり、違憲審査制の不在をもたらしてきた。とりわけ議会の優位的な傾向が強い統治形態である第三共和制では、憲法典は存在せず、国家組織について定める3つの憲法的法律があるのみで、違憲審査が問題になることはなかった。

では、人権の保障はどうだろうか。自然権や人権とは異なる概念である「公的自由」と呼ばれる権利が法律によって形成されてきた。たとえば、出版に関する1881年法律（プレスの自由）や結社の自由に関する1901年法律などが代表的である。こうして議会が主体となり法律によって公的自由を形成することが、近代フランスの権利保障のあり方であり、そもそも人権宣言自体が法律にこのような役割を負わせている（4条など）。

現在の第五共和制憲法（以下「1958年憲法」という）では、共和国大統領や政府の権限が強化され、相対的に議会の権限を弱体化させた「合理化された議会制」が目指された。1958年憲法では議会が法律によって制定できる内容が限定されているが、それでもその1つには「公民権および公的自由の行使のために市民に認められる基本的保障」が挙げられている（34条）。

(2) 憲法院の創設と人権保障の変化

このように人権保障の役割が裁判所ではなくむしろ議会に求められてきたフランスにおいて、違憲審査制が発展してこなかったもう1つの要因は、絶対王政期の裁判官による政治への介入を原因とする、裁判所に権力を認めること、すなわち「裁判官政治（統治）」への拒否である。

1958年憲法で導入された憲法院も当初は人権保障の担い手としての役割を負わされていたとはいえず、むしろ政治的機関のような組織、権限であった。憲法院の構成員は、共和国大統領、両院の議長から3名ずつ任命され、さらに共和国大統領経験者が終身の構成員となる（56条）。憲法院が扱う事項も法律の合憲性審査のみならず、選挙の適法性審査など多岐にわたる（58条～61条）。当初、法律の合憲性審査は事前審査、つまり施行前のみ審査が可能で、かつ、付託を行える主体が共和国大統領、首相、各議院の議長に限定されていた[1]。

さて、フランスの人権保障の状況は大きく分けて2つの段階で変化を迎える。1つ目の変化は、1971年の「結社の自由判決」[2]を契機とした「憲法ブロック」の発展である。そもそも1958年憲法に人権規定が存在しないのだが、憲法院はこの判決において1958年憲法の前文の宣言を裁判規範として参照する。その前文では「1946年憲法前文で確認され補充された1789年宣言が定める人権」への愛着を厳粛に宣言しており、人権宣言および1946年憲法前文に掲げられている人権リストを参照することで、それらの人権規範を憲法規範として取り込んだのである。加えて、1946年憲法前文は「共和国の諸法律によって承認された基本的諸原理」をそれらに並べている。憲法院は前述の

1：のちに改正によって60名の国民議会議員または60名の元老院議員による付託が導入された。
2：Décision n° 71-44 DC du 16 juillet 1971.

結社の自由に関する1901年法律をもとに、結社の自由を憲法上の権利として承認した。このように憲法院は人権に関する憲法規範を拡大していった。これらの規範は「憲法ブロック」と呼ばれている。

なお、法律の条約適合性審査については、憲法院の役目ではない。民事事件・刑事事件を扱う司法裁判所（最上級審は破毀院）や行政事件を扱う行政裁判所（最上級はコンセイユ・デタ）の2つの裁判所体系において、法律の条約適合性審査権が1975年以降の判例によって確立されている。したがって、欧州人権条約との適合性を審査することによって、これらの裁判所は人権保障の主体となりうる。

もう1つの変化は、事後的審査が2008年憲法改正によって導入されたことである。これによって、市民が訴訟の中で憲法上保障された権利・自由を法律により侵害されていることを主張し、その判断をコンセイユ・デタや破毀院が憲法院に移送して審査を行うことが可能になった。このように日本の具体的違憲審査に近い方法が承認され、法律が制定後であっても審査対象となり、違憲の法律の廃止も可能となった（62条2項）。

2——法律によるデータ保護権の保障

(1)フランスの個人情報保護立法の展開

ここでは、法律によってデータ保障権を実現する個人情報保護法の制定経緯や内容についてみていこう。フランスで個人情報保護の社会的機運が高まったきっかけは、1974年のSAFARI3事件である。この事件は政府が行政ファイルと個人目録の自動化システムを計画していたことがル・モンド紙[4]で取り上げられ、社会的関心を引き起こした。社会的非難を受けて当時のピエール・メスメル首相は情報および自由委員会（une commission Informatique et libertés）を立ち上げ、1975年に発表された報告書をもとに、1978年の「情報処理、情報ファイル及び自由に関する法律」（以下「1978年法律」という）が制定された。この法律によって、個人情報に関する諸法の遵守を監視する等の役割を持つ「情報処理および自由に関する全国委員会」（Commission Nationale de l'Informatique et des Libertés、以下「CNIL」という）が設立された。

その後、1978年法律は個人データ保護に関する1995年10月24日95／46／EC指令を受けて、2004年で大幅に改正された。さらに、1995年のEC指令に代わる2016年のEU一般データ保護規則（GDPR）を受けて、フランスでも2016年法律（デジタル国家のための法律）、2018年法律（個人情報保護に関する法律）による大きな改正が行われた。

(2) 1978年法律による個人情報の保護

1978年法律では、官民を区別することなく、個人情報の取扱いの適法性要件を定めることで、個

3：そのシステムの名称（Système automatisé pour les fichiers administratifs et le répertoire des individus）の略称である。
4：« SAFARI ou la chasse aux Français », *Le monde*, le 21 mars 1974.

人情報に対する権利（以下「データ保護権」という）を保護しようとする。この法律では、個人情報を「直接もしくは間接的に識別番号もしくはその者の固有の要素のうちの1つを参照することによって識別され、または識別されうる自然人に関するあらゆる情報」（旧2条2項、2004年改正による）と定義していたが、2018年の改正により削除され、「特段の定めのない限り、この法律では2016年4月27日の規則2016／679〔GDPRのこと〕の第4条の定義が適用される」（現行3項）と定め、個人情報の定義はGDPRの定義と一致させた。また、個人情報の取扱いについても「個人情報の活用を行う、特に収集・登録・組織化・保管・編集または変更・抽出・閲覧・利用・送信・普及、またはその他のあらゆる使用・接続・相互接続・ロック・消去・破壊によるあらゆる操作または一連の操作」（旧3項）という定義を設けていたが、これも改正によって定義自体は削除されている。

4条では個人情報の共通原則として、①適法性、公正性および透明性の確保、②目的の限定、③目的関連性、必要最小限度性、④データの正確性、⑤保管期間の制限、⑥安全性の確保を挙げており、さらに、5条において個人情報の取扱いは以下の少なくとも1つを満たしている必要があると定める。GDPR4条11項および7条に明示された条件で当該個人の同意を得ていること（1号）、当該個人が当事者である契約の履行または当該個人の求めに応じて行われる契約前の措置の履行に必要であること（2号）、取扱責任者が負う法的義務の遵守に必要であること（3号）、当事者またはその他の自然人の重要な利益の保護に必要であること（4号）、公共の利益に必要であるか、取扱責任者に与えられた公的権限の行使に属すること（5号）、公的機関の任務の遂行において実施される取扱いを除き、その取扱いが、取扱責任者ないし第三者によって追求される正当な利益の目的のために必要であること。ただし、特に当事者が子どもである場合で、個人情報の保護を求める当事者の利益または基本的自由ないし権利がその利益よりも優先するときはこの限りでない（6号）。もっとも、4条と5条の内容はGDPR5条および6条と一致している。フランスでは表現こそ変わっているが、2004年改正の時点ですでにこれらの規定内容は含んでいたため、GDPRの制定による影響はさほどないと思われる。

このように、GDPRの規定に関しては、基本的な原則や内容については従前からフランス法で保障されてきたものであり、フランスのデータ保護法の特色としては後述するCNILについて説明されることになろう。

(3) 刑法上の個人情報保護

当初1978年法律では罰則規定として、法律に定められた事前手続を遵守せずに個人情報の自動処理を実行し、または実行させることを処罰する規定を設けていた。その後の1992年に新刑法典が制定され、その226-16条で「人格権への侵害」の罪に規定されるようになり、さらに、2004年改正や2018年改正を経て、大幅に罪が追加されている（226-16条~226-24条）。たとえば、詐欺により、不誠実に、または、不正に個人情報を取得する罪（226-18条）や、人種的・民族的出自、政治的・哲学的・宗教的意見、労働組合の加入、健康や性的指向、性自認に関する個人情報を同意なく記録、保管する罪（226－19条）がある。

3——データ保護機関CNILの役割

(1) CNILの法的地位と組織

ここでは、CNILがどのような機関であるかをみていこう5。CNILは独立行政機関であり、GDPRの適用を受ける機関となっている（1978年法律8条）。

CNILのメンバーは18名である。その内訳は、①国民議会議員2名、元老院議員2名、②経済社会環境評議会委員2名、③コンセイユ・デタ裁判官経験者2名、④破毀院裁判官経験者2名、⑤会計検査院評定官経験者2名、⑥デクレで任命された有識者3名、⑦国民議会・元老院からそれぞれ任命された有識者2名、⑧行政文書開示請求審査委員会委員長またはその代表者で構成されている（9条）。5年任期であり、各選出方法ではパリテ（両性平等）が図られており、①～⑤は女性と男性であること、⑥は少なくとも1人の女性と男性が含まれていること、⑦の女性の後任は男性、男性の後任は女性であることが定められている（同条）。

（2）CNILの任務

次に、CNILの任務としては、主に以下のものが挙げられる（8条）。❶すべての関係者およびすべてのデータ管理者に権利および義務について情報提供を行うこと、❷個人情報の取扱いが、国内法やEU法、国際法を遵守して実施されることを保障すること、❸個人情報を目的とした製品や手続が本法律に準拠していることを証明すること、❹情報技術の発展について常に情報を提供し、必要に応じて、1条で言及されている権利と自由の行使の結果として生じる結果の評価を公開すること、❺本法律の適用や個人情報の保護に関する紛争が生じた場合に、裁判所への意見を提出することである。特に❷については、国家に代わって行われる個人情報の取扱いを所管大臣が認可する際に意見を公表すること、管理者とその取扱者によるリスクの事前評価の実行を目的としたガイドライン、推奨事項、またはベンチマークの作成および公開といったソフトローの生成、当事者または団体、組織、協会によって提出された苦情、請願、申立てを処理し、必要な範囲で調査を行い、申立人等に進捗状況と結果を通知すること、義務違反に対する警告、措置および制裁の実施などさまざまな任務に細分化されている。

この点、ガイドラインの作成といったソフトローの生成の役割は、急速に発展する情報技術社会にとっては重要な役割である。AIについてもCNILは2017年から倫理的および法的問題の特定や活用

5：改正前のものであるが、CNILについて詳細に紹介されている文献として、清田雄司「フランスにおける個人情報保護法制と第三者機関―CNILによる治安・警察ファイルに対する統制」立命館法学300・301号（2005年）145〜181頁。

現場の調査等本格的な研究を行ってきたが、2023年1月に法律専門家とエンジニアの5名で構成される人工知能局（service de l'intelligence artificielle：SIA）がCNIL内部に設立され、AIシステムの理解を促進するとともに、そのプライバシー・リスクに関するCNILの知見を統合させ、欧州レベルの規制に対する準備を行うことを任務としている6。

4――遅れて憲法化されたプライバシー権の意義

(1) 法律によるプライバシー権の保障

フランスで、一般的なプライバシー権は「私生活の尊重の権利」(le droit au respect de la vie privée）の一内容として位置づけられている。これは1970年の民法改正によって「何人もその私生活の尊重の権利を有する」（9条）と定められているものである7。この改正は1968年1月31日の欧州評議会勧告509号で、欧州人権条約8条の保障する私生活の尊重の権利ないしプライバシー権の保護を行う立法を要請されたことによって行われたものである。他方で、情報分野におけるプライバシー権の保障については、民法上の保障だけでは不十分であり、1978年法律の制定経緯をみると、情報および自由委員会が「公的、準公的、私的部門における情報社会の発展が、私生活の尊重、個人的権利および公的自由の枠内で実現されることを保障するための措置」を政府に提案させる目的で設立されており、1978年法律は私生活の尊重の権利などをデータ保護権という形で実現させる必要が認識されていたことが窺われる8。

周知の通り、1978年法律によってデータ保護権の保護が実現したものの、その前提となる民法上の私生活の尊重の権利ないしプライバシー権そのものを憲法上の権利として保障する動きがあるのであろうか。ここでは、そのプロセスをみていこう。

ところで、フランスは憲法改正が比較的に多い国であるが、私生活の尊重の権利あるいはプライバシー権を憲法条文にする考えも出されてきた。1993年に発表された憲法学者ジョルジュ・ヴデルを委員長とする憲法改正諮問委員会の報告書では、フランス社会の発展の条件にとって適切な「新しい諸権利」として、憲法66条2項に私生活の尊重および個人の尊厳の権利を挿入することを提案している9。しかし、実際の1993年憲法改正では、この部分の改正は実現していない。また、2007年にCNIL

6：Création d'un service de l'intelligence artificielle à la CNIL et lancement des travaux sur les bases de données d'apprentissage, « https://www.cnil.fr/fr/creation-dun-service-de-lintelligence-artificielle-la-cnil-et-lancement-des-travaux-sur-les-bases-de ».

7：Loi n° 70-643 du 17 juillet 1970 tendant à renforcer la garantie des droits individuels des citoyens. さらに、刑法典で盗聴や盗撮を取り締まる改正がなされた。なお、本改正の経緯については大石泰彦「フランスにおける私生活と名誉の保護」ジュリスト1038号（1994年）38頁参照。

8：Décret n° 74-938 du 8 novembre 1974 PORTANT CREATION DE LA COMMISSION INFORMATIQUE ET LIBERTES.

9：Georges Vedel, *Propositions pour une révision de la Constitution : rapport au Président de la République*, JORF du 16 février 1993, p.2548.

のアレクス・トゥルク委員長が憲法前文へデータ保護権の追加を主張したが[10]、これも実現していない。そうなると、次に考えられるのは、前述の憲法ブロックとして既存の法規範を承認する方法である。

(2) 憲法66条2項による保障

憲法院の態度として、まず、1982年の一般社会保障制度の理事会に関する法律の合憲判決[11]が注目に値する。この法律は、市長に選挙人リストの作成する権限を付与しつつ、使用者に被用者の氏名、生年月日、出生地、住所の提供義務を定めたものである。しかし、同時に職業上の秘密についての規定の適用除外を定めており、私生活の尊重を侵害する[12]として、60名の元老院議員により憲法院に付託された。この判決で憲法院はいかなる憲法的規範に言及せずに合憲判決を下しているが、後に公開された評議録で極めて興味深い議論が明かされている。この判決で報告者として指名されたのは前述のジョルジュ・ヴデルであるが、評議録では1970年改正による民法9条を「共和国の諸法律によって承認された基本的諸原理」として憲法ブロックに格上げするかどうかの議論で、否定的な見解が示されており、その理由として、民法9条が新しい立法であり、立法者の憲法的価値を承認する意図を肯定することが困難であることが指摘されている。

他方で、私生活の尊重の保障を憲法的規範によって保障する動きは、2つの段階に分けられる。1つは、司法機関を「個人的自由の守護者」と定めた憲法66条2項である。1984年の予算法律に対する議員による事前審査の付託において、当該法律で設けられた税務犯罪調査のための家宅捜索の要件が、犯罪が行われた兆候がなくとも可能としている点が憲法66条2項の個人的自由の侵害であると主張された。この部分については、合憲と判断したが、「司法機関に、個人の自由の保護、特に家庭の不可侵性の保護を委ねた憲法66条を尊重する場合によってのみ行われうる」（傍点筆者）[13]と明示した点が重要である。本法の家宅捜索が司法裁判官等によるチェックが担保されており、司法機関を媒介にして家庭の不可侵性の保護が保障されているというのである[14]。

（3）人権宣言2条による保障

次の段階では、人権宣言2条（「あらゆる政治的結合の目的は、時効によって消滅することのない自然的な人の諸権利の保全にある。これらの権利は、自由、所有権、安全および圧制への抵抗権である」）を根拠とす

10：Intervention de Monsieur Alex Türk, président de la Commission nationale informatique et libertés, in Rapport du Comité de réflexion sur le Préambule de la Constitution, présidé par Simone Veil, *Redécouvrir le Préambule de la Constitution*, La documentation française, 2009.
11：Décision n° 82-148 DC du 14 décembre 1982.
12：Décision n° 82-148 DC du 14 décembre 1982 - Saisine par 60 sénateurs.この付託においては、私生活の尊重の権利を憲法前文で宣言された市民の個人的自由の保障の重要な一要素として表現されている。
13：Décision n° 83-164 DC du 29 décembre 1983.
14：なお、この66条2項の規定を援用した付託はそれ以前に1977年の自動車検査判決で登場している。Décision n° 76-75 DC du 12 janvier 1977.

るアプローチが考えられた。ビデオ監視について定めた「安全に関する方針および計画に関する法律」が付託された１９９５年の判決では、以下のように判示する。

公序に対する侵害の予防、とりわけ人および財産の安全に対する侵害の予防、さらに犯罪者の捜査は、憲法的価値を有する諸原理および諸規範の保護にとって必要である。憲法的価値を有するこれらの目的と、個人的自由および往来の自由並びに住居の不可侵を形成する憲法上の保障を有する公的自由の行使とを調整を確保する責務は立法者に与えられる。私生活の尊重に対する権利の無理解は個人的自由を侵害しうる[15]。

ここから、憲法66条の個人的自由を媒介とせずに、私生活の尊重に憲法的価値を見出そうとする憲法院の意図が汲み取れるのである[16]が、根拠条文を明示しているわけではない。しかし、評議の記録をみると「プライバシーの保護が憲法上の価値を持つ原則ではないことを非難せず、またはそう宣言することに深刻なリスクがある」という意見が示されており、やはりプライバシー権そのものの憲法的価値を承認しようとする憲法院の考えが読み取れる。その後の１９９９年の国民皆保険法判決[17]で、機関間の個人電子カードのシステムのプライバシー侵害の主張に対し、人権宣言「２条の文言によれば、この条文によって宣言された自由は私生活の尊重を含意する」と指摘しつつ、法が十分にそれを尊重したものであると判断し、ようやく明示的に人権宣言2条から私生活の尊重の権利を導き、憲法的価値の有するものとして承認したのである[18]。

(4) 私生活の尊重の権利の内容

私生活の尊重の権利がいかなる射程を持つかは、さまざまな議論・解釈がある[19]。ルイ・ファヴォルーらの体系書[20]では、まず、私生活の尊重の権利を受動的要素と積極的要素に分け、前者として個人の秘密および私生活の保護を挙げ、積極的要素として、個人の自律的決定（たとえば、性的指向、中絶の自由）に関わるものを挙げる。私生活の尊重の権利は前述の66条2項が保障根拠として競合するという見解もあるため、個人的自由に含まれる移動の自由や住居の不可侵、さらには家族形成の自由、性的生活の自由といった自己決定権を広く含めようとする解釈、すなわち、公的生活と対比した「私生活」に関わる

15：Considération n° 3, Décision n° 94-352 DC du 18 janvier 1995. 本判決の解説として江藤英樹「監視ビデオ判決—プライヴァシー」フランス憲法判例研究会編『フランスの憲法判例』（信山社・2002年）93～97頁。
16：Audrey BACHERT-PERETTI, « La protection constitutionnelle des données personnelles: les limites de l'office du Conseil constitutionnel face à la révolution numérique», *RFDC*, n° 108, p.272.
17：Décision n° 99-416 DC du 23 juillet 1999.
18：もっとも、憲法院での判決では憲法66条2項と人権宣言2条および4条が競合して援用されることもある。Décision n° 2004-492 DC du 2 mars 2004, cons. 4.
19：欧州人権条約の場合も、極めて広義な概念であり網羅的な定義は困難であると指摘されている。CEDH, 29 avril 2002, §61.
20：Louis FAVOREU et al., *Droit des libertés fondamentales*, 8e éd., p.352 et s.

諸権利を包含する解釈をする傾向がみられる[21]。

他方で、私生活の尊重の権利の侵害とそれに対する保護は次のような形で現れている。1つは、捜査等による私的空間への公権力の介入であり、もう1つは、コンピューター技術の活用による個人情報の漏洩などの形で現れる。そこで、前者のために①私的空間の保護や②通信の秘密、後者のために③データ化された個人情報の保護（情報プライバシー権）が問題となる。このように分けるのは前者が厳密な意味での「私生活」に関わるからであろうが、情報プライバシーの問題は私的な生活領域との境界が曖昧であるために、情報プライバシー権を射程に入れるためには私生活の尊重を「個人の尊厳や自由に結びつく生活の要素の保護」として理解しているのだと思われる[22]。

情報プライバシー権として私生活の尊重の権利を補完するものがまさに1978年法律で定められたデータ保護権として個人が行使できる諸権利である。具体的には、2018年改正以前の管理者への異議申立権（旧38条）や取扱責任者への質問権（旧39条）、訂正削除等の請求権（旧40条）である。GDPR制定後では、48条がGDPR12条～14条に該当する権利を「情報の権利」として保障し、49条がGDPR15条の情報アクセス権を保障し、50条がGDPR16条の訂正権を、51条がGDPR17条の消去権をそれぞれGDPRの要件に基づいて保障している。特に消去権の行使にあたり、消去が実行されない場合や管理者から1か月間の応答がない場合に、当該個人はCNILに申し立てることができ、申立てから3か月以内にその求めに対する意見を表明することになっている。

(5) 情報プライバシー権に関する憲法院の態度

ここでは、情報プライバシー権について憲法院の判決について触れておこう。前述の1999年国民皆保険法判決で憲法院は個人電子カードの作成が「健康監視に必要な要素を示すために、保有者またはその法定代理人の同意を正確に表明することを可能にする必要がある」としつつ、当該法律が情報登録の同意について「資格を付与された専門労働者を介して、健康情報に含まれる一部へのアクセスが保障されること、情報修正権や一部の情報の抹消を得る権利、健康情報の変更の場合に一部の情報が言及されることに反対する権利」をカード所有者や法定代理人に保障していることが認定された。この点において、当該法律が1978年法律と適合的で、私生活の尊重を確保すると判断された。

論者の中には、1978年法律を〈超法律的規範(super-loi)〉(アメリカ憲法学でいうsuper-statute)であるとし、個人情報保護法制の一般的な枠組みを定めたものとして捉える者もいる[23]。1978年法律に依拠して付託された法律を審査する憲法院の態度は、まさにそれに近く、1978年法律を準憲法的規範として扱っていると思われる。

21:FAVOREU et al., *op.cit.*, p.287 et s.

22:前述の住居の不可侵原則自体は66条2項が機能するような創作などの局面での司法機関の介入が保障の核心とされ、実質的には日本の令状主義に近い機能を持つとされている。FAVOREU et al., op.cit., pp.364-365. このような理解も私生活の尊重での保障を志向する要因の1つであろう。

23:BACHERT-PERETTI, *op.cit.*, pp.279-280.

他方で、2012年のアイデンティティ保護法判決[24]では、パスポート作成時の個人情報処理の際に指紋情報等の生体認証データの取得が私生活の尊重に対する侵害として付託されたが、憲法院は人権宣言2条を参照した上で、「個人情報の収集、記録、保存、相談、および通信は、一般的な利益の理由によって正当化され、この目的に適切かつ比例した方法で実施されなければならない」とした。その上で、詐欺対策の有効性の向上という目的に照らして、特に指紋を含むファイルに記録された生体認証データが、意図せずに人が残し、知らずに収集された物理的な痕跡と比較される可能性が高く、また、身元確認の目的だけでなく、その他の行政または司法目的のために用いられる可能性が高いことを指摘した上で、追求される目的に比例しないとして、私生活の尊重の権利の侵害を認定した。

また、2016年の国内治安法典の電波通信監視に関する規定に関する判決[25]では、憲法院は人権宣言2条を参照し、「この権利への侵害は、一般的な利益の理由によって正当化され、その目的に比例して適切な方法で実施されなければならない」と比例原則を示した上で、「通信が傍受または個人化可能なデータを収集できるということを排除することなく、公的機関が無線ルートを使用して送信を監視および制御するための措置を講じる限り、係争中の規定は私生活の権利と通信の秘密を侵害する」と認定した。さらに「国家の利益を守る目的でのみ監督および管理措置を講じることができる」としながらも、「措置がこれらの要件の単なる実施よりも広い目的に使用されることを禁止していない」とも指摘し、違憲とした。以上の通り、1999年判決と異なり2010年以降の憲法院は人権宣言2条に参照し、私生活の尊重への侵害を比例原則的に審査し、個人情報収集の立法目的との比例性を検討している。

(6) CNILとさまざまな主体によるデータ保護の実現

最後に全体のまとめとして、これまでにみてきたように、フランスのデータ保護の核心部分は１９７８年法律とＣＮＩＬの存在である（図参照）。立法過程についてはⅡに譲るが、行政機関や裁判所等に意見の公表等を含めた広範な任務や権限を持ち、ときには各公的機関や民間事業者と協働しながら、個人情報の保護を実現しているとみることができよう。なお、日本の個人情報保護委員会はＣＮＩＬと基本的な所掌事務が類似しているが（個人情報保護法１３２条）、日本では専門委員が置かれるものの委員は８名であり半数は非常勤であり、任命は内閣総理大臣（国会同意人

24：Décision n° 2012-652 DC du 22 mars 2012.
25：Décision n° 2016-590 QPC du 21 octobre 2016. これは、ＱＰＣによる付託であるため、私人によって提起された事後審査である。

図　フランスにおける国内外の法規定と諸機関の相関図

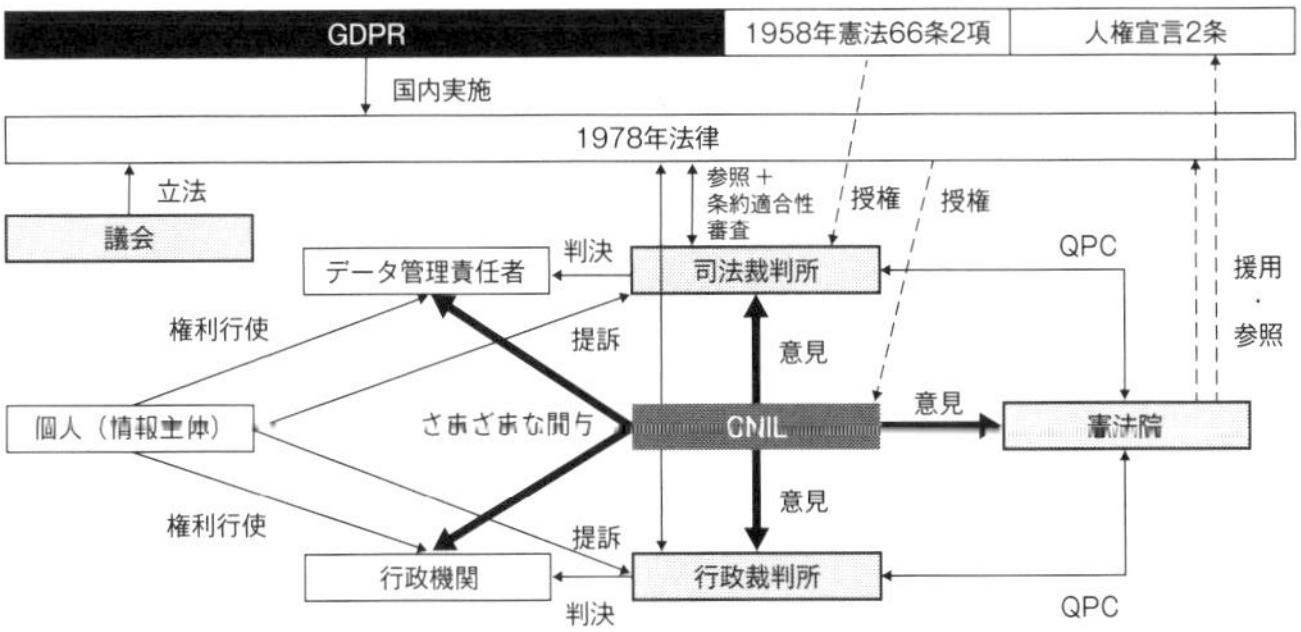

事）のみであるという点で（同法134条）や、人的資源や構成委員の多様性の担保という点ではCNILから見劣りするものである。また、日本の個人情報保護法では所掌事務や権限が法律レベルでさほど細かく規律されておらず、規則等に委任されている点で（同法145条）、議決権の有する委員には「人格が高潔で識見の高い者」（同法134条3項）にとどまらない、より専門性・技術性の高い知見を持つ者を積極的に任命する必要があるだろう。

〔橋爪英輔〕

5——健康データの利用とその法制度：ヘルス・データ・ハブと遠隔医療の発展

（1）健康データへの関心の高まり

社会のデジタル化に伴って、個人データの重要性が飛躍的に高まっており、健康データ（身長、体重、心拍や、病歴や投薬歴等に関するデータ）もその例外ではない。医療や医学研究においては、利用可能なデータは多ければ多いほど有益であるため、健康データの重要性に疑いはないであろう。日本では、近年、健康データの利用に関して、2つの注目すべき動きがある。

第一に、医療DXの一環として、「全国医療情報プラットフォーム」の構築が進んでいる。これによって、医療機関や自治体ごとに保有している膨大な健康データを一元的に管理し、利用することが可能となる。こうした試みは、症例の少ない疾患に関するデータへのアクセスが容易となるだけではなく、日常生活の健康に対する影響を測定し、国民の健康を増進させるためにも有益である。

第二に、オンライン診療の推進に向けた議論の進展である。２０２３年６月、厚生労働省は「オンライン診療その他の遠隔医療の推進に向けた基本方針」を公開しており、今後、オンライン診療は、より一層の重要性を帯びてくると予測される。実際、医療機関の数が不十分な地域に住んでいる人や自宅から出るのが困難な高齢者が、自宅に居ながら診療を受けられるメリットは少なくないであろう。

健康データの利用を支える法制度としては、個人情報保護法だけではなく、近年、「医療分野の研究開発に資するための匿名加工医療情報に関する法律（次世代医療基盤法）」が制定された[26]。さらに、内閣府規制改革推進室によって「医療等データ利活用法制等の整備について」が公開されており、多角的な視点からの検討が進んでいる。ところが、諸外国の状況についての詳細な研究はほとんど見当たらない。他方で、オンライン診療については、厚生労働省が「オンライン診療の適切な実施に関する指針」を公開しているが、法制度に関する検討は進んでいないのが現状である。

そこで、フランスにおける健康データ（données de santé）の利用とそれを支える法制度に着目することにしたい。フランスは、２０１７年から、ＡＩに関する国家戦略（La stratégie nationale pour

26：次世代医療基盤法の制定経緯については、宇賀克也『次世代医療基盤法の逐条解説』（有斐閣・２０１９年）１～20頁を参照。実務上の運用については、水町雅子『Ｑ＆Ａでわかる医療ビッグデータの法律と実務―次世代医療基盤法・匿名加工医療情報の活用』（日本法令・２０１９年）が詳細である。

l'intelligence artificielle）を実施しており、その成果の１つとして、「ヘルス・データ・ハブ（Health Data Hub）」という、健康データの利用を促進するためのプラットフォームが設立された。さらに、フランスは、早い段階から遠隔医療（télémédecine）[27]を実施しており、遠隔医療に関する法制度も存在する。このように、フランスには一定の先駆性があるにもかかわらず、その内容はほとんど紹介されていない[28]。以下では、「ヘルス・データ・ハブ」と「遠隔医療」という２つの観点からフランスの状況を概観した上で、日本における今後の課題を明らかにしよう。

(2) フランスにおけるヘルス・データ・ハブの設立と展開

ヘルス・データ・ハブとは、健康データを共有するためのプラットフォームであり、医療システムの組織化と変革に関する２０１９年7月24日の法律によって設立された。ヘルス・データ・ハブは、単独の運営者によって管理されているわけではなく、複数の公益団体によって運営されており、その運営費用のほとんどが公的資金である。

フランスの個人情報保護機関（ＣＮＩＬ）は、ヘルス・データ・ハブに関する法律の法案段階からセキュリティへの注意を喚起していた[29]。それにもかかわらず、新型コロナウイルス（Ｃｏｖｉｄ‐19）の流行によって、急遽、２０２０年4月21日に運用が開始された。このような背景事情はあるものの、今では、ヘルス・データ・ハブと呼ばれる健康データを共有するためのプラットフォームが重要な役割を果たしている。

以下では、(a)ヘルス・データ・ハブの目的について説明した上で、(b)その法規制を概観する。その上で、(c)ヘルス・データ・ハブに対して、どのような懸念が示されたのかについて検討しよう。

(a)ヘルス・データ・ハブの概要

第一に、ヘルス・データ・ハブの主な目的は、国民の医療データを一元管理した上で、研究者や企業によるそのデータへのアクセスを容易にすることや、データの利活用を促進することにある。ヘルス・データ・ハブが設立されるまでは、医療データが異なるデータベースに分散して保管されており、データへのアクセスが困難であった。さらに、データを処理するためのツールが高価であって小規模な研究チームや新興企業にとっては、データの利活用が進まなかった。そこで、こうした状況を改善するためにヘルス・データ・ハブが設立された。なお、データを利用することができる者は公的機関に限られない。あらゆる個人や組織は、公益目的で調査、研究等を実施するのであれば、CNILの認可を得た上で、データにアクセスすることができる。

27：フランスにおける « télémédecine »は、電話も含んでいるため、必ずしもオンラインに限られていない。そのため、« télémédecine »を「遠隔医療」と訳している。

28：フランスにおける健康データ（医療情報）に関する規制は、本田まり「フランスにおける医療情報の保護と利用」甲斐克則編『医療情報と医事法』（信山社・2019年）167頁以下も参照。さらに、医療情報共有システムは、塚林美弥子「フランスにおける医療情報共有システム（DMP）の実践―医療情報の観点から」比較法学56巻1号（2022年）289頁以下に詳細な分析がされている。

29：CNILは2019年に意見書を提出しており、その内容は次のサイトから閲覧可能である（2023年9月30日最終確認）。https://www.legifrance.gouv.fr/cnil/id/CNILTEXT000038142154/

第二に、ヘルス・データ・ハブによって保管されているデータは、国民健康データシステム（ＳＮＤＳ）に管理されているものである。そのため、病院における治療、医師による診察、コホート研究への参加、診療登録などにおいて取得されたデータのすべてが集積されている。ヘルス・データ・ハブに保管されるデータは仮名化されており、氏名、生年月日、住所などの個人の特定が可能となるような情報は削除されている。完全な匿名化がされていない理由は、患者の類型に対する治療の有効性を評価するためには、各患者がどのような経過（入院、合併症、臨床状態の改善、行われた治療など）を辿ったのかについて調べる必要があるからである。なお、データ利用者が個人を特定することは、ヘルス・データ・ハブの利用規約によって禁止されている。

第三に、ヘルス・データ・ハブは、公衆衛生法典L．1461-3条に基づいて、データを用いて実施される医学研究等のプロジェクトの透明性を確保する義務を負っている。そのため、ヘルス・データ・ハブは、どのようなプロジェクトが実施されているのかについて、目的、方法、結果をウェブサイト上で公表している。さらに、データについて国民が有している権利や、権利行使の方法に関する情報も提供している。

(b) ヘルス・データ・ハブに関する法規制　第一に、健康データの定義について、ＧＤＰＲ4条15項によれば、「医療サービスの提供を含め、健康状態に関する情報を明らかにする、自然人の身体的又は精神的な健康と関連する個人データ」だと定められている（訳：個人情報保護委員会ＨＰを参照）。具体的には、障害や病気のリスクに関する情報だけではなく、患者の検査歴や病歴のほか、身長、体重、血圧などが含まれる。なお、医療行為に関する情報以外は健康データに入らない。たとえば、万歩計の歩数に関するデータは、医療目的で集められているならば健康データとして扱われるのに対し、医療目的で集められていないならば健康データとしては扱われない[30]。

第二に、健康データの利用規制としては、次のように、原則的ルールとそれに対する例外ルールがある。健康データは、センシティブデータであるため、原則としてデータ処理は禁止されている（GDPR9条1項）。ただし、これには2つの例外がある。

1つ目の例外は、データの利用について本人の同意がある場合である。本人による同意が有効となるためには、①同意が、強制を受けずに自由に与えられたものであること、②何についての同意であるのかが特定されていること、③同意を与える前提として十分な情報提供を受けていること、④明確な形で同意が与えられていることが必要である。これらは、健康データに限らず、すべてのセンシティブデータの利用に共通するルールである。

2つ目の例外は、本人または他の者の重大な利益の保護に必要な場合のほか[31]、予防医学、健康・社

30：N. Martial-Braz et J. Rochfeld (sous la direction), *Droit des données personnelles : les spécificités du droit français au regard du RGPD*, Dalloz, 2019, n° 507, pp.89-90.
31：宮下紘『EU一般データ保護規則』（勁草書房・2018年）74頁。

会ケア治療の提供等に必要な場合、公衆衛生分野における公益のために必要な場合であり、これらの場合には健康データの利用が可能である。

第三に、健康データの利用は公益目的でなければならないとされている。フランスにおけるデータ保護に関するルールは、GDPRに一本化されているわけではない。GDPRは、ハイブリッドな(hybride)規範[32]であるといわれており、国内法の規定が適用される場面もある。その中でも特徴的なのは、国内法である「情報処理、情報ファイル及び自由に関する1978年1月6日の法律」の66条に規定されている通り、原則として、健康データの処理は公益を目的としなければならないという点である。

公衆衛生法典L.1461－1条は、医療専門家に対する製品の販売促進を目的とした健康データの利用を明示的に禁止している。そのため、健康データを利用しようとする者は、健康データを利用したプロジェクトの公益性を証明しなければならない。ただし、プロジェクトが潜在的な商業目的を伴っていることも少なくない。こうした場合には、フランスの倫理科学委員会（CESREES）に対し、プロジェクトの公益性を証明する必要がある。

(c) ヘルス・データ・ハブに対する懸念

健康データの利便性は、ヘルス・データ・ハブによって大きく向上した。さらに、ヘルス・データ・ハブに関する法規制も存在しており、適切なデータ利用が促されることになった。それにもかかわらず、ヘルス・データ・ハブの利用については、3つの観点から懸念が示されている。

第一に、健康データの機密性に対する懸念である。シュレムスⅡ判決（欧州司法裁判所２０２０年7月16日判決）によって、ＥＵとアメリカ間の個人データ移転の枠組みであるプライバシー・シールドの使用が無効化されたことは記憶に新しいであろう。ヘルス・データ・ハブのデータはマイクロソフトによって管理されているため、２０２０年9月28日に、健康データの一部がアメリカに転送されているおそれがあるとして、コンセイユ・デタにヘルス・データ・ハブが訴えられた。この訴えは棄却されたとはいえ、アメリカによるデータ利用に伴う潜在的なリスクへの懸念が示されている[33]。

第二に、健康データを商用目的で利用するおそれがあるという懸念である。実際、一定の問題は、新型コロナウイルスの流行によって顕在化した。ＣＮＩＬは、公益に関わる研究目的で健康データを収集することをＩＱＶＩＡ社に認可したにもかかわらず、同社は、新型コロナウイルスの流行時に収集した健康データを製薬会社に売却しており、研究目的とは異なる目的でデータを利用していたのである[34]。健康データには高い経済的価値があるため、その利用を望む企業が、公益目的に仮託して、商用目的で健康データを利用するおそれがあることは否めないであろう。

32：C. Zolynski, « Les innovations du RGPD ou comment concilier protection es innovations du RGPD ou comment concilier protection et circulation des données personnelles», *LCS*, sociaux, 2018, p.222.

33：ＣＮＩＬによって示された懸念は、次のサイトから閲覧可能である（２０２３年９月30日最終確認）。https://www.cnil.fr/en/council-state-asks-health-data-hub-additional-guarantees-limit-risk-transfer-united-states

34：B. Bévière-Boyer, « La protection des données de santé mises à disposition par le Health Data Hub pour les recherches sur la Covid-19 », *JDSM*, 2021, pp.45-46.

第三に、健康データが差別的に利用されることへの懸念である。フランスでは、一般に、健康状態に基づく差別は禁じられている。たとえば、フランス労働法は、いかなる従業員に対しても、その健康状態を理由として、制裁、解雇、直接的または間接的な差別的措置をしてはならないと定めており、フランス保険法は、契約期間中の健康状態の変化を理由とする保険料の変動を禁止している。しかし、健康データの利用においては、複数のデータの組み合わせによって、雇用や保険加入の拒否などの差別が生ずる可能性が指摘されている[35]。

(3) フランスにおける遠隔医療の展開

フランスでは、遠隔医療を利用することによって、自宅に居ながら、ビデオ通話等を利用しながら診療を受けることが可能である。このように、フランスにおける医療のデジタル化の特徴として、遠隔医療の普及を見逃すことはできない。以下では、(a) 遠隔医療の利用状況について確認をした上で、(b) その法規制について検討しよう。

(a) 利用状況

フランスでは、2004年に遠隔医療の実施を正式に認める法律[36]が制定された後、2009年の法律(通称、「HSPT法」[37])によって公衆衛生法典に遠隔医療に関する規定が導入され、2010年の政令[38]によって補足されている。このように、法制度が早くから存在していたこともあり、インターネットなどを通じて診療をするといった、遠隔医療は早期から実施されていた。

フランス政府が公開している統計調査[39]によれば、新型コロナウイルスの流行前は、自営業の開業医の５％未満しか患者に遠隔診察を実施していなかった。こうした状況を一変させたのが、新型コロナウイルスの流行であり、２０２２年には開業医の77％が遠隔医療を実施するに至っている。遠隔医療の実施件数としては、２０１８年には３０００件、２０１９年には８万件であったが、２０２０年に１３５０万件、２０２１年に９４０万件に増加した。したがって、遠隔医療は、フランスにおける１つの主要な医療モデルといっても過言ではない。

遠隔医療を利用することによって、患者にとっては、農村部などの医療施設が十分ではない地域（いわゆる「医療砂漠（déserts médicaux）」）に居住している人であっても医療を受けることが可能となる。２０２２年の調査によれば、フランス人の30％以上が医療砂漠に住んでいるとされており[40]、医療の普及は重要な課題である。さらに、遠隔医療を利用すれば、移動コストが不要なので、緊急時であっても自宅から医療を受けることができる。これは、高齢者など、自宅からの移動が困難な者にとって大きな

35：M. Bernelin, « Quelles incidences de la e-santé sur les contrats d'assurance? », *RDC*, 2018, p.597.

36：Loi n° 2004-810 du 13 août 2004 relative à l'assurance maladie.

37：Loi n° 2009-879 du 21 juillet 2009 portant réforme de l'hôpital et relative aux patients, à la santé et aux territoires.

38：Décret n° 2010-1229 du 19 octobre 2010 relatif à la télémédecine.

39：統計調査については、次のサイトから閲覧可能である（2023年9月30日最終確認）。chrome-extension://efaidnbmnnnibpcajpcglclefindmkaj/https://drees.solidarites-sante.gouv.fr/sites/default/files/2022-12/ER1249.pdf

40：統計調査については、次のサイトから閲覧可能である（２０２３年９月30日最終確認）。https://www.vie-publique.fr/rapport/284754-renforcer-l-acces-territorial-aux-soins

メリットである。さらに、医療従事者にとっても、他の医療従事者との連携が容易になるため、医療データの共有を通じて、医療の質の向上にもつながることになる。

(b) 遠隔医療に関する法規制　第一に、遠隔医療の定義は、公衆衛生法典L. 6316-1条によって定められている。これによれば、遠隔医療とは、情報通信技術を用いて遠隔で診療をすることである。具体的には、①遠隔診察（ビデオ通話などを利用することによって、医療従事者から遠隔で診察を受ける）、②専門知識の遠隔照会（医療従事者が、電子メールやビデオ通話などによって、患者についての意見を別の医療従事者に求める。専門知識の遠隔照会を利用することについて患者が同意をしていれば、あらゆる医療従事者は、これを実施することができる）、③医療の遠隔モニタリング（患者の自宅にセンサーや機材等を設置することによって、患者の健康データを遠隔で収集し、それを分析し、治療に関する決定をする）、④医療の遠隔支援（医療従事者が、診療行為の実施中に、他の医療従事者から遠隔で支援を受ける）である。

第二に、遠隔医療の実施における法規制については、次のようなものがある。まず、遠隔医療においては、患者の健康データを収集することや、それを他の医療従事者に提供することがある。そのため、患者の健康データの転送等におけるセキュリティを保証するために、フランス政府の保健機関（Agence du numérique en santé）が作成した相互運用性およびセキュリティガイドラインに準拠していることを保証する必要がある。さらに、健康データはセンシティブデータであるため、患者による同意等がなければ、健康データを利用することはできない。

次に、遠隔医療を実施するためには、対面医療と同様に、インフォームド・コンセントに基づく同意がなければならない（公衆衛生法典L．1111－2条、L．1111－4条）。そのため、医療従事者は、緊急の場合などを除き、患者に対して十分な情報を提供しなければならない。たとえば、患者の医療データが他の医療従事者に提供される可能性があるならば、その旨を伝える必要がある。

最後に、遠隔医療における特別の要請として、遠隔医療の実施条件に関する公衆衛生法典R．6136－2条以下の規定が適用される。その中でも特徴的なのは、①～④の要請である。①診療においては、関係のない医療従事者が患者のデータにアクセスすることを防止するために、医療従事者の認証が必要である。CNILによれば、複数の認証システムが用いられていることが望ましいとされている。②遠隔医療は、経過を記録するために、患者を識別した上で実施しなければならない。さらに、医療従事者が、遠隔医療に必要なデータにアクセスすることができなければならない。③遠隔医療を受ける患者に対して、必要な準備や訓練をさせる必要がある。たとえば、自宅で血糖値を測定し、それを遠隔で医師に知らせる必要があるならば、患者は、その一連の流れについての訓練をする必要がある（R．6316－3条）。④遠隔医療を実施する組織や自営業の医療従事者は、遠隔医療に携わる医療従事者が、機器を使用するための訓練を受けており、必要な技能を有していることを保証しなければならない（R．6316－5条）。

（4）日本における医療のデジタル化に向けて

フランスでは、デジタル技術の発展を活かして、医療分野における健康データの利用が促進されている。フランスの実態を踏まえて、健康データを共有するためのプラットフォームの構築とオンライン診療という2つの観点から、今後の課題について整理しておきたい。

第一に、フランスでは、患者の同意がない場合であっても、ヘルス・データ・ハブを介して健康データを利用することが可能であった。日本では、同意のみに依存しない制度の必要性が強く説かれているため41、フランスの法制度やその運用について、より詳細な検討が必要であろう。他方で、ヘルス・データ・ハブに示された懸念を踏まえると、公益目的によるデータの利用という要件を課すだけでは、プラットフォームによるデータの管理や利用を適正化することは困難なようである。さらに、複数のデータを組み合わせることによって、健康データが差別的に利用されるおそれがあることも指摘されていた。したがって、日本において全国医療情報プラットフォームを構築する際には、フランスの直面した課題を乗り越えることが望ましい。

第二に、フランスでは、遠隔医療が発展しており、医療の地域格差の是正や高齢者などの外出が困難な者への医療アクセスの確保が目指されている。さらに、遠隔医療を支える法制度が早くから整備されていた。日本でも、医療の地域格差があるだけではなく、２０４０年には高齢者の人口が35％を超えると予測されており、オンライン診療の需要は大きい。それにもかかわらず、オンライン診療の推進は説かれていても、それを支える法制度についての議論は進んでいない。したがって、フランスにおける遠隔医療に関する法制度やその運用に着目した研究を進めることによって、日本の法制度を構築するための基礎資料を提供する必要があろう[42]。

〔石尾智久〕

41：規制改革推進会議「医療等データの利活用法規制等の整備について」13～22頁では、同意のみに依存しない制度の必要性が説かれており、次のサイトから閲覧可能である（２０２３年９月30日最終確認）。chrome-extension://efaidnbmnnnibpcajpcglclefindmkaj/https://www8.cao.go.jp/kisei-kaikaku/kisei/publication/opinion/230601_general16_02.pdf

42：〔付記〕この研究は、ＪＳＴムーンショット型研究開発事業ＪＰＭＪＭＳ２２１５、ＪＳＰＳ科研費２２Ｋ０１２５１の支援を受けたものでもある。

Ⅱ 政治過程

1――基本情報

(1) 政治体制

フランスは、1958年に制定された第五共和制憲法の下、議院内閣制と大統領制の中間的な政治制度（半大統領制）をとっている。直接普通選挙によって5年の任期（連続2回まで再選可）で選出される大統領（Président de la République, chef de l'État）は、首相任免権、首相の提案に基づく政府の他の構成員（国務大臣、各省大臣、担当大臣、副大臣）の任免権、首相・両院議長に諮問した後の国民議会（Assemblée nationale. 以下「下院」という）の解散権、法律の審署権、法律の再審議要求権、法律案を国民投票（レファレンダム）に付託する権利等の固有の権限を、議会の信任なしに行使する。他方、首相（Premier ministre, chef du Gouvernement）およびその他の大臣は、下院に対して責任を負う。大統領の不在・執務不能の場合には、国民投票および下院の解散を除き、元老院（Sénat. 以下「上院」という）議長が、大統領の職務を臨時に行使する。第五共和制憲法は、強すぎる議会が行政府を不安定にした第三共和制（1870〜1940年）および第四共和制（1946〜1958年）の反省から、議会権限の多くを制限し、議会中心主義から大統領中心主義に傾斜したこと（合理化された議院制）に特徴がある。もっとも、1970年代以後、議会強化の改革が徐々に進み、2008年の憲法改正では、大幅な議会権限の強化が図られた[1]。2008年改正では、環境政策に関する法律案にまで国民投票の対象事項が拡大され、あらたに有権者と議員の発案に基づく国民投票（合同発案）が認められることになった点が、市民の参画拡大という観点から注目される。

(2) 立法過程

法律の種類には、通常法律、組織法律、予算法律、社会保障財政法律、計画策定法律があり、委任立法として、オルドナンスがある。法律の発議権は、首相および国会議員に競合して属しており、法律案には、首相が提出する政府提出法律案（projet de loi）と議員が提出する議員提出法律案（proposition de loi）とがある。政府提出法律案には、法律案の理由書、EU法や既存の国内法との関係や経済的・

1：フランスの政治体制および議会制度につき、初宿正典＝辻村みよ子編『新解説　世界憲法集〔第5版〕』（三省堂・2020年）209〜223頁〔辻村みよ子・山元一執筆部分〕、高澤美有紀「フランスの議会制度」調査と情報1047号（2019年）1〜13頁参照。

財政的・社会的・環境的影響等を記した影響評価書を添付しなければならず[2]、国務院（Conseil d'État. 行政裁判系列の最上級審であり、かつ政府の法律顧問でもある）の審査と閣議決定を経た後で、議会に提出される。議員は、１人で法律案を提出することができ、提出された議院の議長は、当該提出議員が反対する場合を除き、当該法律案について国務院の意見を徴することができる。法律案は、まず委員会（下院では原則公開、上院では公開・非公開選択制）に付託され、委員会審査を終了した後、本会議の議事日程に登載される。フランスでは、逐条審議において議員による修正権行使（修正案は、修正の対象となる個々の条文を審議した後に一括審議されるか、その条文の表決前に表決に付される）[3]が活発になされるため、議事の遅滞を回避するために、政府が提出しまたは承認した修正案のみを取り入れて、法律案の一括表決を行う方法や、修正案が提出された条文のみを審議し、当該条文、修正案および法律案全体のみを表決に付する手続簡略審議手続がとられることもある。また、政府は、議事協議会が反対しない場合には、審議促進手続をとることもできる。さらに、首相は、政府提出の予算法律案または社会保障財政法律案の表決については、閣議での審議の後、下院に対して政府の責任をかけることができる。この場合、その後24時間以内に提出される不信任動議が可決された場合を除いては、下院における法律案の表決を省略して、政府提出法律案を採択されたものとみなすことができる（第五共和制憲法49条3項）。ボルヌ政権下での49条3項発動は、２０２３年3月の年金改革法案の「強行採決」で11度目となった。

2――フランスの立法過程の特徴：事前の手続の充実

(1) 立法過程への市民参加

「法律は一般意思の表明である。すべての市民は、自ら又はその代表者により、法律の形成に参与する権利（droit de concourir）を有する」。現在もなお憲法レベルの規範としての効力を有するフランス人権宣言6条は、このように規定している。今日、フランスでは、大きく分けると3通りの方法で、市民が法律の生成に関与することができる。第一に、間接的な関与、すなわち、下院議員および上院議員を国民の直接ないし間接の投票によって選出し、これらの代表者を通じて法律の制定に参加する方法である。第二に、直接的な関与、すなわち、議員提出または政府提出の法律案を国民投票（レファレンダム）により採択する方法である。フランス第五共和制憲法3条1項が、国民が主権を行使する手段として、代表者を通じた代表民主主義だけでなく、国民投票による直接民主主義をもまた宣言していることに由来する。直近では、欧州憲法条約を承認する法律が国民投票に付された。国民投票の対象となる法律の範囲は限定されているものの、国民がその主権を行使する手段の1つとして、大きな意義を有している。

2：政府提出法律案の影響評価については、小川有希子「議会による公共政策評価制度の再構築―フランスにおける政府提出法律案の影響評価」藤野美都子ほか編『憲法理論の再構築』（敬文堂・2019年）71～83頁、同「政府提出法律案の影響評価―新たな評価指標の可能性」植野妙実子ほか編『プロヴァンスからの憲法学』（敬文堂・2023年）116～128頁参照。

3：フランスにおける修正権の行使につき、徳永貴志「フランス第五共和制における修正権と政党システム」一橋法学7巻2号（2008年）511～591頁参照。

そして、第三に、デジタル技術の進展によって大きな変革がもたらされた新しいタイプの参加形態である。かつては、都市計画や地域開発など主として環境に関わるテーマに限定されていた市民参加型のアプローチは、今日、生命倫理、デジタル技術、農業、交通などさまざまな分野の公共活動に広がりをみせている。

市民参加型アプローチがとられる場面は、以下3つのパターンに分類できる。第一に、法律の規定に基づいて、実施される場合である。たとえば、1995年の環境保護強化に関する法律（通称、バルニエ法）や生命倫理法は、公開討論（débat public）に関する規定を置いている。前者は、国家公開討論委員会を創設し、一定規模事業の構想段階における住民参加プロセスとしての公開討論を、初めて導入した法律としてよく知られる。生命倫理に関しては、2011年の生命倫理法改正に際して、「生物学、医学及び健康分野における知識の進歩に伴って生じた倫理的及び社会的問題に関するあらゆる見直し計画」の前に、公開討論を実施することが義務化された[4]。生命倫理法の見直しに係る生命倫理三部会は、国家倫理諮問委員会が組織している。第二に、政府や議会において、法案生成の準備作業として開催される場合である。後に言及するデジタル共和国法[5]の法案起草段階における全国協議（Concertation nationale）は、当時の首相マニュエル・ヴァルスと経済・産業・デジタル大臣付デジタル担当大臣アクセル・ルメール氏の主導で実施された。2015年から2017年にかけての政府の国家行動計画「透明で協力的な公共活動のために」は、その公約の1つとして、「法的資源の開放と法の整備に関する市民社会との協力の継続」を掲げており、全国協議プロセスの実施はこれを具体化するものでもある。少し時代は遡るが、遺伝子組換え作物の環境放出に関する1990年指令（90／220／EEC）の国内法化に際しては、両院合同の委員会として議会に設置されている科学技術選択評価局が市民会議を組織した。第3に、大統領のイニシアティブで実施する場合である。2018年から2019年にかけてマクロン大統領の主導で実施された国民大討議（Le grande débat national）とそれに続く2019年の気候市民会議（Convention citoyenne pour le climat）が挙げられる[6]。気候市民会議は、黄色いベスト運動に応える形で開始され、実際の運営は、経済社会環境諮問会議（憲法に基づき設置されている機関で、政府の諮問を受けて政府提出法律案等について意見を答申する。経済的・社会的または環境的問題について政府と国会の諮問を受ける。ある政策に関して、請願の方法で市民からの付託を受けることもある）[7]が担った。

4：小門穂『フランスの生命倫理法』（ナカニシヤ出版・2019年）、小川有希子「フランスにおける事前配慮原則の憲法的位置づけとその規範内容についての一考察─2008年憲法院判決を手がかりにして」法学政治学論究110号（2016年）33～65頁、同「フランス生命倫理法における『見直し条項』─その法的位置づけと機能に関する憲法学的考察」帝京法学34巻2号（2019年）171～198頁参照。

5：曽我部真裕「フランスの『デジタル共和国法』について」法律時報91巻6号（2019年）71～76頁参照。

6：吉田徹『くじ引き民主主義』（光文社・2021年）参照。その他、2017年のモビリティ会議（assises de la mobilité）、同年の食料三部会（états généraux de l'alimentation）も挙げられる。

7：小川有希子「科学技術に関する規範形成過程における民主的正統性の意義─市民社会と政治を結びつける制度としての経済社会環境諮問会議を例に」憲法理論研究会編『岐路に立つ立憲主義』（敬文堂・2018年）185～195頁、同「専門知の法的位置づけ─フランスの政治的意思決定過程を中心に」笠木映里ほか編『新型コロナウイルスと法学』（日本評論社・2022年）227～232頁参照。

(2) 立法過程への専門家関与

市民参加のプロセスだけではなく、専門家による関与の多様性もまた、フランスの立法過程の特徴として挙げられる。まず、政府提出法律案の場合には、2008年の憲法改正により影響評価書の添付が義務づけられた。そのため、事前に関係省庁横断的に、当該法律が社会や経済に与える影響や、既存の国内法体系、EU法体系における当該法律の位置づけについての評価がなされる。デジタル共和国法も、後述する個人データの保護に関する法律も、いわゆる閣法として成立しており、前者には総頁数148頁、後者には530頁の影響評価書が添付されている。影響評価は、条文ごとになされるため、議会における逐条審議に際しては、貴重な情報源ともなっている。また、先に言及した国家デジタル評議会は、諮問機関としての性質を有する独立行政委員会として設置されており、首相によって任命されたさまざまな専門分野を持つボランティアメンバー（社会学者、経済学者、哲学者、心理学者、人類学者、コンピュータ科学者、弁護士、ジャーナリストなど）と両院議長によって任命された議員で構成され、政府の諮問を受けるほか、デジタルテクノロジーに関する政策について、利害関係者（公的主体、学会、団体、規制当局、国民、市民、議員など）と協力しながら会議やイベント等を企画することで、社会的な対話を促進し、その成果をまとめた活動報告書を、毎年、大統領、首相およびデジタル経済担当大臣に送付している。

議員提出法律案の場合にも、調査委員会や議員代表団、科学技術選択評価局などの議院内部に設置された委員会等によって、特定のテーマに関する調査報告がなされる。科学技術選択評価局は、両院合同の委員会で、各議院それぞれ18人の議員が、科学評議員24人の協力を得ながら科学技術政策について調査を行う。たとえば、２０１９年7月に発表された「顔認識」に関するノートや２０１９年2月・3月に開催されたヘルス・データ・ハブの創設（本章Ⅰ5参照）に関する公聴会など、デジタル技術の進展に伴う法政策に関する調査実績も有している。立法前の調査手法の1つとして位置づけられており、議会内において科学的なテーマに関して議論をすることの難しさを克服するために有用な制度といえる。

その他、既述の通り、憲法上の諮問機関として、国務院と経済社会環境評議会がある。データ保護に関する法制についていえば、ＣＮＩＬが、専門機関として、政府、議会、その他の公的機関に対して多くの助言を行っている。２０２２年には、法令の草案について、93の意見を出している。これらの意見は、法的拘束力を持つものではないが、後に言及するように、ＣＮＩＬは個人データ保護分野におけるソフトローの作成を担っており、ルールメイキングにおける重要なアクターの1つである。

(3) 具体例：2016年デジタル共和国法

２０１６年10月7日に公布されたデジタル共和国法の法案起草にあたっては、政府提案の法律案に対して、のべ2万１４６９人の市民が、専用のサイト上で、８４８８件のアクションをとる（提案６９６件、修正案１３８９件、賛成・反対の議論５９８８件、出典の提供４１５件）という、前例のないオンライン協議プロセスが採られた。ほとんどすべての修正案に対して、政府の対応が明らかにされ、政府による修正版は、修正案提出者と修正理由のコメントつきの、いわゆる「見え消し」で公開されており、市民の側では、国務院に送られたバージョン、国務院による検討を経て閣議に送られたバージョン、議会に提出される最終バージョンを追跡できるようになっている。政府提出法律案の生成プロセスをここまでオープンにしているところに、法律案に対するパブリックコメントともいうべきこのプロセスの大きな特徴が表れているといえよう。

一例を挙げるならば、デジタル共和国法では、後述の通り、「自分に関する個人データの使用を決定し及び管理する権利（droit de décider et de contrôler les usages qui sont faits des données à caractère personnel la concernant）」が明記された。当初の政府案では「自分の個人データ（ses données à la caractère personnel）」の用語が用いられていたところ、Digital APUIと名乗る非営利団体から、協議プロセスにおいて「自分の」という表現がとられていることにより、その利用を決定できるのは、自分が収集と処理を明示的に許可したデータに限られる、との印象を受けることから、データ収集者やデータ処理者が誰であるかにかかわらず、自分に関係するすべてのデータについての決定権があることを明らかにするために、「自分の個人データ」を「自分に関する個人データ」に修正する旨の提案がなされ、政府によって当該修正案が採用された8。

フランスでは、1990年代後半以降、法律が備えるべき質として、わかりやすさとアクセスしやすさが求められている9。この公開討論には、市民、市民団体（消費者団体や人権保護団体など）のほか、国家デジタル評議会（Conseil National du Numérique）や公証人高等評議会（Conseil supérieur du notariat）も参加しており、市民にとってのわかりやすさと専門的知見の反映との両方を追求するための取組みとしても機能しているといえる。

3――1978年「情報と自由法」制定の経緯

フランスが、1978年法を制定し、データ保護機関CNILを創設するに至った大きなきっかけは、SAFARI事件であった（本章Ⅰ）。1978年法律制定に際しては、スウェーデンのデータ保護法（1973年）、アメリカのプライバシー法（1974年）（第5章Ⅰ）、ドイツのヘッセン州データ保護法（1970年10月7日）（第7章Ⅰ）など、すでに個人データ保護に関する法制を有する諸国の例のほか、イギリスの政府データベース創設に関する法律や私人の秘密の自由の保護に関する法律など、成立には至らなかった法案や政策も広く参照されている[10]。IT技術の進展に伴って、こと先進国の公的機関が大規模なデータベースを保有し始める中、データ保護法の整備が急務として認識されるようになり、フランスもその潮流の中で本法制定に至ったものである。

8：デジタル共和国のための政府提出法律案に関する協議のために政府が開設したサイトを参照。
9：法律のわかりやすさとアクセスしやすさは、憲法的価値を有する目的（objectif de valeur constitutionnelle）として、ある法律の規定について、憲法違反の異議事由となる。Décision n°99-421 DC du 16 décembre 1999.
10：Texte n°1004 (1973-1974) de M. Pierre-Bernard COUSTE, déposé à l'Assemblée Nationale le 4 avril 1974.

１９７８年法によって設置されたＣＮＩＬが、フランスで初めて「独立行政機関」としての法的性格を付与されたという事実は、ＳＡＦＡＲＩ事件を契機に露呈した公的機関によるＩＴ利用の危険性と、公的機関から独立した組織設立の必要性の証左ともいえよう。行政機関による大規模な集中情報システムの実装に対応して、国民に新たな権利を認めることは、本法制定の最大の目的であった[11]。１９７８年法のその先駆的な性格は、第１０８号条約として知られる、個人データの自動処理に関する個人の保護に関する条約に大きな影響を与えたと評されている[12]。

ＳＡＦＡＲＩ事件は、警察署や行政機関など４００以上の組織で分散して保有している1億近くの全ファイル（état-civil、租税、地籍台帳、健康データなど）を、国民に付与された単一の強制識別子ＮＩＲ（Numéro d'Inscription au Répertoire. 出生時に、フランス国立統計経済研究所によって割り当てられる個人台帳登録番号）を用いて相互接続し、内務省（内務大臣ジャック・シラク）において一元管理することに対する市民社会からの危惧に端を発する。ＮＩＲは、社会保障の分野で利用されてきた経緯があり、社会保障番号とも呼ばれているが、今日、ＮＩＲを税、教育、警察など、他の行政サービスに関するファイルと統合して管理することは認められておらず、セクターごとにＩＤが割り当てられている[13]。ファイルの相互接続や個人情報の利用が、それが正当化される目的以外の目的でなされることを回避するために、ＣＮＩＬは統一番号の使用には一貫して否定的な立場を示しており、ＳＡＦＡＲＩ計画への反動としてＣＮＩＬが設置されたことを踏まえると、フランスは、「日本のような〝統一番号制〟は絶対に採用しない」ことが確実とも評されている[14]。もっとも、２０１９年には、「加盟国は、国民識別番号又はそれ以外の一般に利用されている識別子の取扱いのための特別の条件を別に定めることができる」と規定するＧＤＰＲ87条を受けて、ＮＩＲの利用目的を制限するデクレ（Décret n° 2019-341 du 19 avril 2019、通称《cadre NIR》）を制定し、社会保護、健康、雇用、租税、裁判、統計・国勢調査、教育の分野ごとに限定列挙された目的に該当する場合のみ、ＮＩＲの利用を認めるに至っている。

11：情報と自由委員会は、「公共、半公共及び民間の各部門におけるＩＴの発展が、私生活、個人の自由及び公的自由を尊重して行われることを保証する措置を政府に提案する」（１９７４年のデクレ第1条）ことをその任務としており、当初から、公共部門と民間部門に同一の法律を適用することを想定していた点は、諸外国との比較において際立った特徴といえる。

12：Audrey BACHERT-PERETTI, « France », *Annuaire international de justice constitutionnelle (2021)*, ECONOMICA/PUAM, 2022, pp. 314.

13：個人ＩＤ管理のモデルをセパレートモデル（行政サービス分野ごとに異なるＩＤを管理し、それぞれの情報は相互に利用できない方式）、フラットモデル（1つの共通ＩＤをすべての分野で利用し、効率的に情報連携できる方式）、セクトラルモデル（行政サービス分野ごとにＩＤを管理する一方で、業務別の個別ＩＤが分野共通ＩＤと紐づけられ、分野間での情報連携の際には分野共通ＩＤを他の分野共通ＩＤに変換して情報を連携する方式）に分類する見解によれば、フランスは、セパレートモデルに分類される。国際社会経済研究所「国家情報システム（国民ＩＤ）に関する調査研究報告書―英国、フランス、イタリア等における番号制度の現状」（２０１１年）20頁、鈴木尊巳「日本がモデルにしたオーストリア電子政府と今後のＩＤ連携」Ｆｕｊｉｔｓｕ 68巻４号（２０１７年）80～87頁。

14：自治体国際化協会「平成17年度海外比較調査　各国の電子自治体の推進状況」（２００６年）77頁〔坂尻昇太執筆部分〕。

4——2018年「個人データの保護に関する法律」による1978年法改正の経緯

(1) GDPR準拠法の整備

2016年、GDPRが採択(第9章Ⅱ)されたことを受け、フランスは、GDPRに準拠する国内法の整備を迫られた。GDPRは「規則」である以上、加盟国の国内法に優先して、加盟国の政府や企業、個人等に直接適用される性質を有する。他方、規則には、その実施にあたり加盟国に判断・裁量の「余地」を認める部分が多かれ少なかれ存在するのが通例である。GDPR上の「自然人」(4条1号)に死者が含まれるか、「監督機関」(4条21号、51条)を新たに創設するのか、既存の機関をあてるのか、同意年齢を何歳にするか(8条1項)、「削除権(忘れられる権利)」(17条)や「データポータビリティ権」(20条)など1978年法には規定のなかった新しい権利をどう実効的に保障するか、プロファイリング等の自動処理に基づく決定をされない権利に関して加盟国に独自の措置を定めるか(22条2項ⓑ)、規則違反に対して損害賠償を請求する集団訴訟の可能性(21世紀に向けた司法の近代化に関する2016年11月18日の法律によって導入した集団訴訟の対象に含むか、その訴訟要件等)、データ処理事業者が従うべきルールの標準化・簡素化(特に、CNILによる許可等の事前手続の軽減とリスクベースの事後手続の導入)など、適用条件につき加盟国に選択の「余地」が与えられている50以上の部分については国内での議論が求められた。とりわけ、加盟国に判断の余地が与えられた部分については、加盟国間での調整・調和が求められる。なぜなら、加盟国間で適用するルールやその条件が異なる場合、どのルールが適用されるかは、データ管理者やその下請け業者の所在地によって異なりうるからである。たとえば、同意年齢を13歳と定めるスウェーデンの法律は、スウェーデンを所在地とするデータ管理者等に適用されるため、当該データ管理者等がフランス国内において情報提供サービスを行う場合には、たとえフランスが同意年齢を16歳に設定していたとしても、フランス居住者はスウェーデンの法律の適用を間接的に受けることになる。なお、法改正に際しては、アイルランドに主要拠点を置くグーグルとフェイスブックを念頭に議論が進められた[15]。

これらの課題に対応するために、１９７８年の情報と自由法を廃止して新法を制定する選択もありえたものの、フランスは、１９７８年法の「改正」という途を選んだ。ＧＤＰＲの発効が予定されていた２０１８年は、奇しくも情報と自由法制定40周年の記念すべき年でもあり、情報と自由法に対する議員の思い入れはひとかたならぬものであった。「情報処理は、すべての国民にサービスを提供する必要がある。その開発は、国際協力の枠組みの中で行われなければならない。人間のアイデンティティ、人権、私生活並びに個人的及び公的自由を侵害してはならない」と高らかに宣言した、情報と自由法１条は、情報処理の大原則として維持されることとなった。なお、本法の審議に先立ち成立した２０１６年の「デジタル共和国法」[16] 54条によって、情報と自由法に、「すべての人は、この法律に定める条件の下で、自

15：Etude d'impact, Projet de loi relatif à la protection des données personnelles, 12 décembre 2017, p.75.
16：Loi n° 2016-1321 du 7 octobre 2016 pour une République numérique.

分に関する個人データの使用を決定し及び管理する権利を有する」（1条2項）との文言が挿入されたため、もともとの1条は、現行法1条1項に置かれている。現行法1条2項は、1983年12月15日のドイツ連邦憲法裁判所判決（国勢調査判決（1983年12月15日：BVerfGE 65, 1））の影響を受け、いわゆる情報自己決定権（le droit à «l'autodétermination informationnelle»）の概念を反映させたものである[17]。政府提出法律案に付された影響評価書によれば、自分のデータを自由に処分する権利（le droit à la libre disposition de ses données）ないしは個人データ自由処分の原則（principe de libre disposition de ses données）の実現は、個人データ保護の新たな局面として認識されている。すなわち、単なる私生活の保護から、オンライン上の生活をコントロールしようとする個々人の保護へと、新たなパラダイムが提示された。他方、データ処理が法令の規定に従ってなされる場合、個人の自己決定よりも、悪用を避けるためにデータ管理者に課される条件が重視されており、情報自己決定権の主観的権利としての保障は十分には達成されていない、との指摘もある[18]。なお、先述した協議プロセスにおいては、アクセス権や未成年者の忘れられる権利、死後のデータの管理、データポータビリティ権などの「個人のデータ保護」に関する条項は、最も議論されたテーマの1つであったものの、憲法と基本的人権にまで遡った議論はほとんど見られず[19]、憲法上の権利としての情報自己決定権や自己情報コントロール権といった概念は、いまだ市民の間に浸透しているとはいい難い。

（２）２０１８年法制定に関与したアクター

さて、かかる法改正に際して、いかなるアクターがどのような影響力を行使しただろうか。まず、各加盟国に委ねられた選択の余地に関しては、各加盟国のデータ保護当局の代表者によって構成される作業部会Ｇ29（個人データ処理に係る個人の保護及び当該データの自由な移動に関する欧州議会及び理事会の指令（95／46／ＥＣ）29条によって設立され、ＧＤＰＲ採択後は、68条に規定する欧州データ保護評議会がこれに代わるものとして設置された）による監視と助言を受けた。当時、Ｇ29の議長はＣＮＩＬ委員長イザベル・ファルケ＝ピエロタン氏が務めており、新たなデータ保護の枠組みにおける欧州基準の開発（ガイドラインや推奨事項などの「ソフトロー」文書の作成）、加盟国のデータ保護当局間の協力体制の構築に携わっていた。

フランス以外の欧州加盟国からの影響力も少なくない。先に述べたように、加盟国に判断の余地が与えられた部分については、加盟国間での調整・調和が求められるため、フランス政府・議会は、欧州諸国で同時並行的に進められる立法作業をリアルタイムでフォローしなければならなかった。たとえば、

17：政府提出法律案に付された影響評価書（Étude d'impact）96～97頁および立法理由（ecposé des motifs）参照。
18：Audrey BACHERT-PERETTI, op.cit., p.324.
19：データポータビリティ権に関して、「憲法と『人権』を踏まえ、個人デジタルデータの個人所有原則を確立すべき」との提案が市民から寄せられたが、政府は、「デジタルと基本的権利」に関する国務院の２０１４年年次報告書に言及し、個人データにいかなる財産的価値も与えないとの政府の決定について説明している。

先に例に挙げた同意年齢について、フランス政府案はＧＤＰＲに規定する16歳を維持していたが、下院では、13歳を同意年齢とするスペインやチェコ、14歳とするエストニアなど、独自の選択をしている加盟国の法案がフランス社会に与える影響が考慮され、青少年のインターネット利用の実情、親権者からの同意取得可能性等を検討した上で、最終的には15歳を同意年齢とすることになった[20]。

　さらに、小規模の自治体や中小企業においては、新たなルールに対応する準備ができていないことから、特にデータポータビリティ権の創設については企業側の関心も高かった。たとえば、国家デジタル評議会は、データポータビリティ権をアクセス権の単純な繰り返しとしてではなく、データの「活発なエコシステム」として実現するには、ＡＰＩおよびデルタクエリ機能の無償提供とオープンで標準的な機械可読形式でのデータの復元とが必須と考えていたが、こうした規格を備えることは中小企業の活動にとって制約が大きいとの異議が出された。もっとも、こうした議論は、２０１６年デジタル共和国法制定時にすでになされており、政府は、「オープンで簡単に再利用可能な標準的な機械可読で自動処理システムを利用できる」という文言を国家デジタル評議会の修正案を受け挿入する一方で、ＡＰＩとクエリ機能については提供義務を明記せず、「必要な措置、特にプログラミングインターフェイスに関して、合法的な回復を可能にする無料の機能」というもともとの政府案を維持した。２０１８年法は、「ＧＤＰＲ20条に規定する条件の下で行使される」と規定するにとどまっているため、具体的な運用は、ＣＮＩＬによるガイドライン策定とサポートの下で、２０１６年法に基づいてなされることになる。ＣＮＩ

Ｌは、データポータビリティ権の行使を促進するための方策として、①データ主体が認証されたアカウント／スペースから標準の機械可読形式（ＣＳＶ、ＸＭＬ、ＪＳＯＮなど）でデータを直接ダウンロードできる機能を提供すること、②許可された第三者がデータを自動的に取得できるよう安全なＡＰＩを提供すること、を提案している[21]。

専門的な知見としては、２０１４年の国務院年次報告書「デジタルと基本的権利」、ＣＮＩＬの２０１６年活動報告書、２０１７年に下院の憲法・立法・総務委員会がとりまとめた「個人データの保護に関するＥＵの新たな規範がフランスの立法に対して与える影響」に関する調査報告書[22]が、法律案起草段階において参照されている。政府提出法律案であるにもかかわらず、政府による影響評価書作成の10か月前にフランス議会が自ら調査報告書を作成し、当該報告書が政府提出法律案添付の影響評価書において広く言及されている点も特筆に値しよう。

20：実際には、オンライン上で親権者の同意を得るのは容易ではなく、CNILデジタルイノベーションラボラトリー(Laboratoire d'Innovation Numérique de la CNIL: LINC) は、ゼロ知識証明による「プライバシーを尊重した年齢認証システム」の開発段階にある。Jérôme Gorin, Martin Biéri et Côme Brocas, Démonstrateur du mécanisme de vérification de l'âge respectueux de la vie privée, 21 juin 2022.

21：CNIL, « Professionnels : comment répondre à une demande de droit à la portabilité ? », 7 avril 2021.

22：La commission des lois constitutionnelles, de la législation et de l'administration générale de la république, Rapport d'information sur les incidences des nouvelles normes européennes en matière de protection des données personnelles sur la législation française, 22 février 2017.

(3) 審議促進手続の採用

本法律案は、2018年5月のGDPR施行に間に合わせるため、政府によって審議促進手続が採用され、各院におけるそれぞれ1回の読会の後、両院協議会に付託された。子どもの利益の保護(同意年齢を15歳に引き下げるか)、集団訴訟の対象(精神的損害の補償まで拡張するか)、プロファイリングからの個人の保護の強化(アルゴリズム処理の条件と実際の際に適用される最低保証の明確化)、個人データの保護における議会の専門知識の強化(法律案についてのCNILへの諮問)、犯罪、有罪判決、安全対策に関連するデータ処理の扱い(判決のオープンデータ化など)、零細企業(VSE)・中小企業(SME)への配慮、小規模自治体の特殊性に応じた対応(助成金の創設、行政罰の免除など)、CNILの規制権限(制裁金の上限など)等、上院と下院で共通の法文の採択に至ることができなかった部分が多く、結局、下院の最終表決権が行使された。それでも、GDPR発効までの限られた時間の中で、とりわけ法務委員会において膨大な調査がなされたこと、議会における審議が活発になされたことは、ポジティブに評価されている。

なお、従前のCNILによる事前認可制度は、社会保障データ、生体認証および遺伝データおよび健康データの3種類のデータに対してのみ保持されることになり、規制が緩和された領域については、CNILによるソフトローの手法を用いた統制が広く活用されることになった[23]。

5——存在感を増すロビイング

(1) ロビー活動のコントロール

フランスでは、冒頭に引用した「法律は一般意思の表明」との伝統の下、特殊利益を立法に反映させる目的でのロビイングを容認することは一般利益を害することになる、と考えられてきたため、アングロ・サクソン諸国に比べ、ロビー活動は限定的であった。しかし、1990年代に入ると、欧州統合に伴うブリュッセルでのロビー活動の影響を受けて、フランス国内で初めてロビー活動コンサルティング会社が設立され[24]、同時に、ロビイングの規制に関する議論が、議会内部でもなされるようになった[25]。2000年代には、ロビイングの機能（議員や政治家への専門的知見や情報の提供、情報に基づく意思決定の支援、同じ目的を持つアクター間の対話の促進）やロビイングを民主的プロセスに適切に位置づける必要性も認識されるようになる。2008年、国民議会議員ジャン・ポール・シャリエにより、ロビイングの乱用を防止するための対策として、倫理規定やロビイスト登録簿の作成が提言されると、2009

23：改正法は、個人の権利の強化とリスクベースでの規制緩和を実現するために、ソフトローによる規制手法を広く採用した。CNILは、「コンプライアンスの遵守」という最大の目的を達成する手段として、制裁は唯一の手段ではなく、手段の1つにすぎないこと、制裁だけで規制することはできず、GDPRの適用を受ける組織を広くサポートすることが、コンプライアンスの遵守に貢献することになるとの立場を表明している。

24：Guillaume Courty et Marc Milet, « La juridicisation du lobbying en France: Les faux-semblants de l'européanisation soft d'une politique de transparence », Politique européenne 2018/3 (n°61), pp.78-113.

25：Chabanet Didier, « Les enjeux de la codification des groupes d'intérêt au sein de l'UE », Revue française de science politique, vol. 59, n°5, 2009, pp.997-1019.

年には、各院事務局において利益代表者登録簿が作成された。さらに2016年には、透明性、汚職との闘い及び経済生活の近代化に関する法律（サパンⅡ法）26によって、独立行政機関としての性格を有する「公共生活の透明性のための高等機関（Haute Autorité pour la transparence de la vie publique：HATVP）」に、当該利益代表者名簿の管理が委託され、より独立性と自律性の高い機関による利益代表者の行動の統制が目指された。2022年には、本法の適用対象となる公務員が、地方自治体の長や地方の病院の責任者等にまで拡大されている。

サパンⅡ法は、利益代表者（représentant d'intérêt）を定義し、利益代表者として認識される可能性のある人物を列挙している。利益代表者とは、政府のメンバーや閣僚、両院議員、議会の協力者、共和国大統領の協力者、独立行政機関の局長や事務局長など法律に列挙された者と連絡を取り合うことによって法令の内容に関する公的決定に影響を与える役割を主要なまたは定期的な任務として担っている民間企業や公的団体の役員や従業員等をいう。また企業等に雇われていない者であっても、このような活動を行うことを専門とする自然人も利益代表者に含まれる。他方で、任務を遂行するために選出された役人、政党、宗教的目的の団体、社会対話の主体としての従業員組合組織と専門的雇用主組織は、利益代表者には含まれない。

（２）GAFAMによるロビー活動

２０２２年12月、ＣＡＣ40を構成する上場企業の活動を専門に扱うオンラインメディア「多国籍天文台（Observatoire des multinationales）」は、フランスにおけるＧＡＦＡＭのロビー活動の実践に関する報告書を発表した[27]。報告書は、２０２１年のロビー活動費が、２０１７年の１３５万ユーロから、その約3倍の４００万ユーロに増加していること、民間のロビーコンサルタント会社やシンクタンクを利用しソフトパワー[28]を開発していること、ロビイストが、政府と民間企業で交互に働く、いわゆる「回転ドア」の実態が顕著にみられること[29]等を指摘した上で、ロビー活動の監督強化、とりわけＨＡＴＶＰによる、より正確なデータの把握と、より実質的な管理手段の確保、デジタル主権の問題に関する言説の一貫性を求めている。「デジタル主権」という言葉は、今日、正確に定義されることなくスローガン的に用いられることも少なくない。デジタル主権を実現するクラウドサービスを指して「ソブリンクラウド（cloud souverain）」と呼称されるが、ソブリンクラウドの構築は、多くの場合、ＧＡＦＡＭと

26：Loi du 9 décembre 2016 relative à la transparence, à la lutte contre la corruption et à la modernisation de la vie économique.
27：Observatoire des multinationales , « GAFAM NATION : La toile d'influence des géants du web en France », décembre, 2022.
28：ソフトパワーとは、非強制的な手段を通じて、政治的主体が他の主体の行動に間接的に影響を与えたり、他の主体による自身の利益の定義に影響を与えたりする能力のことをいう。多国籍天文台の報告書では、メディアや研究機関への資金提供を通じたソフトパワーの展開が指摘されている。
29：かつて政府や議会等に勤務し、その後アマゾンやグーグルに引き抜かれた元公務員として、Yohann Bénard氏、Christophe Cousin氏、Stanislas Bosch-Chomont氏、Benoît Loutrel 氏らの名前を挙げることができる。ほかにも、数十人の元公務員が、アメリカのデジタル大企業の影響力の輪を拡大するために引き抜かれたとの指摘もある。Léna Corot, L'observatoire des multinationales met en lumière " la toile d'influence " des Gafam en France, L'usinedigitale, 15 décembre 2022.

のパートナーシップを要する30ため、デジタル主権の本質を見えにくくするおそれもある。多国籍天文台は、デジタル主権は何よりもまず「デジタルツールをどのような条件でどのような用途で使用したいのかを集団的かつ民主的に決定し、望まない使用にさらされないようにする私たちの能力」である、と定義し、この能力がＧＡＦＡＭによって絡めとられつつあることに警鐘を鳴らすとともに、公的機関が、デジタル分野の専門知識を強化し、ＧＡＦＡＭに代わるものを真に支援し、これらのテーマに関して市民社会の台頭を促進するよう求めている。

最後に、立法前プロセスの拡充は、同時に、ロビー活動の影響を受けやすい場の拡張・拡散を意味する。たとえば、市民会議を組織する側にＧＡＦＡＭの担当者が存在することもあるし、大学等の研究機関との共同研究を通してソフトパワーが展開されることもあるだろう。アジャイル・ガバナンス（第4章参照）のプロセスを実践するためには、マルチステークホルダーがそれぞれに、ガイドラインなどのソフトローによって自主的な取組みを推進していくことが求められる。そして、そのソフトローの生成場面においても、当該ルールによる影響を受ける利害関係者が参加しながらのマルチステークホルダープロセス導入の傾向がある。したがって、ハードロー制定プロセスだけではなく、広くルールメイキングのプロセスにおいて、民意集約のためのチャンネルの多様化が、ＧＡＦＡＭの影響力を倍増させる強力なエコーチェンバーの生成を助長するようなことにならないよう、注意を払う必要があろう。

〔**小川有希子**〕

30：たとえば、タレスは、グーグルクラウド社と合弁会社S3NSを設立し、国立情報システム・セキュリティ庁（ANSSI）によるSecNumCloud認証と同レベルのセキュリティと制御機能を備えたクラウドサービスの提供を目指している。ヘルス・データ・ハブは、少なくとも2025年までは、Microsoft Azureをソブリンクラウドソリューションに置き換えることを想定している。

第9章

EU：グローバル・スタンダードの構築へ

ＥＵのデータ保護法には、情報技術等の進展に応じて迅速に制定・改正される上、いわゆる「グローバル・スタンダード」としてＥＵ域内のみならず全世界に大きな影響をもたらすという特徴がある。それゆえ、世界を相手にするビジネスパーソン等にとって、その最新動向は必須の知識といっても過言ではない。

そうしたニーズに応えるため、ＥＵのデータ保護法（とりわけＧＤＰＲ）については、専門家向けの学術論文から一般市民向けの入門書まで、すでに数多くの書籍や論文が発表されている。しかし、それら既存の解説は、ＧＤＰＲ等の具体的なルールを条文の規定に沿って説明するにとどまるものが多い。条文を個別的に読み解くことはもちろん重要であるが、それだけではＧＤＰＲ以外も含めたデータ保護法制全体の体系や各条文の趣旨を理解することは難しく、また将来的な法制定・改正を見通すことも困難である。

本章で解説するように、ＥＵのデータ保護法は、個人データ保護の権利をはじめとする基本権の具体化立法という性格を有しており（Ⅰ）、国家を超えた共同体であるＥＵ特有の政治過程を辿って制定されている（Ⅱ）。こうした根本的な仕組みを把握できれば、矢継ぎ早なルール変更にいたずらに振り回されることなく、各ルールの趣旨や位置づけを理解し、今後どのように運用・改正されていくかを予測することが可能となるだろう。

Ⅰ 法制度

1——データ保護法制の概要

(1) EU基本権憲章

EUにおける個人データ保護法を広義に捉えた場合、その中で第一に取り上げるべきは、EU基本条約とともにEUの「憲法」を構成する、EU基本権憲章（Charter of Fundamental Rights of the European Union）である[1]。すべてのEU法はEU基本権憲章に適合的でなければならず、またEU加盟国の国内法はEU法に適合的でなければならないため、EU加盟国にとって、EU基本権憲章は個人データ保護法制のピラミッドの頂点に位置づけられる[2]。

1：EU基本権憲章のコンメンタール（逐条解説書）としては、Manuel Kellerbauer et al. eds., *The EU Treaties and the Charter of Fundamental Rights: A Commentary* (Oxford University Press, 2019); Steve Peers et al. eds., *The EU Charter of Fundamental Rights: A Commentary*, 2d ed., (Hart Pub Ltd, 2022) などがある。

2：EUの個人データ保護法を理解するためには、EU法の基礎知識が必要となる。専門家が執筆した平易な入門書として、庄司克宏『はじめてのEU法』（有斐閣・2015年）参照。

【EU基本権憲章によるプライバシーの保護】

7条（私生活・家庭生活の尊重）

何人も、私生活、家庭生活、住居及び通信を尊重される権利を有する。

8条（個人データの保護）

1　何人も、自己に関する個人データを保護される権利を有する。

2　そのようなデータは、特定の目的のために、本人の同意又は法律で定められたその他の正当な根拠に基づいて、公正に処理されなければならない。何人も、自己に関して収集されたデータにアクセスする権利及びそれを訂正させる権利を有する。

3　これらの規定の遵守は、独立機関による管理の対象となる。

ＥＵ基本権憲章は、上掲の通り、私生活尊重の権利（7条）および個人データ保護の権利（8条）を保障している。日本憲法学（第1章参照）に引きつければ、私生活尊重の権利は伝統的なプライバシー権たる「私生活秘匿権」、個人データ保護の権利は今日的なプライバシー権たる「自己情報コントロール権」に近い概念である3。私生活に関わる場合には個人データに該当しなくとも私生活尊重の権利によって保護され、個人データに該当する場合には私生活に関わらなくとも個人データ保護の権利によって保護される、という形で両者が相補的に個人のプライバシーを保護している。

日本とＥＵでは、プライバシー保護の水準に相当の開きがある。すなわち、日本国憲法にはプライバシー権が明記されておらず、そのためか最高裁判例もプライバシー権の承認に慎重な姿勢をとっている。最高裁は、憲法13条により「私生活上の自由」が公権力の行使に対しても保護されると解した上、とりわけ私生活秘匿権にカテゴライズされるさまざまな自由を「私生活上の自由」として個別的に承認しているものの4、自己情報コントロール権等の一般的な定式を示すことには謙抑的である5。また、プライバシー権の権利内容に曖昧さを残すことがおそらく一因となって、下位法たる個人情報保護法も、必ずしもプライバシー権の具体化を意識した内容とはなっていない面がある[6]。それに対して、ＥＵでは、私生活尊重の権利のみならず個人データ保護の権利まで「憲法」に明記されているため、より積極的な権利保障が可能となる。また、ＥＵにおけるすべてのデータ保護法は、ＥＵ基本権憲章が保障する基本権、特に個人データ保護の権利の具体化立法という性格を有し、当該権利に適合的な設計となっている。

(2) GDPR

ＧＤＰＲ（General Data Protection Regulation：一般データ保護規則）は、ＥＵにおける個人データ保護の一般法であり、２０１６年４月27日に成立し、２０１８年５月25日から施行されている。

ＥＵ法の法形式には、「指令」（Directive）や「規則」（Regulation）がある。指令は、ＥＵ加盟国が達成すべき結果を定めるものであり、その結果を達成するためにいかなる方法をとるかは、各加盟国の国内法に委ねられる（加盟国には立法義務が課される）。個人や企業等に適用されるのは、指令そのもので

3：私生活尊重の権利についてはフランス法（第8章Ⅰ）、個人データ保護の権利についてはドイツ法（第7章Ⅰ）の影響が指摘されている。

4：京都府学連事件判決（最高裁昭和44年12月24日大法廷判決（刑集23巻12号１６２５頁））は「みだりにその容ぼう・姿態を撮影されない自由」、指紋押捺制度事件判決（最高裁平成7年12月15日第三小法廷判決（刑集49巻10号８４２頁））は「みだりに指紋の押なつを強制されない自由」、住基ネット事件判決（最高裁平成20年3月6日第一小法廷判決（民集62巻3号６６５頁））は「個人に関する情報をみだりに第三者に開示又は公表されない自由」を認めている。

5：横大道聡「『個人の私生活上の自由』の保障」同編『憲法判例の射程〔第2版〕』（弘文堂・２０２０年）86頁以下参照。

6：宮下紘『プライバシーという権利─個人情報はなぜ守られるべきか』（岩波書店・２０２１年）96～97頁参照。

はなく、各加盟国が指令を具体化するために制定した国内法である。他方、規則は、EU加盟国の国内法による具体化を要せず、直接に国内的効力を有する。つまり、個人や企業等にも規則が直接適用される。この点、GDPRの法形式は「規則」であるため、各加盟国において直接効力を有する。

EU加盟国以外の企業等であっても、EU域内のデータ主体に対して事業を行う場合には、GDPRの規律対象となる。また、EU域内からEU加盟国以外の国へ個人データを移転させるためには、その国が「十分性認定」（個人データについて十分な保護水準を確保している旨の欧州委員会による認定）7を受けるか、個人データ移転を行う企業等が「標準契約条項」（欧州委員会が定めた個人データ保護条項）に基づく契約を締結するなどの「適切な保護措置」を講じる必要がある（GDPR45条、46条）。このような全世界に対する影響の大きさや、後述する個人データ保護の手厚さなどから、GDPRはデータ保護法の「グローバル・スタンダード」と評されることが多い（グローバル・スタンダードの形成を可能にするEUの「規範パワー」については、本章Ⅱ参照）。

GDPRの内容については、個人情報保護委員会のウェブサイトに仮日本語訳が掲載されている上8、専門家が執筆したコンメンタールも刊行されているため9、ここでは要点に絞って解説したい。

第一に、GDPRは「個人データ」を「識別された又は識別可能な自然人（データ主体）に関するすべての情報」と定義している（4条(1)）。また、ある自然人を識別可能か否かを判断するにあたっては、「自然人を直接又は間接に識別するために管理者又はそれ以外の者によって用いられる合理的な可能性のあるすべての手段を考慮に入れなければならない」としている(前文26項)。ここでいう「管理者」(controller)とは、「自然人又は法人、公的機関、部局又はその他の組織であって、単独で又は他の者と共同で、個人データ処理の目的及び方法を決定する者」のことであり(4条⑺)、「管理者の代わりに個人データを取扱う自然人若しくは法人、公的機関、部局又はその他の組織」は「処理者」(processor)という(4条⑻)。

第二に、個人データ処理に関する基本原則として、①適法で公正で透明性のある方法により処理されなければならないこと(適法性・公正性・透明性)、②特定された明確で正当な目的のために収集され、かつ、その目的と適合しない方法で追加処理をしないこと(目的の限定)、③処理目的との関係で、十分であり、関連性があり、かつ必要性のあるものに限定されなければならないこと(データの最小限化)、④正確なものでなければならず、かつ必要に応じて最新の状態にしなければならないこと(正確性)、⑤データ主体を識別しうる方式での記録保存は、処理目的のために必要な期間に限って行うこと(記録

7：日本は2019年1月23日にこの十分性認定を得ている。

8：個人情報保護委員会ウェブサイト(https://www.ppc.go.jp/enforcement/infoprovision/EU/)。また、JETROウェブサイト「特集 EU一般データ保護規則(GDPR)について」(https://www.jetro.go.jp/world/europe/eu/gdpr/)は、GDPRに関する参考資料等を豊富に掲載している。

9：代表的な日本語文献として、宮下紘『EU一般データ保護規則』(勁草書房・2018年)、石井夏生利『EUデータ保護法』(勁草書房・2020年)など。より詳細なコンメンタールとしては、Lukas Feiler et al., *The EU General Data Protection Regulation (GDPR): A Commentary*, 2d ed. (Globe Law and Business, 2021); Christopher Kuner et al. eds., *The EU General Data Protection Regulation (GDPR): A Commentary* (Oxford University Press, 2020)など。

保存の制限)、⑥個人データの適切な安全性が確保されるような方法で処理すること(完全性・機密性)を掲げている(5条1項)。管理者は、これら基本原則の遵守について説明責任(アカウンタビリティ)を負う(同条2項)。

第三に、個人データ処理の適法性根拠として、①データ主体が同意した場合、②契約の履行にとって必要な場合、③法的義務の履行にとって必要な場合、④データ主体または他の自然人の生命に関する利益を保護するために必要な場合、⑤公共の利益または公務の遂行に必要な場合、⑥管理者または第三者の正当な利益の目的にとって必要な場合、を挙げている(6条1項)。これらのうち少なくとも1つにあてはまる場合でなければ、個人データを処理することは許されない。このような適法性根拠に関する一般的な規定は、日本の個人情報保護法には存在しない。

第四に、データ主体の権利として、訂正権(16条)、消去権(17条)、処理制限権(18条)、データポータビリティ権(20条)、異議申立権(21条)、プロファイリングを含む自動化された決定の対象とされない権利(22条)を保障している。各権利の内容を簡単に説明すると、訂正権は不正確な個人データを管理者に訂正させる権利である。消去権は、個人データが収集または他の処理の目的との関係でもはや必要でなくなった場合等に、管理者に当該個人データを削除させる権利であり、いわゆる「忘れられる権利」として知られている[10]。処理制限権は、管理者に処理の制限をさせる権利であり、たとえば個人データの正確性がデータ主体によって争われている場合に、管理者が個人データの正確性を証明できるまでの期間、認められている。データポータビリティ権は、管理者に対して提供した自己と関係する個人データを、体系的で、一般的に利用され、かつ機械で読み取ることが可能な形式で受け取る権利や、個人データの提供を受けた管理者から別の管理者へと個人データを移行する権利を意味する。異議申立権および自動化された決定の対象とされない権利については、後に「プロファイリング」との関係で扱いたい（2(2)）。これらの規定は、日本の個人情報保護法が開示・訂正・利用停止等の請求権を定めるにとどまっている（33条～35条）のと比較して、より広く手厚い権利保障を行うものといえる。

第五に、管理者の義務として、「バイ・デザイン」・「バイ・デフォルト」による個人データ保護（25条）やデータ保護影響評価（35条）等、管理者および処理者の義務として、データ保護オフィサーの配置（37条～39条）等を定めている。「バイ・デザイン」は、データ保護の基本原則を効果的に組み込み、GDPRの要件を満たし、かつデータ主体の権利を保護するために必要な措置が実装されるように「設計」された技術的・組織的措置を求めるものであり[11]、「バイ・デフォルト」は、処理の目的にとって必要な個人データのみが処理されることを確保するために適切な技術的・組織的措置を「初期設定」とすることを意味する。データ保護影響評価は、予定している処理業務が個人データ保護にもたらす影響についての評価であり、自然人の権利および自由に対して高いリスクを生じさせるおそれがある場合に必要

10：これに対して、日本の個人情報保護法は、不要となった個人データの消去について、個人情報取扱事業者の努力義務とするにとどまっている（22条）。
11：当該規定は、カナダのアン・カブキアンが提唱した「プライバシー・バイ・デザイン」という概念を基礎とするものである（第6章Ⅰ参照）。

とされる[12]。データ保護オフィサーとは、EUおよび各加盟国のデータ保護法の遵守をはじめ、個人データ保護に関連するすべての問題について、独立した立場から、管理者および処理者の最高経営層に対して直接進言できる役職であり、個人データが公的機関・組織によって処理される場合など一定の場合に配置が義務づけられている。

第六に、GDPRの適用を監視する独立した監督機関について規定している（51条〜59条）。監督機関は、GDPRに従って任務を遂行し、権限を行使する際には「完全な独立性」をもって行動しなければならない（52条）。また、監督機関の構成員は、個人データ保護の分野における資質、経験および技能を有することが求められる（53条）。これらの規定は、先に引用したEU基本権憲章8条3項の具体化という性格を有するものであり、専門性が高く独立性のある機関を設置することで個人データの保護を確保することを目的としている。先述したデータ保護影響評価についても、監督機関に対する事前相談が必要とされている（36条）。日本でいえば、個人情報保護委員会がこの監督機関に相当する。監督機関の具体的な任務等については、ドイツ・フランスの章に譲りたい（第7章Ⅰ、第8章Ⅰ参照）。

第七に、GDPRの規定に違反した場合の制裁金について規定している（83条）。管理者・処理者・認証機関・監視機関の義務に関する規定に違反した場合には、1000万ユーロ以内または前会計年度における全世界総売上高の2％以内、データ処理の基本原則やデータ主体の権利に関する規定等に違反した場合には、2000万ユーロ以内または前会計年度における全世界総売上高の4％以内の制裁金が科される。特に世界的大企業にとって、制裁金の上限とされる「全世界総売上高の４％」は巨額である。最近の例では、２０２３年5月22日に、アイルランドのデータ保護委員会が、フェイスブックを運営するメタに対し、ＥＵ域内のユーザーの個人データをアメリカに違法に移転したことを理由として、全世界総売上高の４％にあたる12億ユーロ（当時のレートで約１７９０億円）という史上最高額の制裁金を科したことが注目を集めた[13]。

(3) LED

ＧＤＰＲは、「公共の安全への脅威からの保護及びその脅威の防止を含め、所管官庁によって犯罪行為の防止、捜査、検知若しくは訴追又は刑罰の執行のために行われる場合」の個人データ処理には適用されない（2条2項d）。そのため、そうした刑事司法分野に適用されるＥＵのデータ保護法として、ＬＥＤ（Law Enforcement Directive：刑事司法指令）が制定されている。

ＬＥＤの法形式は「指令」である。そのため、個人や企業等に直接適用されるわけではなく、ＥＵ加

12：詳しくは、宮下・前掲注（９）１８８～１９５頁参照。

13：アメリカはＧＤＰＲの十分性認定を得ておらず、ＥＵからアメリカへの個人データ移転を合法的に行うための枠組みである「プライバシー・シールド協定」も、欧州司法裁判所が２０２０年７月16日に下した「Schrems《シュレムス》Ⅱ判決」によって無効と判断されたため、アメリカの企業がＥＵ域内から個人データの移転を行うためには、欧州委員会が定めた「標準契約条項」（Standard Contractual Clause：ＳＣＣ）に基づく契約等が必要となる。メタは、この規律に違反し、適切な保護措置を欠いたまま個人データを移転したという理由で巨額の制裁金を科されたわけである。

盟国に対して立法義務を課すにとどまる。刑事司法は国家主権を特に重視すべき分野であることから、規則よりも指令という法形式がなじみやすいのだろう。

ＬＥＤの内容は、他章でも解説される上（第7章Ⅰ4）、ＧＤＰＲと同様の規定が多いため、ここではＬＥＤとＧＤＰＲの主な相違点を挙げるにとどめたい[14]。まず、ＧＤＰＲにあってＬＥＤにない規定としては、データポータビリティ権（ＧＤＰＲ20条）、行動規範および認証制度（同24条3項、25条3項）、一貫性の仕組み（同63条〜67条）、行政上の制裁金（同83条）[15]などが挙げられる。他方、ＬＥＤにあってＧＤＰＲにない規定としては、保存・見直しの期間制限（ＬＥＤ5条）、異なる種類のデータ主体間の区別（同6条）、個人データ間の区別（同7条）、アクセス権の制限（同15条）、ロギング（同25条）などがある。このような相違点が存在する主な理由は、ＬＥＤが刑事司法という特殊な分野を対象としている点に求められる（たとえば、データポータビリティ権は刑事司法において観念しがたい）。

なお、ＬＥＤはＧＤＰＲと同じく十分性認定の枠組みを設ける一方で（ＬＥＤ35条以下）、刑事司法協力・警察協力の分野においてＥＵ加盟国が締結した第三国または国際機関への個人データ移転に関する国際協定はＬＥＤが発行した後も有効であるとも定めている（61条）。そのため、日本はＬＥＤの十分性認定を得ていないものの、２０１１年に日本・ＥＵ間で結ばれた刑事共助協定によってデータ移転を行うことが可能である[16]。

(4) eプライバシー指令・規則案

eプライバシー指令は、ターゲティング広告やウェブアクセス解析等に活用されるCookie《クッキー》（訪問したウェブサイトや入力したデータ等の情報が記録されたファイル）の規制を主な内容とするものであり、2002年に制定された。EU基本権憲章上、個人データ保護の権利は「個人データ」のみを対象とするが、私生活尊重の権利は「通信」の秘密を広く保護しているため、eプライバシー指令も通信情報たるCookieを個人データに該当するか否かを問わずに規律している（個人データに該当する場合はGDPRの規律も及ぶ）。

eプライバシー指令は、Cookieの取得について、本人が事前に明確かつ包括的な情報（特に処理の目的に関する情報）を提供された上で同意（オプトイン）した場合に限って許されるものとしている（5条3項）。ここでいう「同意」には、GDPR4条⑾の定義（後述2(1)参照）が妥当する。日本の個人情報保護法は、令和3年改正により「個人関連情報」（同法2条7項）を規律対象に含んだことで、Cookieが「個人情報」に該当しない場合でも個人関連情報として規律することが可能となったが、

14：LEDの詳細については、石井・前掲注（9）第3章参照。また、浩瀚なコンメンタールとして、Eleni Kosta & Franziska Boehm eds., *The EU Law Enforcement Directive (LED): A Commentary* (Oxford University Press, 2024)。
15：GDPRは行政上の制裁金（83条）とそれ以外の罰則（84条）を区別しているが、LEDは両者を区別せず、各国の国内法に委ねている。
16：LEDの十分性認定については、横田明美「EU刑事司法指令のドイツにおける国内法化と十分性認定―監督機関に着目して」情報法制研究9号（2021年）92頁以下参照。

個人関連情報について本人の同意を必要としているのは「第三者提供」のみである（同法31条1項）。そのため、Ｃｏｏｋｉｅの「取得」段階で本人の同意を要求するｅプライバシー指令は、日本の個人情報保護法よりも厳格な規制を定めたものといえる。

ｅプライバシー指令は、「指令」という法形式であるため、ＥＵ域内の個人や企業等に直接適用されるものではなく、各加盟国に立法義務を課すにとどまる。しかし、ＧＤＰＲが「規則」としてＥＵ域内のルールを統一化している中、Ｃｏｏｋｉｅ規制の具体的内容に加盟国間でのバラつきがあることは望ましくない。そこで、ｅプライバシー「規則」を定めようとする動きがある。まず、２０１７年1月10日に欧州委員会がｅプライバシー規則案を提示し、ＧＤＰＲ施行までの成立を目指したが、同案はオンライン広告事業者等に与える影響が大きいことなどから異論も多く、２０１９年11月22日に否決された。しかし、２０２１年2月10日には閣僚理事会において修正されたｅプライバシー規則案が提示され、立法手続が進められている[17]。当該規則案も、現行のｅプライバシー指令と同じく、Ｃｏｏｋｉｅの取得に本人の同意（オプトイン）を要求している。なお、ｅプライバシー規則はＧＤＰＲの特別法として位置づけられるため、両者が衝突した場合にはｅプライバシー規則が優先することになる。

(5) AI法案

個人データ保護との関係でも大きなリスクを抱えているＡＩ（人工知能）の規制については、ＥＵ域内の統一ルールとして「ＡＩ法」の立法手続が進められている。具体的には、２０２１年4月21日に欧州委員会がＡＩ法案（当初案）[18]を提示したことで立法手続が開始し、パブリックコメント等の手続を経たのち、２０２３年5月11日に欧州議会の担当委員会が当初案の修正案を承認し[19]、同年6月14日には欧州議会本会議においてＡＩ法案が可決された。そして、同年12月9日には、欧州議会案にいくつかの修正が加えられた上で、欧州議会と閣僚理事会の暫定合意が成立し、２０２４年3月13日に欧州議会で可決された。今後は、閣僚理事会の承認を経て発効し、発効から2年後（ただし例外あり）に完全適用される予定である。

ＡＩ法案は、ＧＤＰＲと同様、「規則」という法的性格を有するとともに、違反に対する巨額の制裁金（最大で、３５００万ユーロまたは前会計年度における全世界総売上高の7%のいずれか高い方）を定めている。また、ＡＩ法案の大きな特徴として、ＡＩシステムの使用等をリスクの高さに応じて規制するという「リスクベース・アプローチ」が挙げられる。具体的には、「許容しえないリスク」の場合は禁止し（次頁表）、「ハイリスク」の場合には厳格な規制をかけ、「限定されたリスク」の場合には透明性要

17：ＥＵの立法を担う諸機関（欧州委員会、閣僚理事会、欧州議会）については本章Ⅱ参照。
18：総務省ウェブサイト（https://www.soumu.go.jp/main_content/000826706.pdf）には、その仮日本語訳が掲載されている。
19：修正点は数多いが、特に注目を集めた修正としては、この間に急速な進化を遂げたＣｈａｔＧＰＴ等の「生成ＡＩ」に対する規制（透明性要件として、生成ＡＩにより作成されたコンテンツについて「ＡＩ製」の表示を義務づけるなど）を盛り込んだ点が挙げられる。

表　許容しえないリスクを有するために禁止されるAIシステムの例

- 人種、政治的意見、宗教的・哲学的信条、性生活、性的指向、労働組合への加入といったセンシティブな特性を推測するための生体認識分類システム
- 顔認識データベースを作成するために、インターネットや監視カメラ映像から顔画像を無差別にスクレイピングするシステム
- 職場や教育機関における感情認識システム
- 社会的行動や個人的特徴に基づく社会的スコアリングシステム
- 人々の（年齢、障害、社会的・経済的な状況による脆弱性を悪用するシステム

件（ＡＩだと知らせる義務）のみを課し、「最小限リスク」の場合については規制を設けていない。

他方、日本においては、ＡＩの規制に特化した法制度の立法作業は進んでいない。憲法学ではＡＩの法規制に関する議論が盛んであるが[20]、政府の側には、むしろＥＵよりも緩やかな規制にとどめることで、ＡＩの利活用を促進しようとする姿勢が見て取れる[21]。たとえば、上掲のＡＩ法案では、教育機関において自然人の感情を推測するＡＩシステムを使用することが禁止されているが、日本政府は、むしろそうした「感情センシング」を「教育データ利活用」の一環として推進しており、端末内蔵カメラで児童生徒の脈波や瞳孔の動きなどを読みとり、リアルタイムで感情を推測する実証事業などを行っている[22]。

2――データ保護法と基本権

(1) 同意に関するルール

これまで概観してきたＥＵのデータ保護法制は、いずれも個人データ保護の権利等の基本権を具体化するものとして位置づけられる。こうしたデータ

保護法と基本権の結びつきをさらに明確化すべく、以下では「基本権の具体化」という性格が特に濃厚な法規制（とりわけGDPRの規定）をいくつか取り上げて検討したい。

まずは、データ主体の「同意」に関する法規制を取り上げよう。

個人データ保護の権利にとって、個人データの処理をコントロールするために不可欠な「同意」は、極めて重要な要素である。そのため、GDPRは同意の定義や要件等を詳細に規定している。すなわち、データ主体の同意を、「自由に与えられ、特定され、事前に説明を受けた上での、不明瞭ではない、データ主体の意思の表示を意味し、それによって、データ主体が、その陳述または明確な積極的行為により、自身に関連する個人データの処理の同意を表明するもの」と細かく定義している（4条⑾）。また、同意の要件として、管理者がデータ主体の同意を証明できるようにすることや、データ主体が自己の同意をいつでも容易に撤回する権利を有することなどを定めている（7条）。さらに、データ主体が16歳未満（加盟国の国内法により13歳まで引下げ可能）である場合には、親権者の同意・承認が必要だと定めて

20：山本龍彦編『ＡＩと憲法』（日本経済新聞出版社・２０１８年）など。

21：日本は、個人情報保護法制がＥＵほど厳格ではない上、著作権法上ＡＩによる「学習」のために著作物を利用することが原則的に認められており（同法30条の４。ただし、ＡＩによる「生成」の適法性は別途問題になりうる）、そうした法制度の面では、ＡＩを開発・運用する企業が事業を展開しやすい国であるともいえる。この点、ＣｈａｔＧＰＴを開発する「ＯｐｅｎＡＩ」のサム・アルトマンＣＥＯが２０２３年４月10日に日本の岸田文雄首相と会談し、日本での事業に力を入れる意向を示したことは、象徴的な出来事であった。

22：若江雅子「子供の教育データ　利用どこまで」読売新聞２０２３年３月11日11面参照。

いる（8条）。加えて、特別な種類の個人データ[23]の処理（9条）、プロファイリングを含む自動化された決定（22条）、十分な保護措置を持たない第三国または国際機関へのデータ移転（49条）については、「明示的同意」（典型的には書面による顕示的な同意）を要求している。

EUのデータ保護法に関する各種のガイドラインを策定している欧州データ保護会議（European Data Protection Board：EDPB）[24]は、「同意に関するガイドライン」[25]も公表している[26]。当該ガイドラインは、同意の定義に含まれる各要件について詳細な解釈を示しており、たとえば「自由に与えられた」という要件については、「力の不均衡」、「条件性」、「粒度」、「不利益」という要素に分析した上、各要素に関する具体的な事例まで示している。一例を挙げれば、「力の不均衡」という要素に関しては、公立学校が生徒向けの印刷雑誌に生徒の写真を利用するため同意を求めるという事例が示され、生徒が教育その他のサービスを拒否されず、また不利益を被ることなしに写真利用を拒否できる場合に限って、同意が有効になる旨が説かれている。

これに対して、日本の個人情報保護法は、同意に関する規律が薄く、その定義や要件に関する規定を欠いている。同意が自己情報のコントロールにとって重要な要素であることに鑑みると、このような個人情報保護法は、自己情報コントロール権としてのプライバシー権から一定の距離をとった法制度であるようにみえる。

(2) プロファイリング規制

次に取り上げたいのは、プロファイリング規制である。

GDPRは、プロファイリングを「自然人に関する一定の個人的特性を評価するための、特に当該自然人の業務遂行能力、経済状態、健康、個人的嗜好、興味関心、信頼性、行動、位置及び移動に関する特性を分析又は予測するための、個人データの利用から成るあらゆる形式の個人データの自動的処理」と定義している（4条(4)）。このようなプロファイリングは、その分析・予測結果が真実に合致していた場合には、センシティブな情報を「収集」する場合と同様に個人データ保護の権利や私生活尊重の権利と対立し、真実に合致していなかった場合には、誤った「個人像」に基づいた決定が行われることでさまざまな不利益を生じさせ、ひいては基本権保障の根幹にある「個人の尊重」にも抵触しうる[27]。

そこでGDPRは、プロファイリング一般について異議申立権を定めるとともに（21条）、「当該デー

23：人種的もしくは民族的な出自、政治的な意見、宗教上もしくは思想上の信条、または、労働組合への加入を明らかにする個人データ、ならびに、遺伝子データ、自然人を一意に識別することを目的とする生体データ、健康に関するデータ、または、自然人の性生活もしくは性的指向に関するデータ。

24：欧州データ保護会議は、EU域内におけるデータ保護法の統一的な適用を確保するとともに、データ保護機関間の効果的な協力を促進する機関であり、EU加盟各国における監督機関の長および欧州データ保護監察官（European Data Protection Supervisor：EDPS）によって組織されている。

25：EDPB, Guidelines 05/2020 on consent under Regulation 2016/679, Version 1.1, 13 May 2020.

26：欧州データ保護会議の各種ガイドラインについては、個人情報保護委員会ウェブサイト（https://www.ppc.go.jp/enforcement/infoprovision/EU/）に仮日本語訳が掲載されている。

27：山本龍彦『プライバシーの権利を考える』（信山社・2017年）270頁は、「少なくとも人生の重要場面で、『一人ひとりの事情』を具体的・現実的に考慮せず、自動化された（人工知能による）確率的判断のみによって概括的・抽象的に個人を評価・決定することは、『個人の尊重』原理と鋭く矛盾してくるように思われる」と指摘している。

タ主体に関する法的効果を発生させる、又は、当該データ主体に対して同様の重大な影響を及ぼす、プロファイリングを含む専ら自動化された処理に基づいた決定」については、その対象とされない権利を保障している（22条）。データ主体・管理者間の契約の締結・履行のために必要となる場合、EU法または加盟国の国内法によって認められる場合、データ主体の明示的な同意に基づく場合は、例外的にプロファイリングを含む自動化された決定を許容しているが、「例外の例外」として、GDPR9条に定められた特別な種類の個人データを基礎としてはならないと定めている。また、特に子どもについては、個人データ処理に関するリスクや権利等の認識が十分でない可能性があることから、プロファイリング等について「特別の保護」を受けると定めている（前文38項）[28]。

欧州データ保護会議の前身である第29条作業部会（Article 29 Data Protection Working Party：WP29）[29]は、「自動化された個人に対する意思決定とプロファイリングに関するガイドライン」[30]により、前記プロファイリング規制の解釈等を示している。たとえば、GDPRは、異議申立権（21条）が行使された場合について、管理者がデータ主体の利益・権利・自由に優先するやむを得ない正当な根拠を示すことができない限り、プロファイリングのプロセスを中断しなければならない旨を定めているものの、そこでいう「やむを得ない正当な根拠」の具体的内容は示していない。この点について、当該ガイドラインは、「これに相当するケースは、たとえば、伝染病の広がりを予測するプロファイリングのような、管理者のビジネス上の利益だけでなく、社会全体（または大きなコミュニティ）にとっての便益となるケースかもしれない」と説いている。

これに対して、日本の個人情報保護法は、プロファイリングを正面から規制しておらず、「不適正な利用」を禁止する規定（19条）等によって間接的に規制するにとどまる[31]。憲法学において、プロファイリングはプライバシー権や内心の自由等に関わる問題と捉えられているが[32]、そうした憲法論は個人情報保護法に必ずしも反映されていない。

(3) 顔認識技術規制

最後に取り上げるのは、顔認識技術規制である。

顔認識技術とは、カメラで撮影した顔画像から、顔特徴量（顔の特徴点を検出して数値化したもの）を抽出した上、その顔特徴量データと他の顔特徴量データを比較して、双方の顔が同一である確率を計算し、当該確率が事前に設定した閾値を超える場合に同一と判定する技術のことである[33]。顔特徴量のよ

28：子どものプロファイリングに関する論点については、さしあたり、堀口悟郎「ＥｄＴｅｃｈと憲法」日本教育法学会年報52号（２０２３年）90頁以下参照。
29：第29条作業部会は、ＧＤＰＲに取って代わられた「ＥＵデータ保護指令」の29条に基づき、ＥＵ域内におけるデータ保護法の統一的運用を確保するために設置されていた独立の諮問機関であり、欧州データ保護会議と同様、各加盟国の監督機関および欧州データ保護監督官によって組織されていた。
30：WP29, Guidelines on Automated individual decision-making and Profiling for the purposes of Regulation 2016/679, 6 February 2018.
31：大島義則「個人情報保護法におけるプロファイリング規制の展開」情報ネットワーク・ローレビュー20巻（２０２１年）31頁以下参照。
32：山本・前掲注（27）第12章など。
33：CNIL, Reconnaissance facial: pour un débat à la hauteur de enjeux, 15 novembre 2019, pp. 3-5.

うな「生体データ」は、個人を特定する力が強い上、基本的に変更することが困難であるため、不正利用や誤用がなされた場合のリスクが高い。また、特に顔特徴量は、DNAや指紋など他の生体データとは異なり、物理的に接触せずとも、カメラにより遠隔で撮影するだけで入手しうるため、本人に気づかれぬままリアルタイムで監視することを可能にする。このような監視は、個人データ保護の権利に抵触するだけでなく、「匿名性」の喪失によって人々の行動を萎縮させ、さまざまな基本権（特に表現の自由や集会の自由等の精神的自由）の行使に負の影響を与える[34]。

そこでGDPRは、顔特徴量を含む「自然人を一意に識別するための生体データ」を、原則として処理が禁止される「特別な種類の個人データ」に含めている（9条）。当該データの処理が許されるのは、本人の明示的な同意がある場合や、EU法または国内法に基づき、実質的な公共の利益のために必要である場合など、ごく例外的な場合に限られる。欧州データ保護会議の「ビデオ装置を介した個人データの処理に関するガイドライン」[35]は、GDPR9条該当性や、その例外事由の解釈等を詳細に示している。

また、LEDも顔認識についてGDPRに類似した規制を定めており、当該規制に関して欧州データ保護会議は「法執行分野における顔認識技術の使用に関するガイドライン」[36]を公表している。加えて、前記の通り、AI法案は、センシティブな特性に関わる生体認識分類システムや、顔認識データベースを作成するためにインターネットや監視カメラ映像から顔画像を無差別に収集することを、許容しえないリスクを有するとして禁止している。

これに対して、日本の個人情報保護法は、顔特徴量等の生体情報を「要配慮個人情報」（2条3項）に含めず[37]、ただ「個人識別符号」（2条2項、同法施行令1条1号イ）として個人情報該当性を認めるにとどまっており、そのため顔特徴量の取得に本人の同意は要求されていない[38]。本人識別のための顔認識技術がプライバシー権等の権利に大きな影響をもたらしうることに鑑みると、その規制が手薄な日本の個人情報保護法は、やはりＥＵのデータ保護法に比べて「基本権の具体化」という性格が希薄であるといえよう。

〔**堀口悟郎**〕

34：CNIL, *supra* note 33, pp. 6-8. 小川有希子「顔認識技術の法規制」法学館憲法研究所ウェブサイト２０２２年９月５日（https://www.jicl.jp/articles/topics_digital_20220905.html）も参照。

35：EDPB, Guidelines 3/2019 on processing of personal data through video devices, Version 2.0, 29 January 2020. 当該ガイドラインは、一般的な解釈を示すだけでなく、①出入国ゲートでの顔認証、②児童誘拐被害者の顔識別、③デモ映像のデータベース化と暴動者の識別、④容疑者画像と犯罪者データベースの照合による顔識別、⑤公共空間におけるリアルタイムでの遠隔顔識別、⑥インターネット上で収集した顔画像のデータベース化と警察等への提供など、具体的事例（ユースケース）の検討も行っている。

36：EDPB, Guidelines 05/2022 on the use of facial recognition technology in the area of law enforcement, Version 1.0, 12 May 2022.

37：個人情報保護法が要配慮個人情報を「本人に対する不当な差別、偏見」のリスクに着目した概念として定義していることも、そうしたリスクが必ずしも高くない生体情報がそこからこぼれ落ちる要因となっているのかもしれない。仮にそうだとすれば、要配慮個人情報という概念（その取扱いを特別に規制すべき趣旨）そのものについても再検討する必要があろう。なお、現行法上の要配慮個人情報の具体的内容については、宇賀克也『新・個人情報保護法の逐条解説』（有斐閣・２０２１年）70～93頁参照。

38：他方、憲法判例においては、指紋等の「生体情報」は氏名等の「単純情報」に比べて要保護性が高いものと解されている。さしあたり、堀口悟郎「ＤＮＡ型記録とプライバシー権」法学教室５０９号（２０２３年）74頁以下参照。

Ⅱ 政治過程

現代の国際社会を考える上で、存在感を発揮しているアクターの1つとしてEUを挙げることができる。二度の世界大戦を経て、ヨーロッパに安定した国際関係を生み出すために計画されたヨーロッパ統合は、最も成功した地域統合といえる。確かにEUは、数々の困難に見舞われるたびに、崩壊の可能性が指摘されてきたが、今もなお大きな影響力を発揮している[1]。たとえば、一般データ保護規則（GDPR）は、EU域内の人々にだけ影響を与えるのではなく、域外の人々にも大きな影響を与えていった。EUというアクターは、複数の加盟国が主権を強調しながらも、同時にEU全体の利益を考えるという複合的な性格を有している。データ保護をめぐる政治過程も、こうした複合的な性格が反映されたものになっている。

データ保護の政治過程を理解するにあたっては、EUの統治構造の特殊性を明らかにする必要がある。そこで本節では、まず、国家のようで国家ではないEUという共同体がどのような政治過程で法律を作り出していくのかを概観していく。その際には公的なアクターによる政治過程を明らかにするとともに、私的なアクターがどのように立法に関わっていくのかを示していく。次に、ＥＵの政治過程を踏まえた上で、どのような経緯を辿ってＧＤＰＲが成立したのかについて、誰がそこに関与していったのかを検討していく。最後に、国際社会において、ＥＵは、どのような役割を担っているのかを考察していく。ＥＵの政治過程を踏まえてデータ保護政策を理解することによって、今後のＥＵのルールメイキングにおいて、何に着目していけばよいのかという示唆が得られるであろう。

超国家的共同体ＥＵの政治過程

⑴ ＥＵの諸機関

ＥＵの組織構造は、国家を模倣したものではあるが、あくまでも国家と異なる共同体として捉えるのが適切である。国家権力の基礎をなす司法・立法・行政を担当する機関がＥＵには備わっている。これら三権の中でも、立法が特徴的である。以下では、ＥＵの複雑性を示す立法過程を明らかにしていく。

多くの民主国家において、立法機能を担っているのは、公選議員によって構成される議会である。もちろん、議院内閣制を採用する国であれば、内閣が法案提出を行うこともある。しかしながら、議院内閣制のような場合であっても、立法機能を担うのは主として議会である。

1：２００８年のギリシャ危機に端を発するユーロ危機によって、各加盟国内でポピュリズム勢力が台頭し、反ＥＵの声が高まった。また、イギリスのＥＵ離脱に伴い、他国も追随するかのようにいわれたが、現在のＥＵは、さらに統合を深化させ、加盟国数も27か国を維持している。

一方で、EUの立法機能は、複数の機関によって共有されている。それでは、どのような機関が立法機能を有しているのだろうか。EUの主たる立法機関は、欧州委員会、欧州議会、閣僚理事会である。各機関の立法機能を説明する前に、それぞれがどのような位置づけの組織であるのかを整理していく。

欧州委員会は、国家における内閣に相当する。2019年に発足したフォン・デア・ライエン委員会では、委員長を含む27名の委員が各加盟国の中から選ばれており、それぞれの委員には所管する政策領域がある。この委員を中心にして、ピラミッド状の官僚機構が整備されている2。

かつて委員長を含む各委員は、各国首脳によって任命されていた。しかしながら、リスボン条約締結後には、各委員の任免過程に欧州議会が深く関与するようになった。委員長候補者は、欧州議会選挙の結果を考慮した上で、各国首脳から提案され、それを議会が承認するという手続になった。また、欧州議会から不信任決議を受けた場合、欧州委員会は、総辞職を迫られる。このように、欧州委員会と欧州議会は、[illegible]的な議院[illegible]の関係にあるといえる。各委員は、選挙結果の影響を受けることで、EU[illegible]することが求められている。

欧州議会は、国家における議会に相当する。各加盟国の人口規模を考慮した上で、議員数が割り振られている3。5年に一度、各国では、欧州議会議員選挙が実施されており、先に挙げたEU3機関のうち、欧州議会議員の[illegible]市民の直接選挙によって選出されている4。また、選出された議員は、出身国の枠組みを超えて、政治的志向性を同じくする人々によって会派を形成している5。欧州議会は民意の直接的な代弁者であるため、親ＥＵ派の議員もいれば、反ＥＵ派の議員もいるところがユニークな点であるといえる6。

現在でこそ、欧州議会はＥＵ市民の代弁者といえるようになってきたが、歴史を遡れば、欧州議会の立場は非常に脆弱であった。そもそも欧州議会に直接選挙制が導入されたのは１９７９年選挙である。それまでは、各加盟国の議会内での互選によって議員が選出されていたため、民主的な正統性が必ずしも高いわけではなかった。直接選挙制導入によって、直接的に民意を代弁するようになってからも、欧州議会に与えられた役割は非常に限定的であり、「議会」とは名ばかりの存在であった。しかしながら、数度にわたる条約改正により、当初は、法案に対して意見を述べるだけの諮問機関にすぎなかったものが、現在では、立法に大きな責任を有するまでに変化を遂げてきた。

閣僚理事会は、ＥＵで扱う政策領域に応じて、各加盟国の大臣が構成員となっている。たとえば、外交問題であれば各国の外務大臣から成る外相理事会が、経済財政問題であれば各国の財務大臣から成る

2：欧州委員会委員は、国家における大臣に相当する。この委員の下には33の総局と呼ばれる官僚機構（日本でいうところの省庁）が整備されている。
3：欧州議会の総定数は７０５であり、ドイツが最多の96議席、マルタなど複数の国が最少の６議席を配分されている。
4：すべての加盟国は比例代表制に基づき選挙を実施している。比例代表制であれば、選挙区の設定や投票方法（拘束名簿式投票や単記移譲式投票など）は各国の裁量で自由に決定することができる。
5：たとえば、保守的なイデオロギーを有する政党は、欧州議会レベルでは、欧州人民党という会派を形成し、社会民主主義的イデオロギーを有する政党は、社会主義者・民主主義者進歩連合という会派を形成している。
6：ブレグジットで大きな役割を果たした、イギリスのナイジェル・ファラージも有名な反ＥＵ派欧州議会議員の一人である。

経済財政理事会が形成される[7]。これら複数の理事会を総称して閣僚理事会と呼ぶ。閣僚理事会は、欧州委員会や欧州議会とも異なり、各国の国益を代弁する存在として捉えられている。

(2) EUの立法過程

EUにおける立法手続には、3つの機関が関与している。最も一般的な立法手続である通常立法手続において、

図1　通常立法手続の流れ

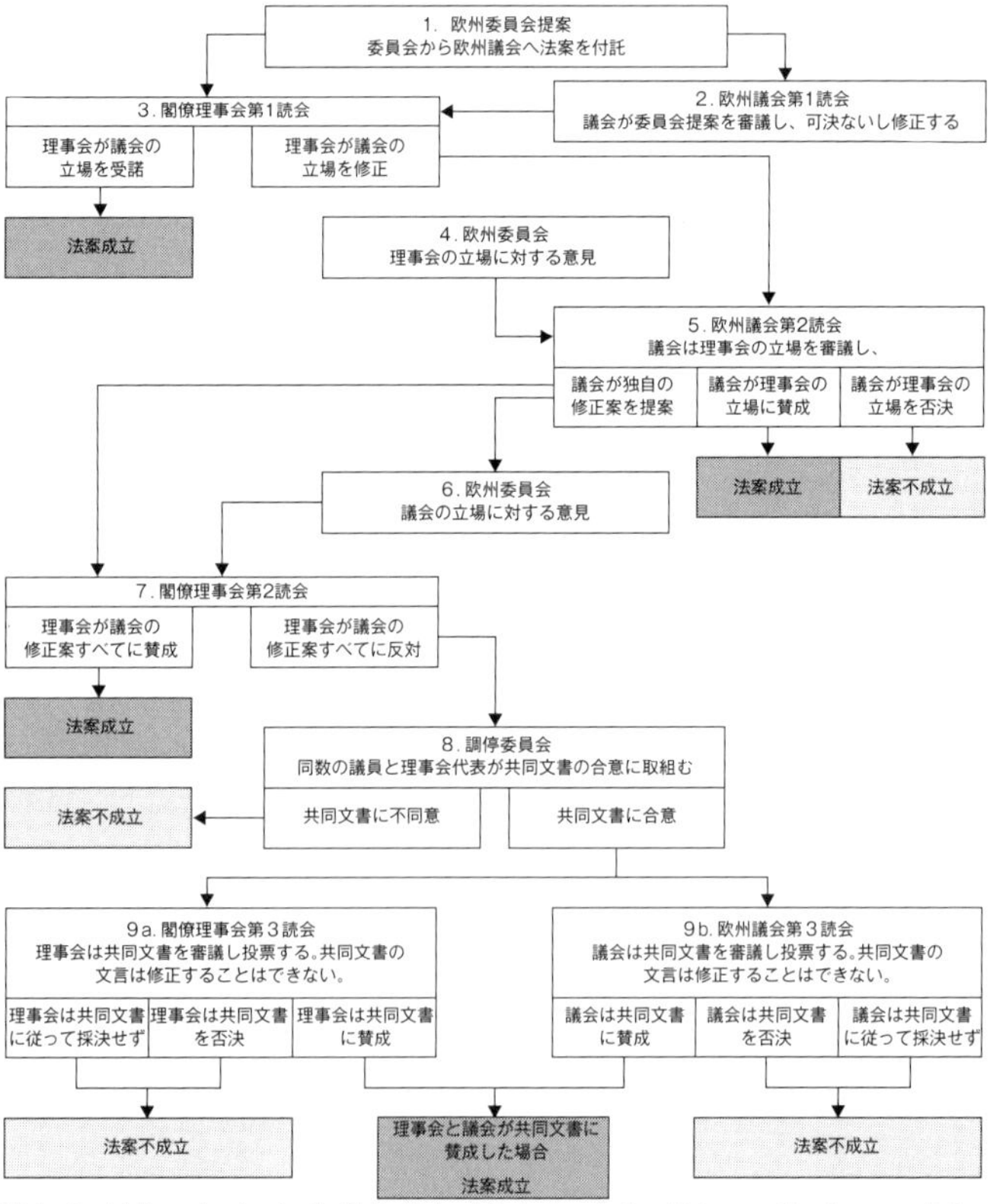

1. 欧州委員会提案
委員会から欧州議会へ法案を付託
2. 欧州議会第1読会
議会が委員会提案を審議し、可決ないし修正する
3. 閣僚理事会第1読会
理事会が議会の立場を受諾
理事会が議会の立場を修正
法案成立
4. 欧州委員会
理事会の立場に対する意見
5. 欧州議会第2読会
議会は理事会の立場を審議し、
議会が独自の修正案を提案
議会が理事会の立場に賛成
議会が理事会の立場を否決
法案成立
法案不成立
6. 欧州委員会
議会の立場に対する意見
7. 閣僚理事会第2読会
理事会が議会の修正案すべてに賛成
理事会が議会の修正案すべてに反対
法案成立
8. 調停委員会
同数の議員と理事会代表が共同文書の合意に取組む
共同文書に不同意
共同文書に合意
法案不成立
9a. 閣僚理事会第3読会
理事会は共同文書を審議し投票する。共同文書の文言は修正することはできない。
理事会は共同文書に従って採決せず
理事会は共同文書を否決
理事会は共同文書に賛成
9b. 欧州議会第3読会
議会は共同文書を審議し投票する。共同文書の文言は修正することはできない。
議会は共同文書に賛成
議会は共同文書を否決
議会は共同文書に従って採決せず
法案不成立
理事会と議会が共同文書に賛成した場合
法案成立
法案不成立

（出典：Daniel Kenealy, Amelia Hadfield, Richard Corbett and Jhon Peterson, *The European Union: How Does it work?* 6th ed. (Oxford University Press, 2022), p. 115を一部修正し筆者作成）

欧州委員会が法案の提出を行い、欧州議会と閣僚理事会は、それぞれが法案審議を行っている。EUの立法過程の特異性は、執行機関である欧州委員会が法案提出権を半ば独占しているところにある[8]。そのため、すべての法案は、欧州委員会を経て、審議にかけられることになる。

法案提出後は、欧州議会と閣僚理事会により審議・採決が行われていく。法案審議については、いわば二院制の様相を呈しており、議会と理事会が同意した場合に、法案の成立をみることになる（図1）。

(3) 立法過程における私的アクター

EUの多様な公的アクターが立法手続に関与しているが、私的なアクターの存在も考慮しなければならない。法案の提出や審議にあたって、EUの公的アクターは、しばしば市民社会との関わりを意識している。たとえば、欧州委員会や欧州議会は、非政府組織（NGO）や非営利組織（NPO）から営利企業や業界団体などに至るまで、多くの私的アクターとの接点を有している。

公的アクターからすれば、市民社会との接点を持つことによって、選挙という手続以外で民意を立法過程に反映させることができる。すなわち法案に対する民主的正統性を強化することができるというメ

7：閣僚理事会は、正式にはEU理事会（Council of European Union）と呼ぶが、各国首脳から構成される欧州理事会（European Council）との混同を避けるため、同用語を用いていく。
8：欧州議会、閣僚理事会は、それぞれが欧州委員会に法案提出の要請を出すことができるものの、欧州委員会は、その要請に従う義務を持たない。

リットがある。一方で、私的アクターにとっても、それぞれが有する利益を立法過程に反映させることができるというメリットが存在する。

私的アクターは、自身の利益を反映させるために、積極的なロビー活動を展開している。ロビー活動において重要となるのは、どのアクターに対して働きかけを行うかである。先述の立法過程を踏まえると、どのアクターに対してロビー活動を行っていくのが有益なのかが明らかになってくる。欧州委員会に対してロビー活動を行うことは、主としてロビイストの利益を法案に反映させることが期待される。欧州議会へのロビー活動は、提出された法案を、ロビイストに有利な形で修正させることが期待される。

ロビー活動は、選挙だけでは反映されない市民社会の利益を政治過程に取り込む機能を果たすものである。しかしながら、資金が豊富で人的資源も豊かな組織の特殊利益のみが政治過程に反映されるという危惧も存在している。読者の中にも、ロビイストたちというのは、物陰に隠れて裏から政治を牛耳っているという印象を持つ方は少なくないだろう。そこでEUは、こうしたロビー活動の透明性を担保するために、2011年に「ロビー透明性登録」制度を導入した。この制度は、ロビー活動を行う団体に対して、透明性登録簿への登録を求めるものであった。当初、任意であった登録制度は、2021年にさらに強化された。現在では、ロビー活動を行うにあたって、団体の登録が義務化されたことに加えて、欧州委員会、欧州議会、閣僚理事会それぞれとロビイストの接触が公開されるようになった。2023年6月時点で、1万2635団体が透明性登録簿へ記載されており、その活動費の総額は、約

14億5000万ユーロ（約2300億円）にも上る[9]。

EUにおける立法過程は、欧州委員会、欧州議会、閣僚理事会の公的アクターを注視するとともに、私的アクターであるさまざまなロビイストの動きを追うことで、法律制定までの「裏側」と「表側」をつまびらかにすることにつながっていく。

2——GDPR成立の政治過程

(1) GDPR成立の背景

1995年に成立したEUデータ保護指令は、各加盟国で異なっていた個人情報の保護に関する統一基準を定めたものであった。この指令の成立を受けて、各加盟国では国内法の整備が行われるとともに、法律の適用を監視する独立した公的機関を設けることが求められていった。EUデータ保護指令は、確かにEUレベルでの個人情報保護を進める大きな一歩となったが、同時に限界も抱えていた。EU法における「指令」という形態は、各国ごとに、それぞれの事情に応じた国内法の整備を求めるものであるため、個人情報保護の強度にばらつきが生じていた。その結果、複数の国にまたがって活動する多国籍企業は、EUの加盟国ごとに異なる対応をしなければならなかった。また、「SNSの発達により大量のユーザー生成コンテンツを生み出し、クラウド・コンピューティング・サービスの普及が地理的な国

9：Lobby Facts, 'EU Transparency Register data'. https://www.lobbyfacts.eu/

境線をますます無意味なものにしている中で、グローバルな規模で結びついているデジタル経済を『現代化』させることが急務となっていた」[10]。

そこで、欧州委員会は、2012年1月25日に「個人データの処理にかかわる個人の保護および当該データの自由移動に関する欧州議会と欧州委員会による規則提案（一般データ保護規則）」を発表した。その中で、欧州委員会は、「現行の枠組みは、その目的と原則に関する限り、依然として健全であるが、個人データ保護の実施方法がEU全体で分断されていること、法的不確実性や特にオンライン活動に関連する重大なリスクが存在するという認識が広く一般に浸透していることを防ぐことはできていない」と指摘している[11]。

(2) GDPRの立法手続

2012年に草案が公表されたことで、事前協議として欧州議会は、市民の自由・司法・内務委員会（LIBE）[12]を中心に議論を行った。LIBEの委員であるヤン・アルブレヒトは、次のような立場を示していた。「統一された法的枠組みを確保し、データ管理者の管理負担を軽減しながら、個人データ保護の権利を強化するという（委員会の提案）目的を支持している。……〔一方で〕個人データ取扱いのための法的根拠、データ主体の権利、管理者と処理者の規定、一貫性メカニズム、制裁措置については妥協「の余地がある」」[13]。

このＬＩＢＥの立場を踏まえて、欧州委員会は２０１３年11月22日に法案を欧州議会に送付し、通常立法手続による法案審議が開始された。ＬＩＢＥの公式・非公式の審議によって取りまとめられていた修正案は、２０１４年に欧州議会の圧倒的多数によって可決された。

もう一方の審議機関である閣僚理事会は、欧州委員会の提案の目的であるデータ保護のルールを現状に適合させるという趣旨に賛成を示しながらも、いくつかの点で懸念を示していた。たとえば、規則の適用範囲、個人データの処理原則、データ主体の権利強化、管理者と処理者のあり方について見解が述べられていた[14]。特に、閣僚理事会の審議期間が長期化した争点であったのが、ワンストップショップ[15]の

10：Colin J. Benett, 'The European General Date Protection Regulation: An instrument for the globalization of privacy standards?' *Policy Review*, No. 23 (2018), p. 240.

11：European Commission, 'Proposal for a Regulation of the European Parliament and of The Council on the protection of individuals with regard to the processing of personal data and on the free movement of such data (General Data Protection Regulation)' (2012). https://eur-lex.europa.eu/legal-content/EN/TXT/?uri=celex%3A52012PC0011

12：欧州議会には、欧州委員会から示された法案を議論する場として、常設委員会が設置されている。欧州議会内の委員会は、法案の分析や修正提案を行うことで、本会議での意思決定をサポートする役目が与えられている。

13：Committee on Civil Liberties, Justice and Home Affairs, 'Draft Report' (2013), pp. 217-218. https://www.europarl.europa.eu/doceo/document/LIBE-PR-501927_EN.pdf

14：European Council, 'Council Position' (2016). https://oeil.secure.europarl.europa.eu/oeil/popups/summary.do?id=1431262&t=e&l=en

15：国境をまたいで、複数の加盟国で活動を行っている事業者にとって、各加盟国の監督機関に個人データの通知や照会を行うことは、手続上の煩雑さを高める原因となってしまう。そこで、主たる拠点が設置されている国の監督機関を「主監督機関」として定めることにより、事業者は主監督機関を窓口として関係国の監督機関との連携を行うことが求められるようになった。このように、1つの窓口で複数国との連携を図ることができるようになる仕組みをワンストップショップ原則という。

構造に関してであった16。

EU全体で管理者または処理者の活動を監視し、決定に対して責任を負う単一の監督当局が存在する必要があると考える国がある一方で、自国の監督当局に権限を担保する必要があると考える国があった17。結果的に、閣僚理事会は、ワンストップショップ原則を機能させるために、管理者または処理者が主な拠点を有する加盟国の監督当局が責任を有するとの姿勢を示した。この閣僚理事会の立場は、特定多数決によって採決され、オーストリアを除く27か国の賛成を得た。

閣僚理事会の立場が示されたことにより、法案は議会による第2読会へと進むことになる。この時点で、議会側も閣僚理事会の立場に賛成をしたことによって、GDPRの成立が決まった。

表2　GDPR成立までの主要スケジュール

日時	アクター	出来事
2012/1/25	委員会	草案の公表
2013/1/16	LIBE	修正案公表
2013/11/22	委員会	議会に法案提出（議会第１読会開始）
2014/3/11	議　会	討論
2014/3/12	議　会	採決（賛成 621、反対 10、棄権 22）修正承認
2014/4/12	理事会	討論
2014/10/10	理事会	討論
2016/4/7	理事会	理事会の立場公表
2016/4/12	委員会	議会に勧告提出（第２読会開始）
2016/4/13	議　会	討論
2016/4/14	議　会	採決
2016/5/4	GDPR 官報掲載	

(3) GDPRとロビー活動

ＧＤＰＲに対するロビー活動は、他のＥＵ法に比べて非常に活発に行われた。特に、アメリカに拠点を置く巨大ＩＴ企業は積極的にＥＵ諸機関に働きかけていった。これらの企業は、ポジションペーパーの提出や「ヨーロッパにおけるあなたの声[18]」を使い、自らの選好を明らかにしてきた。

たとえば、マイクロソフト社は、欧州委員長によるＧＤＰＲ草案の提出前から、データ保護法制の改革が必要であるとの立場を示していた。同社は、データ保護指令がユーザーの権利保護に寄与してきたことを認めつつも、プロバイダーの新たなサービス提供を阻害しているとの認識を有していた。２００９年段階で、データ保護指令の改革が必要であるとの選好は、欧州委員会がＧＤＰＲ草案を提出したことで、満たされることになる。

ＧＤＰＲの立法過程におけるロビー活動は、特に欧州議会に対して積極的であったといわれている。欧州議会の法案に対する修正提案は、５０００を超えていた。欧州議会議員による修正案の一部は、さまざまな団体のポジションペーパーをそのままコピー&ペーストしていたものもあった（次頁図2）。

16：宮下紘『ＥＵ一般データ保護規則』（勁草書房・２０１８年）10頁。
17：European Council, 'Summary'(2013). https://oeil.secure.europarl.europa.eu/oeil/popups/printsummary.pdf?id=1316352&l=en&t=E
18：この制度は、登録手続を済ませれば、ＥＵ域内に居住しているか否かにかかわらず、欧州委員会に対して意見を述べることができるというものである。

図2　ロビー団体と欧州議会の意見書の比較

LOBBY PAPER:

amazon　ebay

Amazon *(supported by eBay)*
Article 4 – point 13

(13) 'main establishment' means the location as <u>designated by the undertaking</u> or group of undertakings, whether controller or processor, subject to the consistency mechanism set out in Article 57, on the basis of, but not limited to, the following optional objective criteria:

***(1)** the location of the European headquarters of a group of undertakings;*
***(2)** the location of the entity within a group of undertakings with delegated data protection responsibilities;*
***(3)** the location of the entity within the group which is best placed in terms of management functions and administrative responsibilities to deal with and enforce the rules as set out in this Regulation; or*
***(4)** the location where effective and real management activities are exercised determining the data processing through stable arrangements .*

The competent authority shall be informed by the undertaking or group of undertakings of the designation of the main establishment.

OPINION (IMCO COMMITTEE):

EUROPEAN PARLIAMENT

Amendment 65
Article 4 – point 13

(13) 'main establishment' means the location as <u>designated by the undertaking</u> or group of undertakings, whether controller or processor, subject to the consistency mechanism set out in Article57, on the basis of, but not limited to, the following optional objective criteria:

***(a)** the location of the European headquarters of a group of undertakings;*
***(b)** the location of the entity within a group of undertakings with delegated data protection responsibilities;*
***(c)** the location of the entity within the group which is best placed in terms of management functions and administrative responsibilities to deal with and enforce the rules as set out in this Regulation; or*
***(d)** the location where effective and real management activities are exercised determining the data processing through stable arrangements.*

The competent authority shall be informed by the undertaking or group of undertakings of the designation of the main establishment.

LOBBY PAPER:

AMCHAM EU
AMERICAN CHAMBER OF COMMERCE TO THE EUROPEAN UNION

American Chamber of Commerce and EuroISPA
Article 4 – point 2a (new) and point 3 (new)

AmCham:
***(2a)** 'pseudonymous data' means any personal data that has been collected, altered or otherwise processed so that it of itself cannot be attributed to a data subject without the use of additional data which is subject to separate and distinct technical and organisational controls to ensure such non attribution;*

EuroISPA:
or that identifiability would require a disproportionate amount of time, cost and effort.

OPINION (IMCO COMMITTEE):

EUROPEAN PARLIAMENT

Amendment 61
Article 4 – point 3 b (new)

***(3b)** 'pseudonymous data' means any personal data that has been collected, altered or otherwise processed so that it of itself cannot be attributed to a data subject without the use of additional data which is subject to separate and distinct technical and organisational controls to ensure such non attribution,*

or that such attribution would require a disproportionate amount of time, expense and effort.

（出典：European Digital Rights, Lobby groups take CTRL+V of data protection proposal, https://edri.org/our-work/lobbyplag-eudatap/）

ロビー活動を行う上で、有効になるのが資金力であるが、図2の左下の意見書を提出したアメリカ商工会議所（AmCham EU）は、2012年に47万5000ユーロを活動費として計上している。その後も活動費は上昇し、GDPR成立の2016年には、100万ユーロを超える額に達していた[19]。ただし、ロビー活動は、こうした資金力の高い産業界のみが行っていたわけでなく、相対的に資力の乏しいヨーロピアン・デジタル・ライツ（EDRi）のような非営利組織も声をあげていた。

プライバシーの権利強化を訴えるロビー団体とデータの自由な活用を求めるロビー団体は、ともにデータ保護指令改革を求めていたという点では、同じ志向を持っていた。さらに説明責任原則、プライバシー・バイ・デザインなどでも一致した選好を有していたが、その定義や運用をめぐっては対立していた[20]。

ロビー団体は、欧州議会に対してアクセスすることによって、立法過程に自身の選好を反映させていった。その結果、IT業界などの要望を聞きつつも世界水準のデータ保護法制を整備することに成功した。

19：Lobby Facts, *op. cit.*

20：Jockum Hildén, 'The Politics of Datafication the Influence of Lobbyists on the EU's Data Protection Reform and Its Consequences for the Legitimacy of the general Data Protection Regulation', Helsinki University Doctoral Dissertation (2019), p. 130. https://helda.helsinki.fi/handle/10138/305981

3——グローバル・スタンダードを作り出すEU

(1) GDPRが及ぼす影響

ＧＤＰＲの成立によって、直接的な影響を受けることになったのは、加盟国である。「規則」という法形態をとったことで、加盟国の国内立法を必要とせず、加盟国の政府等に対して直接的な法的拘束力を持つ。加盟国に対して、一律に法的影響が及ぶことによって、ＥＵ市場で活動する経済的アクターも多大な影響を受けることになった。ＥＵに拠点を置く事業者のみならず、ＥＵに拠点を置かない事業者であっても、サービス提供の過程で、ＥＵ居住者の個人データが処理される場合はＧＤＰＲが適用されることになった。すなわち、ＥＵ居住者にサービスを提供しようとする事業者は、ＧＤＰＲに適合していかなければならない。ＥＵは、人口で約４・５億人、ＧＤＰベースで約15・９兆ドル（２０２２年）にも達する経済規模を誇っており、グローバルに展開する企業を引き付ける誘因になっている[21]。

また、ＥＵ域外に与える影響は、経済的アクターのみならず、国家にまで及んでいる。ＧＤＰＲの「十分性認定」の規定は、事業者がＥＵ域外へ個人データの移転をする際の条件になる。もし、データ移転先の国において、個人データの保護体制が十分でなかった場合、経済活動に大きな支障が生じてしまう。そのため、自国産業を保護するために、ＥＵ域外諸国もＥＵに認定されうるだけの個人データ保護法制を整備しなければならない。本書で取り扱っている日本やカナダは、十分性認定をするレベルの保護法制を整えた。またアメリカも各州レベルで個人情報保護の法制化が進んでいる[22]。

(2) EUの創り出すグローバル・スタンダード

ここまで主としてＧＤＰＲの影響をみてきたが、我々はこの事例から何を学び取ることができるのだろうか。ここでは、ＥＵが国際社会に対して、どのような影響力を持っているのかを検討していきたい。これまでの研究では、マナーズに代表されるように、ＥＵが国際社会の中で、大きな影響力を持つという議論が展開されてきた。マナーズによれば、ＥＵは、「国際関係において何が正常なものであるのかを決定」し「規範的な推進力をもって、国際社会の現状を変革する能力」である「規範パワー」を持っているとされている[23]。

また、ブラッドフォードは、「ブリュッセル効果」という言葉で、ＥＵが持つグローバル市場に対する規制力の強さを説明している。この効果は、「市場がＥＵの規制をＥＵ域外の市場参加者と規制者双方に波及させている現象」である[24]。そのため、ＥＵは、自身の市場に対して規制をかけることで、その影響が他のアクターに波及していく。

21：人口とGDPは、Eurostatのデータベースを参考にしている。
22：アメリカの各州で進んでいる個人情報保護の法制化を、ただちにEUの影響であると断じることには注意が必要である。この動きの背景として、アメリカのプラットフォーム企業の影響力の拡大があることも指摘されている。鈴木謙介「EU一般データ保護規則に見る規範パワーとその社会学的検討」市川顕＝高林喜久生編『EUの規範とパワー』（中央経済社・2021年）12頁。
23：Ian Manners, 'Normative Power Europe: A Contradiction in Terms?', *Journal of Common Market Studies*, Vol. 40, No. 2 (2002), p. 236.
24：アニュ・ブラッドフォード（庄司克宏監訳）『ブリュッセル効果　EUの覇権戦略—いかに世界を支配しているのか』（白水社・2022年）23頁。

どちらの議論も、ＥＵが各加盟国に対してのみ影響力を発揮しているのではなく、ＥＵ域外のアクターにまでその影響力が発揮されていることを指摘している。ブラッドフォードによれば、ブリュッセル効果が発揮されるためには、ＥＵの市場規模、規制能力、厳格な基準、非弾力的対象、不可分性という各要素が備わっている必要がある[25]。市場規模については、先述の通り、世界でも有数である。規制力の強いルール形成を行い、その運用を実効的なものにすることができるという点で、ＥＵは規制能力を有しているといえる。一部の政治エリートのみが厳しい規制を求めるだけでなく、ＥＵ市民も脱物質的な価値観に基づいた基準の設定を要求している場合に、厳格な基準という要素は満たされる。非弾力的対象は、「ある特定の規制体制に拘束される製品あるいは製造業者」のことである[26]。製品やサービスをＥＵの消費者に提供したい事業者は、ＥＵのルールに従わざるを得ない。そして、これらの要素を満たした上で、グローバルに展開する企業がＥＵの厳格な基準に自社基準を適合させ、他の地域での事業展開にもその基準を援用する場合に、ＥＵの基準がグローバル化するといえる。すなわち不可分性の要素をも満たすことになる。

ブリュッセル効果が発揮されるということは、ＥＵがグローバル・スタンダードを形成していく主体になりうることを示している。ＧＤＰＲという事例は、まさにブリュッセル効果を説明していく上で、極めて適合的なものである。ここから読み取れるのは、ＥＵ市民でなくとも、グローバルに活動していく人や団体にとって、ＥＵの動向を注視することがグローバル社会の動向を掴む手がかりになるということである。そして、グローバル・スタンダードがどのように形成されるかを知る上では、欧州委員会、欧州議会、閣僚理事会という公的アクターによる「表側」の動きを知ることはもちろん、多様なアクターによる立法への関与（たとえばロビイング）という「裏側」の動きにも注意を払っていく必要がある。

〔**三澤真明**〕

25：同前55頁。
26：同前86頁。

山本龍彦（やまもと・たつひこ）▼編者、全体監修、はしがき、第4章担当
［現在］慶應義塾大学大学院法務研究科教授、慶應義塾大学グローバルリサーチインスティテュート（KGRI）副所長
［略歴］慶應義塾大学大学院法学研究科博士課程単位取得退学、博士（法学）。内閣府「消費者委員会」委員、デジタル庁・経済産業省「国際データガバナンス検討会」座長などを務める。主要著作として『AIと憲法』（編著、日本経済新聞出版社、2018年）。

小川有希子（おがわ・ゆきこ）▼編者、第8章Ⅱ担当
［現在］帝京大学法学部助教
［略歴］慶應義塾大学大学院法学研究科修士課程修了、パリ政治学院客員研究員（2015～2016年）。主要業績として、「政府提出法律案の影響評価―新たな評価指標の可能性」長谷川憲ほか編『プロヴァンスからの憲法学』（敬文堂、2023年）。

尾崎愛美（おざき・あいみ）▼編者、第3章（共著）担当
［現在］筑波大学ビジネスサイエンス系准教授
［略歴］慶應義塾大学大学院法学研究科後期博士課程単位取得退学、博士（法学）。主要業績として、『犯罪捜査における情報技術の利用とその規律』（慶應義塾大学出版会、2023年）。

徳島大介（とくしま・だいすけ）▼編者、第4章、第4章コラム担当
［現在］NECデジタルトラスト推進部ディレクター
［略歴］データ流通・利活用に関し、法制度・倫理など総合的な観点からNEC全社をけん引する専門組織としてデジタルトラスト推進部の前身となるデータ流通戦略室の立ち上げに参画。AIやデータ利活用におけるプライバシーなど人権への対応に従事。

山本健人（やまもと・けんと）▼編者、第6章Ⅰ担当
［現在］北九州市立大学法学部准教授
［略歴］慶應義塾大学大学院法学研究科後期博士課程単位取得退学、博士（法学）。主要関連業績として、「デジタル立憲主義と憲法学」情報法制研究13号（2023年）。

新井貴大（あらい・たかひろ）▼第7章Ⅱ担当
［現在］新潟県立大学国際地域学部講師
［略歴］慶應義塾大学大学院法学研究科後期博士課程単位取得退学。主要業績として、「職業の自由の『転轍点』としてのドイツ薬局判決―規律留保の解釈をめぐって」法学政治学論究126号（2020年）。

石尾智久（いしお・ともひさ）▼第8章Ⅰ*5*担当
［現在］金沢大学法学類准教授
［略歴］慶應義塾大学大学院法学研究科博士後期課程単位取得退学。主要業績として、「フランス消費法典におけるデジタル・プラットフォーム事業者の情報開示義務」消費者法研究10号（2021年）。

大野悠介（おおの・ゆうすけ）▼第1章コラム担当
［現在］東洋大学法学部法律学科准教授
［略歴］慶應義塾大学大学院法学研究科単位取得退学、博士（法学）。主要業績として、「グローバル化市場における人権保護」横大道聡ほか編『グローバル化のなかで考える憲法』（弘文堂、2021年）。

小西葉子（こにし・ようこ）▼第7章Ⅰ（*4*を除く）担当
［現在］関西学院大学総合政策学部専任講師
［略歴］一橋大学大学院法学研究科博士後期課程修了、博士（法学）。主要業績として、「プラットフォーム事業者と政府の協働とリスク」情報法制研究14号（2023年）。

佐藤信行（さとう・のぶゆき）▼第6章Ⅱ（共著）担当
［現在］中央大学大学院法務研究科教授
［略歴］中央大学大学院法学研究科博士後期課程中退、博士（法学）。日本カナダ学会理事・元会長。関連業績として、"New Personal Information Protection Scheme in Japan: How Do Privacy Laws Work in the Age of Globalization and AI?"日本比較法研究所『グローバリゼーションを超えて―アジア・太平洋地域における比較法研究の将来』（中央大学出版部、2020年）。

瑞慶山広大（ずけやま・こうだい）▼第5章Ⅰ担当
［現在］九州産業大学地域共創学部講師
［略歴］慶應義塾大学大学院法学研究科後期博士課程単位取得退学。主要業績として、「ナッジ―自由を保障する公共政策の技法・思想・実装」駒村圭吾編『Liberty 2.0―自由論のバージョン・アップはありうるのか？』（弘文堂、2023年）。

髙野祥一（たかの・しょういち）▼第1章*1*・*2*、および*5*（共著）担当
［現在］九州産業大学地域共創学部地域づくり学科教授
［略歴］東京大学大学院法学政治学研究科修了。主要業績として、『法改正に対応すべき実務がわかる！自治体職員のための2021年改正個人情報保護法解説』（共著、第一法規、2022年）。

田中美里（たなか・みさと）▼第1章*3*・*4*、および*5*（共著）担当
［現在］成城大学法学部専任講師
［略歴］一橋大学大学院法学研究科博士後期課程修了、博士（法学）。主要業績として、「偽りの情報の流布と表現の自由」憲法理論研究会編『次世代の課題と憲法学（憲法理論叢書30）』（敬文堂、2022年）。

長島光一（ながしま・こういち）▼第3章（共著）担当
［現在］帝京大学法学部准教授
［略歴］明治大学大学院法学研究科博士後期課程単位取得退学。主要業績として、「医師の言動による法的責任―医療現場におけるロボットの利用に向けて」いほうの会編『医と法の邂逅　第4集』（尚学社、2023年）。

橋爪英輔（はしづめ・えいすけ）▼第8章Ⅰ（*5*を除く）担当
［現在］常磐大学総合政策学部法律行政学科助教
［略歴］慶應義塾大学大学院法学研究科後期博士課程単位取得満期退学。主要業績として、『トピックから考える日本国憲法』（編集委員、北大路書房、2023年）、「政治責任の現在と未来―フランスの閣僚責任を中心に」比較憲法研究33号（2021年）。

堀口悟郎（ほりぐち・ごろう）▼第9章Ⅰ担当
［現在］岡山大学学術研究院社会文化科学学域（法学系）教授
［略歴］慶應義塾大学大学院法務研究科修了。主要業績として、「教師の良心―憲法学と教育法学の距離」毛利透編『講座　立憲主義と憲法学　第3巻　人権Ⅱ』（信山社、2023年）。

本田隆浩（ほんだ・たかひろ）▼第6章Ⅱ（共著）担当
［現在］浦和大学社会学部准教授
［略歴］中央大学大学院法学研究科博士後期課程修了、博士（法学）。主要業績として、「遺伝情報差別禁止法における刑法規制の一考察：Reference Re Genetic Non-Discrimination Act, 2020 SCC 17を手がかりとして」カナダ研究年報43号（2023年）。

前嶋和弘（まえしま・かずひろ）▼第5章Ⅱ担当
［現在］上智大学総合グローバル学部教授
［略歴］メリーランド大学大学院政治学部博士課程修了（Ph.D.）。アメリカ学会会長などを務める。主要著作として、『キャンセルカルチャー：アメリカ、貶めあう社会』（小学館、2022年）。

前田春香（まえだ・はるか）▼第3章（共著）担当
［現在］京都大学大学院法学研究科特定研究員
［略歴］東京大学大学院学際情報学府博士前期課程修了。主要業績として、「アルゴリズムの判断はいつ差別になるのか―COMPAS事例を参照して」応用倫理12号（2021年）。

三澤真明（みさわ・まさひろ）▼第9章Ⅱ担当
［現在］日本大学法学部准教授
［略歴］日本大学大学院法学研究科博士後期課程修了、博士（政治学）。主要業績として、「ブレア後のイギリス―大統領制化は続いているのか？」岩崎正洋編『大統領制化の比較政治学』（ミネルヴァ書房、2019年）。

水谷瑛嗣郎（みずたに・えいじろう）▼第4章（司会）担当
［現在］関西大学社会学部メディア専攻准教授
［略歴］慶應義塾大学大学院法学研究科博士課程単位取得退学、博士（法学）。主要業績として、「ポスト・トゥルース―陰謀論の時代における『リアル』な政治を求めて」駒村圭吾編『Liberty 2.0―自由論のバージョン・アップはありうるのか？』（弘文堂、2023年）。

水野陽一（みずの・よういち）▼第7章Ⅰ*4*担当
［現在］北九州市立大学法学部准教授
［略歴］広島大学大学院社会科学研究科単位取得退学、博士（法学）。主要業績として、『公正な裁判原則の研究』（成文堂、2019年）。

若江雅子（わかえ・まさこ）▼第2章担当
［現在］読売新聞東京本社編集委員
［略歴］情報セキュリティ大学院大学博士前期課程修了（情報学）。主要著作として、『膨張GAFAとの闘い　デジタル敗戦　霞が関は何をしたのか』（中公新書ラクレ、2021年）。関連業績として、「国境を超えて伸ばされる手にどう対処するか」指宿信＝板倉陽一郎編『越境するデータと法』（法律文化社、2023年）。

【編　者】
山本　龍彦　慶應義塾大学大学院法務研究科教授
小川有希子　帝京大学法学部助教
尾崎　愛美　筑波大学ビジネスサイエンス系准教授
徳島　大介　NEC デジタルトラスト推進部ディレクター
山本　健人　北九州市立大学法学部准教授

個人データ保護のグローバル・マップ
――憲法と立法過程・深層からみるプライバシーのゆくえ

2024（令和６）年５月15日　初版１刷発行

編　者　山本　龍彦・小川有希子・尾崎　愛美
　　　　徳島　大介・山本　健人
発行者　鯉 渕 友 南
発行所　株式会社 弘 文 堂　101-0062 東京都千代田区神田駿河台１の７
TEL03(3294) 4801　振替00120-6-53909
https://www.koubundou.co.jp

装　幀　青 山 修 作
印　刷　大 盛 印 刷
製　本　井上製本所

ISBN978-4-335-35966-8